アメリカ国務省

世界を動かす外交組織の歴史・現状・課題

本間圭一

原書房

アメリカ国務省

世界を動かす外交組織の歴史・現状・課題

目次

第3章　主要ポスト

はじめに

アメリカの国務省は、アメリカの対外政策を立案・実行する政府機関である。建国当時の1789年に創設され、要員は当初、6人しかいなかったが、今や現地採用も含め7万7000人まで増えた。世界190か国以上と外交関係を持ち、在外公館の総数は世界270か所を超える。世界最大級の外交組織と言っていい。主な任務として、他国政府や地域・国際機関と交渉し、アメリカの国益や企業の利益を確保するだけでなく、アメリカ市民の保護、機密情報の収集と分析、各国人権状況の調査も担う。

もちろん、アメリカの外交政策を決定するのは大統領である。憲法は、「執行権は大統領に属する」(第2章第1条)と規定し、その権限について、「行政各部門の長官に(中略)意見陳述を要求できる」(第2章2条)と明記している。つまり、国務長官は外交政策について大統領に意見を述べるに過ぎない。このため、リチャード・ニクソン大統領の親中路線への反対が受け入れられなかったように、国務省の政策や方針が外交に反映されないことがよく起こる。また、アメリカの外交は、国内外の事情にも左右されるため、国務省が独自に主導権を発揮することは難しい。

しかし、大統領が国務長官の助言に耳を傾けるといった条件がそろえば、国務省の政策はアメリカの政策となる。また、国務長官は、閣僚の序列で第一位であり、大統領は通常、重要人物を起用するため、政権における国務省の発言力は相対的に高まることになる。このため、アメリカの外交・対外政策を分析する上で、国務省を理解することは極めて重要となる。

　特に、日本にとって、国務省の存在は大きい。第2次世界大戦中に対日戦後統治の骨格を築いた省であり、大統領が極東情勢に疎い場合は、国務省の「日本デスク」が対日政策を左右してきた。このため、国務省や国務長官の動静や発言は、メディアを通じて広く報道されることになる。

国務省のハリー・S・トルーマン・ビル（国務省提供）

　しかし、国務省の歴史や組織の内情について広く知られているとは言い難い。アメリカの外交政策の中で言及されることは多いが、組織としての国務省の特徴や他省庁との関係を紹介した文献は多くなく、特に日本では関連書籍は少ない。筆者は、2008~2010年に新聞社の特派員としてワシントンに駐在し、アメリカ外交を取材した。国務省にも足を運んだが、組織の特徴や政策立案の過程は十分に理解できなかった。離任後にこの省の課題や問題に興味を持ち、歴史と世界の中でそれを把握しようと努めた。

本書はそうした問題意識から、国務省の概要を説明しようとするものである。特に、第2次世界大戦後の状況を中心に、日本と日本人にとって参考になる内容を目指す。第1部は組織の説明に重点を置き、第1章では、18世紀後半の創設時からの歴史を振り返る。第2章では、連邦政府における位置付けとして、予算と要員の規模を踏まえ、採用から退官まで昇任を含む人事のプロセスを解説する。第3章では、長官、副長官、次官、次官補といった幹部クラスの役割と課題を詳述する。対外施設として各国政府と折衝する大使についても言及する。第4章では、政策決定のプロセス、政策の行方を左右する大統領、ホワイトハウス、国防総省、情報当局、議会との関係を記述する。第5章では、アメリカ外交の特徴を踏まえた上で、世界各地での政策を概観する。第2部は、主な長官の略歴を振り返る。

略歴は主に執筆当時のものを引用した。原則として、敬称は省略する。国務省の承諾を得て、多くの文献や写真を同省の公文書やホームページから引用させてもらった。クレジットのない写真は本間が撮影した。

第一部　外交概観

第1章　歴史

（1）草創期

外務省の発足

イタリア・ジェノバ出身の探検家クリストファー・コロンブスは１４９２年、スペイン王室の援助を受け、インドを目指して大西洋を横断し、カリブ海のサン・サルバドル島に上陸した。欧州の白人が初めて西半球に到達した歴史的航海だった。以来、スペイン、イギリス、フランスから移住者が相次ぎ、先住民インディアンの土地を奪い、定住化した。

このうち、今日のアメリカ合衆国への移住は、イギリス人が中心となった。１６０７年のバージニアへの入植に始まり、１６２０年には、宗教的迫害から清教徒（ピューリタン）がメイフラワー号に乗り、ボストン南郊のプリマスに上陸した。その後も、東部の海岸部を中心に植民地が築かれ、１７３２年のジョージアまで計13植民地となった。各植民地は自治権を持ち、連合制

独立が宣言されたフィラデルフィアの独立記念館

を採用した。一方のフランス人は、現在のカナダを中心とした地域に移住した。英仏両国は18世紀に入ると、植民地の獲得を巡り、戦争を繰り返すことになる。イギリスは戦費調達のため、植民地に課税したが、植民地側は「代表なくして課税なし」と反発した。中でも、イギリス議会が自国の東インド会社に対し、アメリカの植民地における茶の専売特許権を与えたことで、イギリス本国と植民地側の対立が深まった。1773年12月、ボストンで、東インド会社の船に積まれていた茶箱を海中に投げ捨てる事件（ボストン茶会事件）が起こった。イギリスは態度を硬化させ、ボストン港を閉鎖し、植民地を統治する総督の権限を強めた。このため、1774年9月、ジョージアを除く12植民地の代表がフィラデルフィアに集まり、初の大陸会議（Continental Congress）を開き、イギリスに対する「同盟（Association）」を結成し、イギリスとの通商を拒否した。双方の対立が深まる中、1775年4月、ボストン近郊のレキシントンで双方の部隊が交戦し、イギリスからの独立戦争が始まった。植民地側は翌5月、2回目の大陸会議を開き、アメリカ連合軍を創設し、ジョージ・ワシントンを総司令官に指名した。こうしてイギリスからの独立の動きは強まり、1776年7月4日、トマス・ジェファーソンやベンジャミン・フランクリンら「5人委員会（注）」が起草した独立宣言が大陸会議で正式に採択され、13州は独立を宣言した。

大陸会議は、国の骨格となる最高法規を策定する議論を続け、1777年、「アメリカ連合規約（Articles of Confederation）」を採択した。これにより、連合の名称は「アメリカ合衆国（United States of America）」となり、各邦の代表が集まる「連合会議（Congress of the Confederation）」が外交権も担うことになった。実務を担ったのが、秘密通信委員会（Committee of Secret Correspondence）で、独立に賛成する欧州列強との連携にあたった。1776年の独立宣言を経て、1777年には、秘密通信委員会は外務委員会（Committee of Foreign Affairs）となり、独立後の外交政策を担当した。さらに、独立国家として外交の重要性が増す中、新たな政府組織が必要との認識が広がり、1781年1月、フィラデルフィアに外務省が創設された。初代長官は、ロバート・リ

（注）ベンジャミン・フランクリンは1776年12月、アメリカを代表する弁務官として、フランスに派遣された。「敵の敵」から協力を得るための外交交渉を行い、1778年2月にフランスとの軍事同盟を締結した。また、フランスとは貿易協定も結び、イギリスに対抗する姿勢を鮮明にした。1779年には正式な資格を得た最初のアメリカ人外交官となり、1783年には、パリ条約の締結に尽力した。パリで締結されたこの条約は、アメリカとイギリスの代表が、独立戦争の終結と国境を確認するものだった。フランクリンは1785年までパリに滞在した。フランクリンの赴任以来、アメリカ外交団は、大統領の指名により構成されることが伝統となった。

ビングストンであり、長官を除き4人の職員しかいなかった。

　連合会議は発足したものの、徴税や徴兵の権限は各邦に属しており、後に中央集権型の統治を目指す連邦派（Federalist）と、各邦の権限を重視する反連邦派（Anti-Federalist）の対立が生まれていく。連合会議は1787年、憲法制定会議を招集し、議論を進めた結果、連邦派の主張が取り入れられ、9月に憲法が成立した。第1章で連邦議会（Congress of the United States）に立法権が付与された。第2章第2条では、大統領が、元老院（上院）の忠告と同意を得て、条約締結権を持つと規定された。大統領に行政権が付与されたのが特徴で、「5人委員会」のメンバーであるジェファーソンは「大統領は我が国と諸外国との間の唯一の連絡窓口であり、諸外国やその機関は、大統領を通じてわが国の意思を知る」と語った。

　連邦議会は1789年7月、外務省の設置者を連邦議会から大統領に変更する法案を可決し、この年の4月に初代大統領となっていたワシントンがこれに署名した。外務省は新憲法下で承認された最初の省となった。連邦議会はさらに、内務省の機能がまだ十分でないことから、外務省に国内業務の一部を委託することを決めた。このため、1789年9月には、省名を国務省（Department of State）に改称し、国内業務も担当する「米国の法令、記録、および印鑑の保管などを目的とする法律」が可決された。これにより、造幣や国勢調査、法律の出版・配布、専売特許や著作権の発行、紋章の保管、大統領の記録保管といった業務も行うようになった。

スタッフ6人でスタート

ワシントン大統領は1789年9月、フランス担当相だったジェファーソンを初代国務長官（任1790～93年）に指名した。ジェファーソンは、任務の重さから難色を示したとされるが、親交の深いジェームズ・マディソンの説得を受け入れ、政府機能があったニューヨークに転居した。財務省の一角を間借りし、1790年3月に職務を開始した。リビングストンの後任の外相となっていたジョン・ジェイは、ジェファーソンの就任まで国務長官職を代行した。国務省のスタッフは事務長（Chief Clerk）1人、事務官3人、通訳1人、伝達係1人の計6人だった。1790年の国務省の国内予算は、国外職員費を除外し、7961ドルだった。ジェファーソンの年間報酬は3500ドル、事務長は800ドルだった。1791年に国内外での総費用は5万6600ドルだった。国務長官の報酬が総費用の6%に達しており、政府組織が小規模だったことが分かる。

ジェファーソンは、1789年のフランス革命の理念を支持し、1778年に締結したフランスとの軍事同盟はなお有効との立場だった。また、都市よりも農村を重視し、アメリカの未開の大地が民主主義を保証するとの考えを持ち、その思想は「ジェファーソニアン」と呼ばれた。さらに、強権政治を警戒し、小さい政府を志向した。その党派は共和派（Republican）と呼ばれ、1791年にリパブリカン党を結成した。

ワシントン政権の閣僚でジェファーソンと対立したのが、財務長官のアレクサンダー・ハミルトンだった。ハミルトンは、対仏同盟は革命によって終結したと考え、イギリスとの通商関係の強化を訴えた。国際貿易を支持し、米国船を守るために海軍創設を訴えた。大きい政府を志向し、連邦政府の権限強化を訴え、その立場は、連邦派と呼ばれた。

理想を追うジェファーソンと現実的なハミルトンの対立は、理想主義と現実主義というアメリカ外交の綱引きの始まりとも言える。

なお、実際の外交政策はワシントンの意向に沿い、主要国と等距離に付き合う中立路線を採った。ワシントン大統領は1794年、米仏間の貿易を妨害しようとするイギリスにジェイを特使として派遣し、独立戦争以前のアメリカの負債をイギリスに支払うことを柱にしたジェイ条約を結んだ。1783年のパリ条約で積み残していた軍事・債務問題を解決する内容となった。スペインとは1795年にピンクニー条約を締結し、両国の国境問題を解決した。

ジェファーソンは、外交官経験者として、アメリカが尊重されるためには、欧州の外交的慣習を身につける必要があると考えていた。ワシントン大統領と協議し、他国の水準に見合った資金を議会に要請した。ジェファーソンは、諸外国と政治的な関係を議論する外交任務（diplomatic service）と、商事や国外のアメリカ市民の要請に対応する領事任務（consular service）を区別した。1791年までに、イギリス、スペイン、フランス、オランダ、ポルトガルの欧州5か国に外交使節団を創設した。ジェファーソンは1790年8月、領事の義務について、赴任地に寄港する米国船の船数、政治・通商に関する報告、赴任国の戦争準備などを6か月おきに報告しなければならないと通知し、1792年4月に「領事・副領事に関する法律」として制定された。領事は原則無給だったが、この法律によると、領事が給与を得る場合として、米国船に関する抗議や宣言を受け取る、国外で死亡したアメリカ人の財産を一時的に所有する、座礁した米国船を管轄する、北アフリカ諸国に赴任する、といったケースが挙げられた。ワシントン大統領が「外国との関係で重要な点は貿易である」と主張したこともあり、領事部門が外交部門よりも重視された。

19世紀に入り、アメリカはバーバリー戦争（1801〜05、1815〜16年）と米英戦争（1812〜14年）という2つの戦争に直面した。バーバリー戦争は、北アフリカのイスラム都市国家が、地中海を航海する船舶に通航料を要求し、財政難のアメリカがこれを拒否したところ、イスラム側が米国船船員を拘束し、アメリカが対抗措置として攻撃したというものだった。米英戦争は、ナポレオン戦争中にイギリスが海上封鎖を行ったことに反発したアメリカが宣戦布告して始まった。イギリスは首都ワシントンを占領し、大統領官邸を放火した。(注)

米英戦争当時のジェームズ・モンロー国務長官（任1811〜14、1815〜17年）は、ジョン・グラハム事務長に対し、国務省の記録をワシントンから撤去するよう指示した。イギリスが国務省の建物を放火した時、文書はバージニアの製粉工場に持ち出されていた。イギリスは戦いを有利に進めたが、戦費のかかる戦争継続を望まず、ベルギーで1814年12月、ほぼ現状維持を確認する形で講和条約を結んだ。

モンローの後任として、1817年に就任したのが8代目長官のジョン・クインシー・アダムズだった。1818年に最初の再編に乗り出し、事務長については、長官に次ぐ国務省の最上級職員として省内の全ての機能を統括する権限を与えるとともに、長官の指示を実行し、外交書簡で長官を助ける任務を行うとした。約10人の事務官は事務長に報告するようになり、任務として、外交ではなく領事に関する文書を執筆すること、委任状やその他の文書をアメリカまたは他国の公使に送付すること、議会の書簡や書類を保管すること、文書を翻訳すること、パスポート、証明書、外国の領事に与える認可状を準備することが含まれた。

事務長の年間給与は2000ドルとなり、その他事務官の給与は1250～1500ドルとなった。1831年の歳出法により、外交・領事ポストごとに給与が支払われるようになった。

外交の草創期だけに多くの「初めて」が起こった。1821年には、モロッコのスルタンからタンジェの建物

（注）大統領官邸はその後、修復の際に白いペンキを塗ったことから、「ホワイトハウス」と呼ばれるようになった。国務省は1816年、ホワイトハウスの西側の建物に移った。

が米領事ジョン・ムローニーに寄贈され、アメリカが外国で初めて取得した不動産となった。この建物は後にアメリカの公使館となり、１９５６年には領事館となる。また、国務省は１８２５年、言語研修生を初めて指名し、ウィリアム・ブラウン・ホジソンが、アラビア語を学ぶため、アルジェに派遣された。１８３０年まで滞在し、その後、国務省の通訳となった。

この時代のアメリカの外交政策は、「モンロー宣言」に象徴される。１８２３年にフランス、オーストリア、スペイン、ロシアの４か国が、中南米に介入しようとした時、イギリスがアメリカと共闘する動きを見せたが、長官を経て、１８１７年に大統領となっていたモンローは議会で演説し、米大陸の非植民地化と新旧大陸の相互不介入を訴えた。これは、アダムズ長官の主張に沿うものだった。56代長官のヘンリー・キッシンジャー（任１９７３〜77年）によると、アダムズは１８２１年、「アメリカは、自由や独立が広がる場所を思い、祝福し、祈る。しかし、アメリカが自由や独立を壊す怪物を探し出すために外国に行くことはない」と話した。

低い存在感

19世紀を通じて、国務省の存在感は低かった。「モンロー宣言」は、国外よりも国内問題への関心を高めた。それでも国務省は組織の拡充に動き、例えば、11代長官のエドワード・リビングストン（任１８３１〜33年）は１８３３年、領事や通商当局者に対し、国内情勢を記録し、アメリカ市民を登録し、アメリカの財産を管理し、３か月ごとに国務省に報告するように指示を出した。しかし、リビングストンは、外交官が「民衆のお金で外国旅行をし、外国とぜいたくの限りを尽くしていると思われている」と残した。民衆だけでなく、議会も外交官は閑職という印象を持っており、下院外交委員会は1844年、公使に2か国以上の国を担当させて働かせることを提案した。下院議員からは「外交ほど意味のない公務はない」という発言が出るほどだった。

経験や才能によって、指名された外交官もいた。歴史家のジョージ・バンクロフトがイギリス公使（任1846〜49年）、ジョン・ロスロップ・モトリーがオーストリア公使（任1861〜67年）にそれぞれ起用されたことが、好例として挙げられる。だが、外交官ポストは当時、財産、社会的地位、政治的活動によって決められることが多かった。政治的活動では、大統領と同じ党派に属したり、大統領選で支援したりすると、それが任命のきっかけとなった。このため、多くの人は、外交的礼儀という初歩的な知識さえなかった。外交官は、「アマチュア」であり、世間の印象は良くなかった。

19世紀中盤に入ると、国務省の国内業務の大半は他省庁に移管され、国務省は外交専門となっていく。国政調査の権限は1850年に内務省に移管された。1873年の議会法（Act of Congress）により、アメリカ領土に関する業務の全責任は国務省から内務省に移管され、国務省内の領土・国内記録局（Territorial and Domestic Records Bureau）は廃止となった。ただ、一部はその後も引き継がれ、例えば、国の象徴として重要文書に押される印章・国璽（The Great Seal）の管理と使用は現在も国務省の任務となっている。

アンドリュー・ジャクソン大統領の2人の国務長官、12代のルイス・マクレーン（任１８３３〜34年）と13代のジョン・フォーサイス（任１８３４〜41年）は１８３３〜36年、国務省の大規模な再編を行った。マクレーンは１８３３年、外交、領事、国土、公文書、法律と委員会、恩赦・減刑・著作権、図書館の7つの局（Bureau）を設置した。フォーサイスは１８３４年、7局のうち、恩赦・減刑・著作権を廃止し、公文書を公文書・法律・委員会に統合するなど、4局に統合した。外交と領事については、３人の事務官が国外との通信を管轄した。1人目が、英語、フランス語、ロシア語、オランダ語の各圏、2人目が、その他の欧州、地中海、アジア、アフリカ、３人目が、米州諸国だった。

17代長官のジェームズ・ブキャナン（任１８４５〜49年）は１８４６年、外交経験のある優秀な人材を起用するポストとして、国務次官補（Assistant Secretary of State）の新設を議会に要請した。長官を補佐するナンバー2のポストであり、１８５３年に議会が承認し、ダッドリー・マンが初の国務次官補となった。１８６６年には、国務省で30年以上のキャリアを積み、事務長も経験したウィリアム・ハンターが第2国務次官補となった。国務長官、国務次官補に次ぐ省内ナンバー３のポストだった。

待遇の改善も徐々に行われた。１８５３年の連邦歳出法により、年間給与は、長官が８０００ドルに上がり、次官補が３０００ドル、幹部は２０００ドルとなった。１８５５年には、外交・領事制度の改革法が可決され、任命される者は全てアメリカ市民とし、在住公使は全権を持ち、無給の要員を外交使節に指名する慣行は禁止となった。この法律では、領事職員と通商当局員の年間給与について、職務やポストに応じて、300〜7500ドルが支給された。また、1855年の連邦歳出法では、職員は年間給与に応じ、クラス1（900ドル）、クラス2（1200ドル）、クラス3（1500ドル）、クラス4（1800ドル）の4段階に区分けされた。1856年の「外交・領事制度規制法（Act to regulate the diplomatic and consular systems of the United States）」では、外交官の給与は1万〜1万7500ドルとなり、1万7500ドルは1946年まで大使の最高給与となった。また、この法律は、パスポートを発行できるのは国務省だけであると規定した。国外の使節団は、1830年の15から1860年には33に増えた。国外での外交費用は、1830年には29万4000ドルだったが、1860年には110万ドルに増えた。使節団の大半は欧州と中南米にあり、アジアはわずかだったが、公使は1843年に中国、1859年に日本に派遣された。1860年、議会の法律によって、中国、日本、シャム、ペルシアの外交・領事要員に対し、任地でアメリカ市民の関係する犯罪を裁く治外法権が与えられた。

また、アメリカ外交のユニークな点として、21代長官のウィリアム・マーシー（任1853〜57年）は外交官に対し、儀礼的な場でもアメリカ市民の簡素な服装を着用するよう指示した。

19世紀中盤の国務省の業績としては領土確定がある。1842年には、イギリスとウェブスター・アシュバートン条約（Webster-Ashburton Treaty）を結び、北東部でメイン州の境界が確定した。1846年には、イギリスとのオレゴン条約で太平洋に通じる唯一の支配権を得た。1848年にメキシコとの戦争終結を定めたグアダルペ・イダルゴ条約（Treaty of Guadalupe-Hidalgo）では、テキサスの支配権が確立され、太平洋への領土拡張が実現した。

（2）発展期

南北戦争での変化

24代長官のウィリアム・スワード（任1861～69年）は、南北戦争突入後の1861年、連邦制に懐疑的な人物のパスポート発行を禁じる通達を出した。スワードは戦争中、国内治安を担当する特別局を設置し、南軍に同情的な200人を拘束したが、戦争省が国内治安を引き受ける1862年2月までに、その多くが釈放された。

スワードは1864年に領事・外交歳出法の可決に成功し、試験に合格し、勤務態度が良好であれば、任期なしで年間1000ドルの給与を得る領事書記13人の指名を承認してもらった。1896年までに64人が指名されたが、このうち領事になったのは8人だけだった。多くは昇進を避け、安定した収入を得られる下級ポストを希望し、政治任命者によってポストを奪われる可能性がある上級職の任官を拒否した。

アメリカが外交に力を入れるのは、南北戦争以降である。国務省は1866年、最初の外交

南北戦争の決戦の舞台となったゲティスバーグ

電報をフランスのナポレオン3世に送り、メキシコからの部隊撤収を遅らせないように要求した。1867年にはロシアからアラスカを買収し、「スワードの愚行」と非難された。アンドリュー・ジョンソン大統領も「大統領の北極熊庭園」と揶揄《やゆ》された。米本土の5分の1の面積を持つアラスカの購入費は格安だったが、辺境地だったことから「不要の購入」と批判された。上院での採決は僅差《きんさ》だった。しかし、1898年にアラスカで金が発見されると、人口が増加していった。

　ジョンソンの後任、ユリシーズ・グラント大統領は1869年3月5日、エリフ・ウォッシュバーン（任1869年）を25代国務長官に指名したが、3月16日に辞任した。翌17日にフランス公使に指名されたためで、長官の在任期間としては12日間の最短となった。ウォッシュバーンはグラントの友人であり、忠誠や親交の見返りとしてポストが与えられたとみられている。

フィッシュの改革

　グラントがウォッシュバーンの後任として任命した長官が、26代のハミルトン・フィッシュ（任1869〜77年）である。国外使節と領事の業務増加に対応するため、1870年に再編計画を発表し、1830年代に創設された局（Bureau）を9局に拡大した。内訳は、事務長局、第1外交局、第2外交局、第1領事局、第2領事局、法務局、会計局、統計局、旅券局だった。第1の外交局と領事局は、欧州の主要国、中国、日本を管轄した。第2の外交局と領事局は、中南米、地中海地域、ロシア、ハワイ、リベリアを担当した。1873年の歳出法では、6局に削減され、第1外交局、第2外交局、第1領事局、第2領事局、会計局、目録・公文書局に再編された。目録・公文書局は、事務長の記録業務を引き継いだ。さらに、1874年には、第1・第2外交局が外交局に、第1・第2領事局が領事局にそれぞれ統合され、統計局ができた。統計局は1897年、外国商務局（bureau of foreign commerce）に改名された。

下院は1874年、第3国務次官補と国務長官の秘書官（private secretary）の任命を認める連邦歳出法案を通過した。第3国務次官補は、国務長官、第1国務次官補、第2国務次官補に次ぐ省内第4位のポストで、省内での会計・人事の監督や国外の外交使節団との折衝といった役割を与えられた。また、1874年の外交・領事局歳出法は、領事業務を給与1000〜4000ドルの7段階に分け、30の主要領事館では、1500〜3000ドルで職員を雇うことが認められた。国内外の業務にかかる支出は、130万ドル（1860年）から180万ドル（1890年）に増えた。

外交・領事分野の予算が拡充される中で、高官人事が大統領の友人や支持者への報奨になっているとの指摘が出ていた。選挙で勝利した大統領が官職を独占する猟官制の慣習が、売官や腐敗の温床になっているとの批判である。このため、財務省代表のランドルフ・カイムは1872年、領事部門に対する広範な調査を実施した。カイムは、違法な手数料の徴収、司法権の不適切な行使、不正会計、国外で死亡したアメリカ人が残した財産の違法な処分、不正パスポートの発行など多くの不正行為を見つけた。こうした調査は1896〜97年にも行われ、領事局のロバート・チルトン局長が、メキシコ、カナダ、欧州、アジアの領事館を視察し、不法または疑念を与える活動を発見した。

このため、改革の機運が次第に高まっていく。1883年には、法案を提出した上院議員の名前を取って、通称ペンドルトン法と呼ばれる連邦公務員法が制定された。大統領選に貢献した見返りに大使職を要求し拒否された男が、1881年にジェームズ・ガーフィールド大統領を暗殺した事件を受け、猟官制を改め、試験で公務員を登用する制度が導入された。これを受け、グロバー・クリーブランド大統領は1895年に大統領令を出し、年間給与1000〜2500ドルの領事職は筆記と口頭試験で採用するとした。一連の法律と命令は、情実を排し、領事職のプロを養成する狙いだが、クリーブランド自身が受験者を選んだため、長続きしなかったと言われている。大統領の指名するポストも残され、ウィリアム・マッキンリー大統領の時代には有名無実化した。

試験による採用

19世紀末以降、アメリカの国際政治への関与が増すにつれ、国務省の業務も煩雑になっていった。例えば、1884年にワシントンで初めての国際会議として、「国際子午線会議」を主催した際、事前交渉、会議の段取り、意見の集約、各国代表団の厚遇などで多大な準備を必要とした。会議では、緯度の基準線としてグリニッジ子午線が採用された。また、軍事進出も頻繁となり、1898年にはスペインとの間で米西戦争が起こり、アメリカが勝利し、スペイン領だったキューバの独立が認められ、アメリカはフィリピン、プエルトリコ、グアムを領有した。領有や占領後の統治として、国務省の役割が高まった。

有能な人材の必要性を深刻に受け止めていたのが、26代大統領のセオドア・ルーズベルトである。「大使になるために億万長者になる必要がない」と公言するルーズベルトは、大使が国益のために機能していないと考えていた。特に、政治的理由で任命された者は、出身州や地元の利益を優先させ、政権交代のたびに入れ替わるため、国益が損なわれ、外交の一貫性が失われる弊害が指摘されていた。このため、1905年11月、公使と大使ポストを除く全ての外交官と領事ポストに競争試験を導入し、実力本位の採用に舵を切った。38代長官のエリフ・ルート（任1905〜09年）は、不正防止のため、2年おきに領事施設を検査する法律を下院に導入した。

27代大統領のウィリアム・タフトはルーズベルトの改革を受け継ぎ、優秀な外交官採用のため、口頭・筆記試験を監督する試験委員会を設立した。さらに、大使館の幹部ポストには職業外交官の中から任命し、人事のため、国務省の全ての外交官と職員について、業績を記録することを命令した。こうした任命は公使や大使には適用されなかったが、一部の外交官は大使・公使レベルに昇進させた。

試験で採用された外交官は、ハーバードやイェールといった東部の名門校出身者が多かった。猟官制が残存する中で、職業外交官の地位は高いと言えなかったが、才能によって省内で昇進する者が増えていった。彼らは長く海外生活を送る中で、アメリカにとって孤立主義はデメリットが大きく、自由貿易や国際協調が国益につながると考え、これが20世紀前半を通じて、アメリカ外交の基調となっていく。

ハーバード大学ロー・スクール

業務の煩雑化は要員拡大につながり、これに伴い、予算も増額され、国務省の支出は、340万ドル（1900年）から490万ドル（1910年）に増えた。

人員と予算の増加に伴い、国務省は1909年、さらなる再編に着手した。国務次官補のハンチントン・ウィルソンが中心となり、特別の任務をこなす参事官や領事業務を行う幹部ポストを新設し、局（Bureau）は、西欧、近東、極東、中南米といった地域をカバーするように拡大編成され、ワシントンでは優秀な外交官の採用が活発化した。情実人事でポストを得た外交官の素人がこなせる業務ではなくなっていた。

また、下院は1915年、試験の種類によって区別されてきた外交官と領事の職務を、実力や適性に応じて振り分ける法案を可決した。外交官と領事の間で配置換えを可能にし、機動的な対応を可能にする狙いがあった。

「新外交」発揮できず

第1次世界大戦によってアメリカの国際的なプレゼンスは一層高まった。外交・領事の任務は拡大し、要員と費用はさらに増えた。省の支出は、490万ドル（1910年）から1360万ドル（1920年）となった。戦後は「新外交」という言葉が広がり、国外からの注目が集まり、ウッドロウ・ウィルソン大統領の主導で、アメリカは孤立主義から国際協調主義に舵を切ることになった。1919年には、国務長官を補佐するナンバー2として、国務次官ポストも創設された。だが、重要な外交政策における国務省のプレゼンスは高くなかった。第1次世界大戦における中立政策の推進（1914年）、連合国側に立った戦争介入（1917年）、国際連盟創設の準備（1918年）、戦後の条約締結（1919年）で、決定権を握ったのはホワイトハウスだった。

国務省がこの時期、主導権を発揮できなかった理由としては、戦時対応の組織になっていなかったことがある。国務省担当者は、軍事分野に関する専門知識が欠け、対応が遅れがちで、戦争省、海軍省、財務省が主導的な役割を果たした。また、ウィルソン大統領と国務長官が緊密な関係を築かなかったという事情もある。ウィルソン政権の国務長官としては、41代のウィリアム・ブライアン（任1913〜15年）、42代のロバート・ランシング（任1915〜20年）、43代のベインブリッジ・コルビー（任1920〜21年）の3人が在任したが、大統領が相談したのは、就任前から自らの政治顧問を務めてきたテキサス州のエドワード・ハウスだった。

ランシングは、国務省が複雑な国際情勢に機敏に対応するため、組織を近代化かつ民主化し、優秀な人材を集め、卓越した外交力を発揮する必要があると考えた。外交分野の改革に理解を示したジョン・ジェイコブ・ロジャーズ下院議員（マサチューセッツ州）に協力を呼びかけた。この改革に国務省からは、駐ポーランド全権公使を務めたヒュー・ギブソンが参加し、最も優秀な人材を採用するため、全てのアメリカ市民に開かれた外交キャリアの創設を求めた。

この改革は、政権交代でウォレン・ハーディング政権（共和党）が誕生した後も続き、1924年に外務法（Foreign Service Act）、いわゆるロジャーズ法が成立した。能力を審査する入省試験や実績に基づく昇進を基礎にした専門組織にする狙いがあり、初代長官ジェファーソン時代に始まった外交・領事業務の分離は、双方の機能を実施する一つの組織として統合された。外交ポストに任命されるのは、特別な人材ではなく、給与に連動した一定の階級に所属する要員となった。年間給与は、最低（クラス9）の3000ドルから最高（クラス1）の9000ドルまでの幅があった。配置転換は3年おきに行われることが原則となり、定年制度も設けられた。使節団トップとなった外交官は、在任期間が終わった後も外交任務にとどまることが可能となった。こうして職業外交官に相当の地位と給与が保証されることになり、若く優秀な人材を集める役割を担った。ただ、大統領が大使ら上級外交官を指名する特権ははく奪されなかった。また、アメリカ国内で働く職員は行政職（civil service）となった。

さらに、1925年には、外交官に語学力やその他の必要な知識・技能を習得してもらうため、外務学校（Foreign Service School）が創設された。翌26年には、下院は外務建築物法（Foreign Service Buildings Act）を可決し、年間200億ドルの資金枠が設定（後に増額）され、国外の使節団や領事館の建設、購入、保全に充てられた。政府はまた、事務所や居住地の購入や賃借も行い、外交官が自ら出費する必要はなくなった。

ロジャーズ法による大きな進展にもかかわらず、領事部門で昇進が不平等だとする不満が相次いだ。外交問題を担当していたジョージ・モーゼス上院議員とジョン・リンティカム下院議員は共同で、外務法の改革案、いわゆるモーゼス・リンティカム法案を提出し、1931年に可決された。昇進における公平性を担保したほか、給与の引き上げ、有給休暇の付与、定年制度の改良を行った。

このほか、1921年には出版局が発足し、外交情報の提供などの事業を取りまとめた。また、1929年には、国際会議・儀典局が結成され、多国間交渉の実務に対応した。省の年間費用は、1360万ドル（1920年）から1400万ドル（1930年）に増額された。

1920年代の共和党政権では、国務省も一定の存在感を示した。ハーディング政権のチャールズ・ヒューズ国務長官（任1921〜25年）は、ワシントン海軍軍縮会議（1921〜22年）で重要な役割を演じ、カルビン・クーリッジ政権のフランク・ケロッグ国務長官（任1925〜29年）は、パリ不戦条約（1928年）の締結に尽力した。

（3）拡大期

第2次世界大戦への関与

1930年代は大恐慌による経済危機が深刻になった時代である。国務省でも財政難から、採用や昇進は凍結され、給与は15%削減され、有給による帰国休暇は廃止された。その結果、1932年から約2年間で、外交業務は1割減ったという。

一方で、経済危機は全体主義を加速させ、アメリカも急変する国際的な政治・経済情勢に対応せざるを得なくなった。ハーバート・フーバー政権のヘンリー・スティムソン国務長官（任1929〜33年）は1931年、日本軍による満州国建国に際し、「スティムソン・ドクトリン」を発表し、侵略による建国を承認しなかった。満州事変を調べるリットン調査団では、親しいフランク・マッコイ少将をアメリカ代表として同行させた。また、フランクリン・ルーズベルト政権のコーデル・ハル国務長官（任1933〜44年）は1934年、世界恐慌にあって自由貿易体制を推進するため、無条件で最恵国待遇の原則にたつ互恵通商協定法（Reciprocal Trade Agreement

Act：RTAA）を成立させた。

　1930年代後半に入り、日本、ドイツ、イタリアが枢軸国を形成し、他国への侵略を本格化させるのに伴い、アメリカは表向き、中立主義を採りながら、戦争への関与を深めていく。ドイツがポーランドに侵攻し、第2次世界大戦が始まると、国務省は1939年12月、外交問題諮問委員会（Advisory Committee on Problems of Foreign Policy）を設置し、戦後の世界秩序について研究を開始した。国際連盟の後継となる安全保障機関の設立や、自由な資本主義経済を確立するための体制作りを検討した。ハルの特別補佐官に指名された経済博士のレオ・パスボルスキーらが中心となった。研究の根底となったのは、ウィルソン大統領が1918年に発表した14か条の平和原則だった。航行の自由、平等な通商、軍縮、民族自決、国際平和機構の設立といった内容で、この原則を新しい時代に具体化させることが主眼となった。ハルがウィルソンを尊敬していたことがきっかけとなった。委員会はスタッフが足りず、有効に機能していたとは言い難いが、戦後の国際組織の土台作りに国務省が関わる基盤となった。

　アメリカが第2次世界大戦に突入したのは、1941年12月7日の日本による真珠湾攻撃の後だった。アメリカは対日軍事作戦を展開する一方で、戦後秩序の検討に乗り出し、1942年2月に戦後外交諮問委員会（Advisory Committee on Post-War Foreign Policy）を発足させた。外交問題諮問委員会を省外に拡大したもので、ハルをトップに様々な省庁や非政府機関の幹部が集められた。国務省は、戦闘地域からのアメリカ市民の避難、戦争捕虜交換の支援、国際赤十字を通じた難民への対応といった新たな課題に直面した。

こうした戦時下における多様な任務に対応するため、国務省は１９４１年、通常の試験以外で外務職補助員（Foreign Service Auxiliary）を採用した。補助員には経済や金融の知識を持つ者が多かった。補助員の人数は１９４６年に９７６人となり、正規職員の８２０人を上回ったため、１９４６年の人材法（Manpower Act）により、試験を実施した上で補助員３６０人を正規職員とした。支出も増額され、２４００万ドル（１９４０年）から５０００万ドル（１９４５年）に膨れ上がった。

ルーズベルトは、ヘンリー・ウォレス副大統領、ジョージ・マーシャル将軍、ヘンリー・モーゲンソー・ジュニア財務長官、ハリー・ホプキンス商務長官ら様々な高官の意見を聞いたが、国務省からはサムナー・ウェルズ国務次官を重用した。ウェルズは、学生時代からルーズベルトの知り合いで、西半球の集団安全保障構想などの外交問題を議論する間柄だった。これが、戦後の国際連合構想につながっていく。ウェルズやその前任の国務次官ウィリアム・フィリップ、２代後の国務次官ジョセフ・グルーはいずれも、政治任命ではなく、「生え抜き」の職業外交官だった。セオドア・ルーズベルト政権時代の競争試験による登用の成果と言えるが、フランクリン・ルーズベルトが重用した職業外交官は、元々親しかった人物という側面もあった。ハル国務長官は、こうした政治任命者と職業外交官の比率については1対1程度が適当と考えていた。

ハルが存在感を示したのは、戦後の国際機関の設立を準備した時だった。１９４２年1月、日独伊の枢軸国と戦う米英ソ中など26か国代表をワシントンに集め、連合国として結束する共同宣言（Declaration by United Nations）を行った。これが戦後の国際連合（United Nations）につながる。

改革と「リストン化」

エドワード・ステティニアス国務次官は1943年、他省庁との協力の中で主導的な役割を果たすため、国務省の再編を開始した。戦時における国務省の欠陥を補うための改革で、ステティニアスが1944年、ハルの後任となった直後、国務省令1301を出し、庁内に再編のための組織をつくった。国務長官や幹部を含む職員委員会は、管理職のグループとなり、調整委員会は、政策の選択肢を調整し、共同事務局は、そうした政策を効率的に実施するため、省内の活動を監視した。また、政策委員会と戦後問題委員会は、長期計画のために創設された。また、今日の情報調査局の前身となる暫定調査情報局という組織が1945年9月に発足した。一連の改革は、縦割りを是正し、各部局が連携して即断することを目指していた。

太平洋戦争が終結すると、アメリカ外交は世界秩序の形成に不可欠となった。それに伴い、様々な組織の改編が行われた。国際経済問題を管轄する戦時中の組織を官僚機構の中に取り込み、1946年8月には、その責任者として経済問題担当の国務次官を新設した。既に在職していた経済問題担当の国務次官補と協力しながら、国際復興開発銀行（International Bank for Reconstruction and Development : IBRD）、国際通貨基金（International Monetary Fund : IMF）、食糧農業機関（Food and Agriculture Organization：FAO）と連携することになった。また、議会は１９４６年・外務法を可決し、競争による入省の原則を維持し、任命・昇進手続き、賞与と手当、退職制度を透明化するとともに、専門的知識が重要になったことから、法律家、医師、経済学者らのポストも用意した。また、４年以上の経験を持つ31歳以上の行政職（civil service）職員は、外務職（foreign service）に移籍することが可能となり、双方の垣根を取り去る試みが行われた。

戦間期に戦争遂行のため、組織が膨張したのは国務省だけではなかった。アメリカ政府は、行政機構の合理化と改善を進めるため、議会の決定を受け、１９４７年7月、フーバー元大統領が委員長を務める委員会を発足させた。委員会は１９４９年、国務省について、外交局職員と一般職員との不当な区別をなくすよう勧告した。外交局は人気の海外勤務者を派遣する部局で、東部の私大出身のエリートが多く、ワシントンからの指示に従わないケースも目立っていた。海外勤務者が長々とした報告書をワシントンに送り、そのままファイルされて誰にも読まれないという弊害も指摘された。委員会の勧告を受け、ドワイト・アイゼンハワー政権のジョン・フォスター・ダレス国務長官（任１９５３～59年）は１９５４年、ブラウン大学のヘンリー・M・リストン総長に対し、国務省職員の慣行についての調査を求めた。リストンは、部局の異なる職員間の不平等な待遇と、それに伴う低い士気を改善するため、多くの職員を外務局に統合することを求めた。それは、「リストン化（Wristonization）」と呼ばれた。キッシンジャーは「リストン改革までは、プロテスタントの上流階級出身で、東部の有名私立大学の卒業生が多かった。リストン改革により、ワシントンと海外駐在は一体化し、別々ではなくなった」と評価しているが、ジョージ・ケナンはこれに否定的だった。

民主党政権下の機構改革

ジョン・F・ケネディ大統領は1961年5月、全ての大使と国務省幹部に書簡を送り、大使が赴任地において、アメリカ政府の全ての活動に責任を負うべきであると伝えた。アメリカの主な政府機関は当時、国外スタッフを大使館に派遣し、大使を経ずに自らの組織に報告させていた。ケネディは、重要な懸案で政府機関の情報共有が滞り、アメリカ外交の効率性が損なわれていることに懸念を示した。大使には他の省庁が派遣した職員も統括させ、出身省庁間で意見の不一致があれば、それを上訴する手続きを定めた。

ケネディ政権の要請を受け、議会は1961年11月、国務長官の指揮下に米国際開発庁（USAgency for International Development：USAID）を設立した。大学の経済学者だったウォルト・ロストウは、第三世界のために経済開発を率い、その開発に関する離陸（テイク・オフ）理論を主張し、その理論は国務省や国際開発庁に広がった。

暗殺されたケネディの後継として、副大統領から昇格したリンドン・ジョンソン政権下でも、機構改革は進んだ。1966年には、省内の地域局の下部組織として国ごとの「国別部長

（country directors）」が創設された。現地の大使館が直接情報や意見をやり取りできる部署とし、現地の外交団を支援する態勢を整えた。ジョンソンはさらに、１９６６年、国外での省庁間の活動を調整、統括する権限を国務長官に与え、そのために、国務長官が主宰する「高級省庁間グループ（Senior Interdepartmental Group：SIG）」が創設された。週1回昼食をともにしたディーン・ラスク国務長官（任１９６１～69年）に対するジョンソンの信頼がうかがえる。実際には、ＳＩＧを支援する省庁間の地域グループが生まれ、国務次官補が主導した。しかし、このシステムは有効に機能せず、ジョンソン以後の政権では続かなかった。

ニクソンが１９６９年、大統領に就任すると、国務省は新たな試練を迎えた。ニクソンは、国家安全保障担当補佐官に指名したキッシンジャーとともに外交政策を取り仕切った。ニクソンは、このやり方を受け入れる国務長官として、司法長官を務めたウィリアム・ロジャーズ（任１９６９～73年）を指名し、実際に重要な外交会議からロジャーズを外した。

ジミー・カーター政権で国務長官に就任したサイラス・バンス（任１９７７～80年）は、国務次官補の大半を外務公務員から指名した。外交上の懸案解決のため、無任所大使（特使）が活用され、経済サミット担当特使、メキシコ問題特使、難民問題担当特使らが相次いで任命された。また、議会の要請を受け、バンスは１９７５年4月、人権問題担当の調整官を創設し、１９７７年8月にはこのポストは国務次官補（人権・人道問題担当）に昇格された。このほか、省庁間の麻薬対策を調整するため、麻薬担当局が１９７８年に創設され、増大する難民問題に対処するため、1980年に難民プログラム局が人権局から独立した。

上級外交官の待遇

1980年には、上級外交局（Senior Foreign Service : SFS）の改革を柱とする外務法が成立した。SFSは一定の職員を最高ランクに昇進させることが狙いだったが、昇進人数が限られるため、昇進に漏れた優秀な人材が早期退職に追い込まれる事態となっていた。この外務法は、バンス、ウォーレン・クリストファー国務副長官、ベンジャミン・リード国務次官（管理担当）が検討を進めてきたもので、「出世か引退か」の昇進制度を変える狙いがあり、語学能力を持つ地域の専門家に対し、限定付き職務延長（limited career extensions）制度を提供した。これにより、上級職員には適切な職務が与えられ、士気の低下に歯止めをかけた。

ロナルド・レーガン政権時代には、在外大使館の予算管理が不十分との批判があがった。アメリカ外交協会（American Foreign Service Association）は、リチャード・ケネディ国務次官（管理担当）が、大使館における嗜好品の購入を野放しにしていると非難した。このため、ジョージ・シュルツ国務長官（任1982〜89年）は1983年、トルコやバハマ諸島の大使を歴任したロナルド・スピアーズを国務次官（管理担当）に起用し、予算の執行を厳格化した。この改革は、国防費以外の政府支出を減らす「レーガノミクス」により方向付けられていた。財政赤字を減らすため、支出削減を規定したグラム・ルドマン・ホーリング法（Gramm-Rudman-Hollings Act）

が１９８５年に議会で可決されると、国務省も予算削減の対象となり、シュルツが毎年、予算救済措置を要望する事態となった。

レーガン時代には、政治任命の大使が多くなり、キャリア外交官とのあつれきを生んだ。１９８０年の外務法は、大統領が大使を指名する際、外務職員の指名を原則と規定したが、レーガン政権1期目には、政治任命の大使は外交官の大使とほぼ同数だった。アメリカ外交協会は「上級職の指名を得るために職業キャリアを積んだ職員の経歴をあざ笑う行為だ」と抗議した。スピアーズは１９８７年、政治任命に対し、キャリア外交官の「キャリアをむしばみ、敬意を欠く」と批判した。

１９８０年代は、相次ぐテロにより、外務職員の安全が本格的に議論される時代だった。中でも被害が大きかったのは、１９８３年4月にベイルートにあるアメリカ大使館前で、爆発物を積んだトラックが爆発し、アメリカの外交・軍事要員17人を含む職員63人が死亡、約１２０人が負傷したテロだった。国務省は、議会の承認を得て、10億ドルの資金を投じ、世界60か所以上で施設の強化を図った。

第2章 組織と人材

（1）予算

国全体の1％

アメリカ憲法の第1章7条は「歳入徴収に伴う全ての法律案は先に下院に提出する」とし、同第8条は、連邦議会の立法権限として、「租税、関税、輸入税および消費税を賦課し、徴収する権限」を明記している。このため、予算における議会の影響力は大きくなる。大統領は1921年の予算・会計法に基づき、連邦政府の予算案を議会に提出する権利を持つが、議会は、1974年に成立した予算・失効留保規制法によって、予算委員会が策定した独自の予算決議を通じて、大統領の予算案を修正する。行政府と立法府の均衡の中で予算案が審議されていく。

大統領は通常、各省庁の予算要求を調整し、毎年2月に次の会計年度（10月〜9月）の予算案を議会に提出する。予算案は省庁や種目別に12本の歳出予算法案からなり、それぞれの歳出小委

国務省予算額（2022年は暫定、23年は要求額、単位は億ドル）

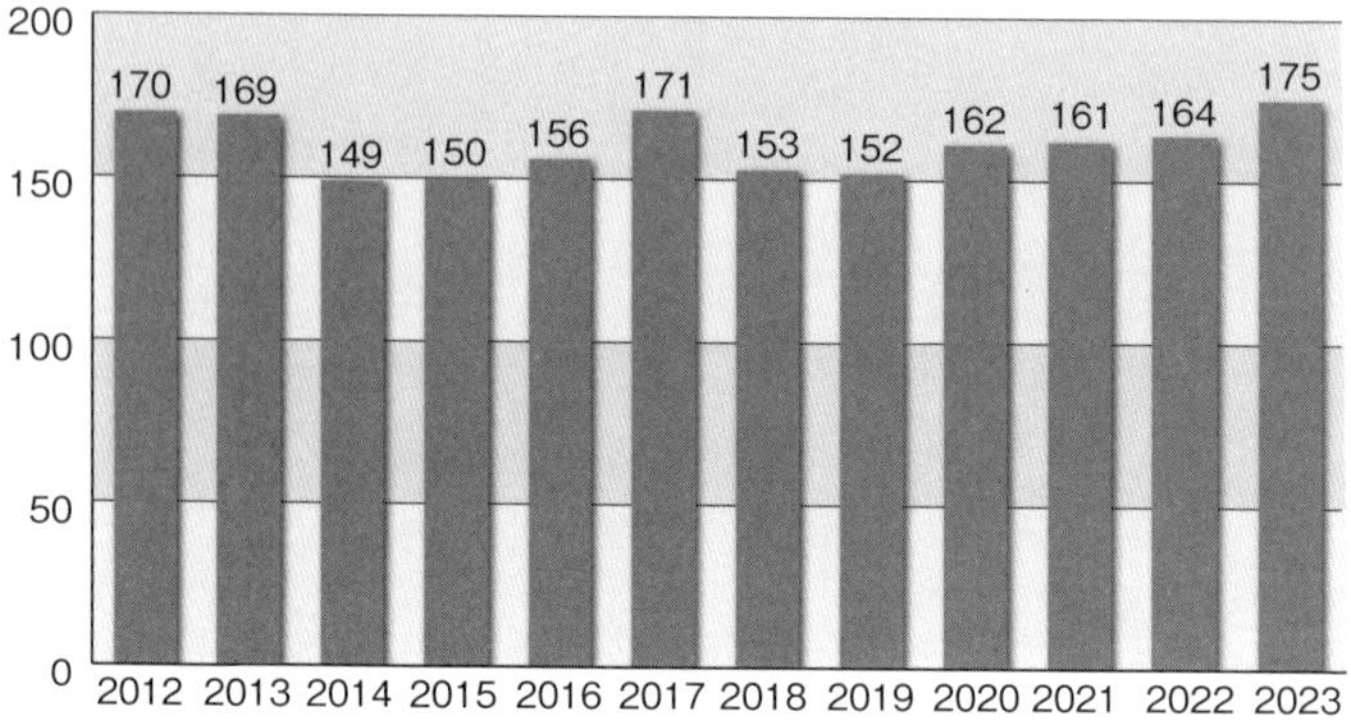

員会で審議され、可決されれば、本会議に進む。国務省の予算案は、「国務省・外交活動・その他関連プログラム（Department of State, Foreign Operations, and Related Programs：SFOPS）」の小委員会で審議される。この小委員会に国務長官が出席し、委員の質問に答えることもある。こうした修正を経て、本会議で可決され、大統領が署名すれば、予算案は執行される。

２０２３会計年度（２０２２年10月～23年９月）の国務省の予算要求額は１７５億ドルで、内訳をみると、最多が１３０億ドル（74％）を占める対外関係運営費で、残りは40億ドル（23％）の国際機関への拠出金、３億ドル（２％）の関連プログラムへの拠出、２億ドル（１％）の国外での委託事業となっている。対外関係運営費の内訳は、外交における継続事業や外交官の安全に関する費用に最多の１０１億ドル（58％）が割り当てられ、大使館の建設・維持費に20億ドル（11％）が充当されている。

国務省の予算要求額は、この年の歳出額（５兆７９２０億ドル）の０・３％に過ぎない。ドイツの統計情報サービス・スタティスタによると、国家予算の歳出額に対する国務省予算の割合は、１９６０年代以降、０・４％前後で推移し、２０００年代に入り上昇に転じ、２０１４年に０・78％で最多となった後、現在まで下落基調が続いている。連邦議会調査局は、米国際開発庁なども含めたＳＦＯＰＳというより大きな区分で、国際関連予算を見ているが、この区分でも全体の割合は１・３％に過ぎない。国防関連予算が歳出額の10％前後を占めるのに比べると、高いとは言えない。

2023 会計年度連邦予算に占める
国際関連予算の割合（議会調査局）

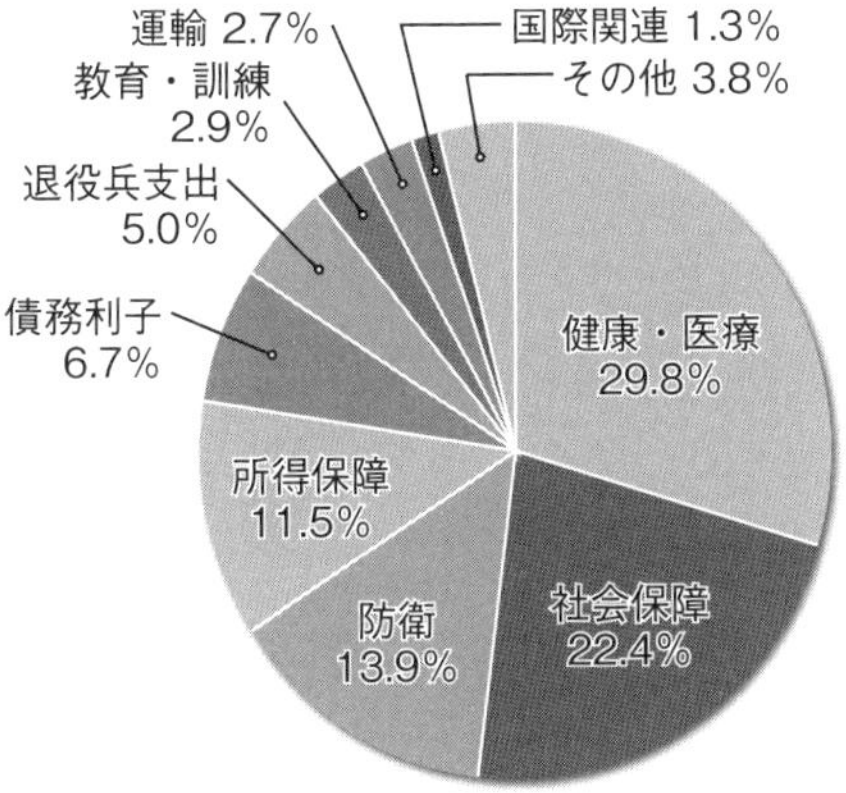

外交関連予算は、長期的には予算総額増加に伴い、増額の傾向にあるが、財政状況、政権の方針、国際情勢によって変化する。例えば、減税と軍事費増大によって財政赤字と貿易赤字の「双子の赤字」に直面した１９８０年代前半、外交関連予算は予算削減の対象となった。クリントン政権下の１９９５年には、下院の共和党議員団が、外交予算を約１割削減し、軍備管理軍縮局（Arms Control and Disarmament Agency：ACDA）やアメリカ情報局（United States Information Agency

: USIA）を国務省に統合する機構改革を柱とした法案を提出した。USIAは1953年に設立され、外交に資する情報を提供し、文化交流を促進するための組織である。民主党政権との政争の側面もあるが、財政赤字の拡大に伴い、省予算削減の圧力がかかった。実際、ACDAやUSIAは1999年、国務省に統合された。USIAの中で、アメリカに関する情報を発信してきた放送局「ボイス・オブ・アメリカ（Voice of America : VOA）や、ラジオ局「ラジオ・フリー・ヨーロッパ（Radio Free Europe : RFE）」は、後継組織として1999に設立された独立組織「グローバル・メディア局」に移管された。在外公館も縮小の対象となり、国務省は1995年、3大使館と16領事館を廃止する方針を示した。

政権がもたらす増減

政権の方針がもたらす変化の例としては、外交による国際協調を重視するバラク・オバマ政権時代、SFOPS基準で国務省関連予算は500億ドル前後を獲得し、「一国主義」を掲げたブッシュ前政権よりも高い水準となった。しかし、オバマの後任として、2017年に就任したドナルド・トランプ大統領は、「アメリカ第一主義（America First)」を訴え、対外援助を中心に国務省関連予算を減額する方針を示した。トランプは著書で「外交政策で我々に混乱をもたらした職業外交官は、私には外交政策の経験がないと主張している」とし、「ワシントンの支配階級のいわゆる内部関係者が、我々に問題をもたらしている」と国務省への敵意をむき出しにした。

トランプ政権が２０１７年３月に議会に提出した２０１８会計年度（２０１７年10月～18年９月）の予算要求額は４０２億ドルで、前年度比33％減の大幅カットとなった。国際機関への拠出金、政府開発援助（ＯＤＡ）、文化交流事業などが軒並み減額となった。トランプ政権では、国務省の政治任命職の指名が進まなかったが、トランプ大統領はこれについて「必要性がない」と語っていた。これを受け、レックス・ティラーソン国務長官（任２０１７～18年）は、経費削減のため、特使や代表ポストを廃止し、例えば、北朝鮮担当特使は、民間安全保障・民主主義・人権担当次官が担うことになった。民主党員や一部の共和党員は、この方針がアメリカ外交の弱体化につながると批判した。民主党のエリオット・エンジェル下院外交委員会委員長ら議員団は２０１７年11月、ティラーソンに書簡を送り、大使が60％、公使が42％、参事官が15％それぞれ減ったと指摘した上で、「才能ある職員が国務省を去り、組織を危機にさらし、米国の指導力、安全保障、国益を損なっている」と非難した。歴代長官からも反対論が起こり、マデレーン・オルブライト（任１９９７～２００１年）は「計算不能な損害を与える」、ヒラリー・クリントン（任２００９～13年）は「様々な言語を操る人を削減するのは愚かなことだ」とそれぞれ批判した。共和党系もこれに加わり、シュルツは「起こっていることを理解する前に全てを削減してはならない」とし、コリン・パウエル（任２００１～05年）は「誤りだ」と一蹴した。しかし、トランプ政権の内情に詳しいジャーナリストのロナン・ファローは「国務省の解体は、バランスの取れていない外交政策が何年も続いた正当な結果だったのかもしれない」と記し、国防総省や中央情報局（Central Intelligence Agency：CIA）が外交を担い、外交担当者の軸が不明確になっていることを強調した。

このほか、連邦政府機関の閉鎖（シャットダウン）が起こると、国務省でも職員の給与支給が滞ったり、ビザ（査証）の発給業務が停止されたりした。

国際情勢がもたらす変化も、予算編成に影響をもたらす。例えば、１９８３年にベイルートのアメリカ大使館が爆破され、63人が死亡したテロを受け、再発防止のための予算が増額となり、１９８５年には、在外公館のほぼ半数にあたる１２６の大使館・領事館で補強工事が始まった。

予算の適正執行を管理するため、行政管理予算局（Office of Management and Budget：OMB）は毎年、各省庁に対し、財務報告（Agency Financial Report：AFR）と業務報告（Annual Performance Report：APR）、または業務責任報告（Performance and Accountability Report：PAR）のどちらか一方の提出を求めている。国務省は前者を選択し、毎年11月にＡＦＲ、2月にＡＰＲを提出している。予算案で確約した目標が実際にどのぐらい達成されたのかを検証するもので、例えば、２０２０年には、イラクやシリアでイスラム主義組織「イスラム国」から解放された土地に安全かつ自発的に帰還する国内避難民を５２０万人と見積もったが、実際には４９７万人にとどまった。

（2）建物

一軒家からスタート

国務省は230年を超える歴史の中で、業務と組織を拡大するとともに建物も巨大化していった。国務省の前身として、1781年に設立された外務省は、大陸会議や独立宣言起草が行われたフィラデルフィアのレンガ造りの家の中にあった。その後は、議会が外交を担った時期があり、そのたびに外務省機能は移転したが、1785年に首都がニューヨークになると、外務省もニューヨークに移転した。外務省が1789年に国務省になった時、建物はニューヨーク・ブロードウェーにあった。さらに、1800年に首都がワシントンに移ると、国務省はワシントンの財務省の事務所を間借りし、その後、ペンシルバニア通りにあった「6ビル（Six Buildings）」に入った。海軍省もこのビルに入っていた。1801年に入ると、ホワイトハウスの西側に建造された政府庁舎に移転した。この建物は「新ビル（the New Building）」と呼ばれ、戦争省や海軍省も入居していた。ホワイトハウスの東側の建物には財務省が入っていた。

フィラデルフィアの外務省の建物
（国務省提供）

ところが、英米戦争により政府庁舎は破壊され、国務省は1814年、民有地に避難していたが、戦後の1816年にホワイトハウス西側に再建された政府庁舎に戻った。しかし、政府庁舎全体が手狭になったことから、1819年にホワイトハウス北東に新設された「北西政府庁舎（Northeast Executive Building）」に移転した。

1860年代に入り、政府庁舎が老朽化し、取り壊しが決まったため、国務省は1866年、「孤児院ビル（Orphan Asylum Building）」と呼ばれる仮社屋に移転した。新たな移転先は、ホワイトハウスに隣接した通りとペンシルバニア通りの交差点にあった戦争省と海軍のビルだった。1871年から増築が始まり、1888年に完成し、「国務省・戦争省・海軍省ビル（State, War, and Navy Building）」となった。当時としては世界最大で最新のオフィスビルだった。その後、貿易関係局（bureau of trade relations）や戦争省が移転したことから、このビルは国務省ビルと名付けられるようになった。1939年の第2次世界大戦開戦とともに職員数が増えたため、ビルは手狭となり、近くのビルに移転する部局が相次いだ。職員数が7200人に膨れ上がった1945年には、国務省の部局は29のビルに点在する状況になった。

さらに、大型のオフィスを求めた国務省は1947年、ホワイトハウスから約700メートル離れたワシントン北西部に移転した。一帯の名称は、低地で霧が出やすいことからフォギー・ボトム（Foggy Bottom）と呼ばれ、国務省の代名詞ともなる。この建物は1957年以降の拡張工事で4倍の大きさとなり、1961年1月に業務を開始した。垂直・ピラミッド方式でデザインされ、効率性を重視し、様々な部局がエレベーターでつながっている。1980年代には、外交向けのレセプション・ルームも開設された。建物は当初、「国務省本館（Main State Building）」と呼ばれたが、２０００年以降、国務省のビルの改善を呼び掛けた大統領に敬意を示し、「ハリー・トルーマン・ビル（Harry S. Truman Building）」の名称となった。

ロビーで進退の挨拶

ハリー・Ｓ・トルーマン・ビルは、南北にＣ通りとＤ通り、東西に21番通りと23番通りの間に囲まれた場所にある。

初登庁して挨拶するクリントン長官

Ｃ通りに面した正門玄関を通ると、巨大なロビーがあり、厳重な入館審査が行われる。基本的に職員や許可を受けた者だけが通過できる。このロビーは伝統的に、就任する長官が初登庁で挨拶し、退任する長官が最後の日に挨拶する場所となっている。クリントンが２００９年1月22日に長官に就任して国務省入りした際には、出迎えた大勢の職員を前に、「アメリカにとって、これが新しい時代だ」と演説した。

入館審査を通過すると、石柱に「任務中に勇気を出し悲劇的な環境で命を落とした外交・領事職員の名誉をたたえ、アメリカ外交協会（American Foreign Service Association）会員が建立」という碑があった。殉職した職員が刻まれた記念碑である。２０１０年時点で、１７８０年にフランス総領事に指名され、航海中に船の沈没で死亡したウィリアム・パルフレイを筆頭に計１０３人の名前が４列にわたって刻まれていた。ちなみに、アメリカで毎年5月の第1金曜日は「外交の日（Foreign Affairs Day）」と定められている。国務省では、職務中に命を落とした職員を追悼する式典が行われる。

記者会見が行われるブリーフィング・ルーム

1階には、記者会見を行うブリーフィング・ルームがある。ジャーナリスト出身で、情報局長を務めたカール・ロワン氏をたたえ、「カール・ロワン・ブリーフィング・ルーム（CARL.T ROWAN briefing room）」と呼ばれている。オルブライト元長官が２００１年1月に命名した。２０１０年の時点で、部屋の外の壁には、34枚の歴代報道官の顔写真が2列に飾られていた。報道官は、広報担当の次官補である。

ハリー・S・トルーマン・ビルの西側の入口付近にある集会施設は、「ディーン・アチソン講堂（DEAN ACHESON AUDITORIUM）」である。入口の看板には、アチソンの顔写真とともに、「Dear G. Acheson 1893-1971」と書かれていた。

2階には職員が利用するカフェテラスがある。その近くの中庭に面した場所にミニ展示場がある。2010年当時には、外交の備品として9点が置かれていた。目を引いたものとして、空港でチェックインする際に受け取るタグがたくさん付いたかばんがあった。外交官の頻繁な渡航を示すもので、「1972〜87年に最も旅したかばん（ミック・ミラー氏提供）」とあった。1989年に崩壊したベルリンの壁の破片もあった。ジョージ・マーシャル長官やウォーレン・クリストファー長官が提供したブリーフケースも置かれていた。アチソン長官のタイプライターは、「父の記憶をたどって」と書かれており、アチソンの父親が使用した宝物だったのかもしれない。さらに、ハル長官が1935年に職員と撮影した写真も飾られていた。この9点のほかにも、大使館関連として14点が飾られていた。珍しいものとして、19世紀中頃の外交上の正装と椅子、1975年のサイゴン陥落でアメリカ大使館から退避する際に持ち帰った国旗、19世紀後半にハノイのアメリカ大使公邸で使われていたドアノブが目を引いた。

2010年当時は、廊下の壁に「合衆国外交の歴史」というタイトルで、歴代長官の写真も展示されていた。古い順に紹介すると、第24代、スワード長官の顔写真には、「1867年3月30日にアラスカを購入した長官として記憶されている。（購入という）『スワードの愚行』は誤りでないことが証明された」と当時の決断をたたえた。38代のルート長官の顔写真もあった。さらに、ダレス長官の写真は、1956年3月にタイを訪問し、車を降りてカメラのフラッシュを浴びていた。「外国訪問は60回に及び、50万マイル（約80万キロ）を移動した。冷戦で最も重要な一時期に在職し、共産主義の拡大に反対し、封じ込め政策を採用した」と紹介されていた。キッシンジャー長官は、専用機の中で椅子にふんぞり返りながら電話する後ろ姿が撮られていた。説明書きには「歴代長官の誰よりも、シャトル外交を展開し、394日間の在職時に、213か国を訪問し、56万5000マイル（約91万キロ）を移動した」とあった。クリストファー長官は、1953年2月にカイロでの記者会見の様子が撮影されていた。

マホガニー・ロー

ポストが上がるほど、上階となる。5階には、世界各地域を担当する部局がある。東アジア・太平洋局（East Asian and Pacific Affairs : EAP）の事務室もその一つだ。2010年ごろ、その入口には、1908年にEAPが創設された際の証明書が掲示され、廊下の両側には、リチャード・ホルブルックやポール・ウォルフォウィッツら歴代次官補の写真計36枚が掲げられていた。このほか、管内の大使館から集められたアジア諸国の写真も掲げられていた。

6階には、地域事務所の幹部クラスの部屋がある。地域担当の次官補や次官補代理が業務を行う。

国務長官室は7階にある。長官室に至る廊下の壁には、歴代長官の肖像画が掲げられており、それを通り抜けると、「マホガニー・ロー」と呼ばれる長官専用の一角がある。機密性が高く、携帯電話も含め、電気製品の持ち込みが禁じられ、盗聴防止装置も備え付けられている。執務室の窓からは、リンカーン・メモリアル、アーリントン墓地、ポトマック川を望める。この景色は、アメリカの外交政策に多少の影響を与えただろう。オルブライトは、墓地に参列する人をみて、「(アメリカ国民は)いつ戦争に行かなければならないのか」と自問し、武力衝突を回避するための外交に力点を置くに至ったという。

この階には、国務省の幹部が集結している。長官室と補佐官室のほか、副長官室、次官室があり、華麗なスイートと言われる。66代長官のコンドリーザ・ライスによると、7階まで専用のエレベーターが設置されている。

リンカーン・メモリアルにあるリンカーンの銅像

トリーティー・ルームで、ジョージアのグリゴル・バシャゼ外相とともに、戦略パートナーシップ憲章に署名するライス長官（右から２人目）（2009年1月9日）

長官室に至る７つの部屋の１つが、トリーティー・ルーム（Treaty room）である。長官ら省幹部によるトップ交渉が行われ、条約に署名することから、この名称がついた。古代ローマやイタリア・ルネサンス期の建築様式をまねた優雅な造りで、中央天井に吊り下げられたシャンデリアが華やかさを加える。２０１０年の時点では、この部屋の壁には歴代長官の肖像画が掲げられ、円形の部分には、ジェファーソン、マディソン、モンローの建国当時の長官３人が並び、その間に本棚が置かれ、フランクリン・ルーズベルトとウィンストン・チャーチルなど歴史上の人物に関する書籍が並んでいた。入口付近の四角形の部分には、ランシング、ステティニアス、ジェームズ・バーンズ（49代）、アチソンら世界大戦期の長官が並び、最奥の一角には、パウエル、キッシンジャー、シュルツ、オルブライト、クリストファー、ジェームズ・ベーカー（61代）ら近年の長官が並んだ。この部屋で会見が行われる際には、円形の部分に長官がゲストとともに立ち、その前に10席×３列に並べられた椅子に記者が座った。

レセプション・ルーム

8階には大小様々なレセプションルームがある。2階からエレベーターで上がると、招待者のみが入場可能なスペースがある。このうち、最大のスペースが、ベンジャミン・フランクリン・ダイニング・ルームである。1776年にパリに派遣されたフランクリンから命名され、フランクリンが本を読む絵が描かれていた。1980年代に欧州様式に改装された。国家元首や政治指導者ら世界の要人をもてなすだけではなく、職員や一般市民もゲストの対象となる。長官の宣誓式も行われる。年間のイベントは300を超え、招待者は3万人を上回る。連日何らかのイベントが行われる計算となる。

ベンジャミン・フランクリン・ダイニング・ルームで開かれた国際女性デーを祝う会合（2009年3月11日）

例えば、2009年12月7日に開かれたパーティーでは、中東やアフリカの紛争地など17の危険地域で勤務する外交官と離れ離れの生活を送る家族が招かれた。クリントン長官は「この部屋で行われた年間のイベントで最も重要」と挨拶した。翌8日には、国外でボランティア活動に貢献した外務職員の家族をたたえるイベントが行われた。翌9日には、国外で貧困撲滅や教育振興に貢献したアメリカの企業をたたえる優秀企業賞（Award for Corporate Excellence：ACE）の表彰式が行われた。表彰は1999年から毎年行われ、クリントン長官は、アルゼンチンで子供にくつを無料配布した企業や、ハイチで小学校7000校の建設や奨学金の支給に出資した企業への受賞を発表し、「企業の社会的責任という点で世界規模の指導力を発揮した」とたたえた。長官は7～9日の3日間連続でこの部屋でスピーチを行った。

2010年10月7日には、携帯電話を活用した女性の社会進出を促す会合が開かれ、クリントン長官のほか、トニー・ブレア元英首相のシェリー夫人が出席した。ベンジャミン・フランクリン・ダイニング・ルームには、10人がけの丸テーブルが18台用意され、女性団体の幹部らが招かれた。天井から8つのシャンデリアが灯をともす広間で、アスパラガス、サーモン、牛のフィレ、デザートというメニューが用意された。クリントン長官が入場すると、一同が席を立ち、長官の「お掛けください」という言葉で席に着いた。

国務省には、階数でポストを呼ぶ習慣がある。例えば、「7階は何を考えているのか」「6階はそれを望んでいない」と言えば、「長官は何を考えているのか」「次官補はそれを望んでいない」となる。また、単語の頭文字で人物を示すこともある。例えば、「Sはそれを支持していない」「次官（P＝Under Secretary for Political Affairs）に押し返された」となる。

在日アメリカ大使館の建物は、1856年に初代総領事のタウンゼント・ハリスが、下田の玉泉寺（現：静岡県下田市）に領事館を開設したことに始まる。1854年に日米和親条約（Japan–US Treaty of Peace and Amity）を締結したことを受け、江戸幕府が領事の下田駐在を承認したものだった。1858年に日米修好通商条約（Treaty of Amity and Commerce Between the United States and the Empire of Japan）が調印されたことで、ハリスは公使に任命され、麻布の善福寺（現：東京都港区）に公使館が開設された。公使館はその後、横浜・関内や東京・築地の外国人居住地を経て、1890年に東京・赤坂の現在地に移転した。1906年には大使館に昇格した。1923年の関東大震災で倒壊したため、大使館機能は旧帝国ホテルに一時移転したが、1931年に現在地に3階建て白色の大使館や大使公邸が完成し、「赤坂のホワイトハウス」と呼ばれた。

国務省内には随所に日本の面影が残る。2010年当時、2階廊下には「アメリカ外交の歴史(History of United States Diplomacy)」というタイトルで写真が掲示されていたが、日本に関しては、1886年に神戸のアメリカ領事館の前で、女性を乗せた人力車や、1960年に訪米した皇太子夫妻を歓迎する様子があった。最も目を引き付けたのが、ジョセフ・グルー大使と在京大使館の写真だ。説明書きにはこうあった。「東京のアメリカ大使館は、フランク・ロイド・ライトの弟子で建築家のアントニン・レイモンドによって設計された。大恐慌時代の1931年に開館し、「巨大で奇怪なもの（monstrosity）」と呼ばれた建物に200万ドルもの巨費を浪費したとして、フーバー大統領は批判された。一方において、グルー大使は、1932年6月から真珠湾攻撃まで在職し、これほど快適な環境で働いたことがないと評価した。43年間にわたり、大使館は、歴史的な出来事と決断の舞台だった。国務省の歴史において、傑出した職業外交官の一人であるグルーは、任期最後の数か月を日米開戦を回避するために努力したが、実現しなかった。日本が真珠湾を攻撃した後、グルー大使は軟禁され、日本を出国したのは、信任状を捧呈してから10年と11日がたった1942年6月25日だった。大使館は第2次世界大戦終盤の爆撃や破壊を逃れ、屋根が損傷した程度だった。

第2次世界大戦後、連合国軍最高司令官のダグラス・マッカーサーは、大使公邸に住み、1945年9月に公邸の「グレートルーム」で天皇陛下との会見が行われた。1951年のサンフランシスコ講和条約締結を受け、1952年に大使館機能が再開した。職員の増加で施設が手狭になったため、1976年に建て替え工事が行われ、約1万3100平方メートルの敷地に地上11階建ての鉄骨の建物が完成した。著名な建築家シーザー・ペリらが設計したものだった。建物の敷地は、日本の国有地で、2023年現在の賃貸料は年間1500万円となっている。

(3) 要員

世界大戦で急増

国務省によると、2019年3月末時点で要員の総数は7万7243人に上る。このうち、本省採用と家族が2万6095人、大使館など各施設採用が5万1148人である。要員数が30万人を超える国防総省と比較すると、多いとは言えないが、省発足時からみると、過去70年間で急増したことがわかる。

国務省の前身、外務省が創設された1781年当時の要員数は4人だった。1789年に国務省に名称変更になった時点でも、要員数は6人だった。以後、19世紀後半まで、増加はしているものの、1860年のアメリカ国内の要員数は42人、国外は281人に過ぎなかった。

最初に増加の兆しを示すのが、フィッシュ長官が1870年に打ち出した省の再編計画である。外交使節団が、1860〜90年で33から41に増えたのに伴い、国外の要員が大幅に増加した。内訳をみると、外交官（45人→63人）、領事部門要員（236人→1042人）となり、30年間でほぼ4倍の増加となった。国内の要員も、42人（1860年）から80人（1890年）に増えた。次に大幅な増員が起こるのは、セオドア・ルーズベルト大統領が対外行動を積極化させる20世紀初頭である。特に、1905年に外交官と領事ポストの採用に競争試験を導入したことを受け、国内の要員数は80人（1890年）から234人（1910年）となり、10年余でほぼ3倍に増えた。

最も大幅に伸びたのが2度の大戦期である。第1次世界大戦では、多くの国外要員は帰国したが、国内の要員は、234人（1910年）から708人（1920年）に増え、臨時職員も採用された。さらに増加が際立つのが第2次世界大戦期である。戦中の対外交渉だけでなく、戦後は超大国として世界秩序の構築を担ったため、1940〜50年の10年間で、国内要員は1128人→8609人で7倍超の伸びを示し、国外要員は840人→7710人で9倍超の増加となった。短期的な伸び率としては、国務省の歴史で最大と言える。

1960年代以降は、緩やかな増加を示し、冷戦が終結した1990年には、国内要員は1万

国務省要員の推移（単位：人数）

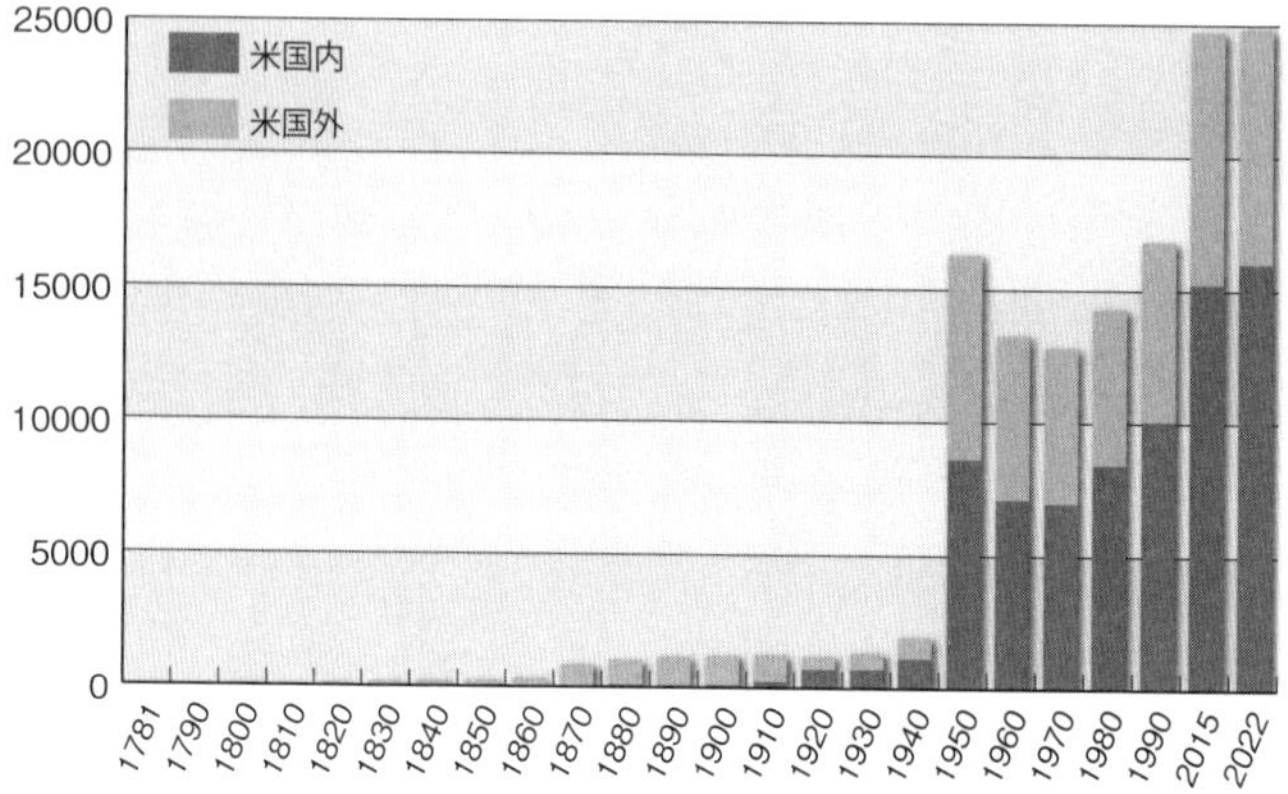

人を突破した。

要員は原則として、行政職（civil service）と外務職（foreign service）に分かれ、それぞれ手当、保障、権利、義務が異なる。行政機能の複雑化の弊害や、双方の間の不平等によって１９４０年代以降、両組織の一元化や格差是正が提案されてきたが、進まなかった。

国際情勢や省の方針に応じて、世界に配置する要員が増減する場合もある。例えば、ライス長官は２００６年、「外交力の再配置に乗り出す必要がある」と述べ、ワシントンと欧州駐在の外交官約１００人を中国やインドといったアジアや、中東・アフリカに振り向ける考えを示した。圧政に終止符を打ち、民主化を広げるための「トランスフォーメイショナル・ディプロマシー（変革外交）」を実現するためだった。人口１００万人以上の都市で、アメリカの外交官が不在の都市は約２００あり、ここに要員を配置し、アメリカの政策を世界くまなく発信させる狙いがあった。

トランプ政権では、ティラーソン長官が、2300人規模の要員削減に乗り出した。大統領の意向を踏まえ、本省採用職員の10％近くを減らすもので、採用減から着手が始まった。この時代には、軍事や経済に関わる分野以外は組織の縮小が図られ、例えば、戦争犯罪人を調査し、長官らに提言する下部組織の世界刑事司法事務所は、閉鎖の危機にさらされた。

女性のネットワーク

要員増加に伴い、職員の多様性が重視され、これまで割合の低かった女性や人種的少数派が積極的に採用されるようになった。

国務省がフルタイムで女性を初めて採用したのは1874年であり、その後、採用された女性は、権力や資産を持つ男性を親族や知人に持つ白人が多かった。女性の職種として、事務職が多かった理由として、フレドリック・バン・ダイン国務次官補は1905年、「女性を外交業務で採用する際の最大の障壁は、彼女たちが秘密を守れないということだ」と語ったと伝えられている。ただ、女性の採用は続き、1918年にマーガレット・ハナが文書局長となり、初の女性管理職となった。競争試験で合格した女性職員は省内のネットワークで人脈を形成し、互いに昇進を重ねていった。女性が最初に外務局に入ったのは1922年だった。しかし、女性の採用が順調に進んだわけではない。1932年の経済法は、夫婦が政府機関に勤務している場合、どちらか一方が退職すると規定していた。多くの場合、女性が退職した。

第2次世界大戦後に事態は少しずつ好転していく。フランクリン・ルーズベルト大統領の政治任命で、ノルウェーとデンマークの大使に女性が起用された。ルーズベルトのエレノア夫人の提案があったとみられている。その一方で、女性の職業外交官も昇進を重ね、フランシス・ウィリスは1953年、スイス大使となり、女性の職業外交官として初の大使となった。しかし、外交職員として13年間のキャリアを積んだアリソン・パーマーが1968年、採用や昇進で女性が差別されているとして国務省を提訴し、1971年に勝訴した。また、1976年には同様の訴えで75人の女性が差別を受けたとする集団訴訟を提起した。裁判所は1989年、入省の筆記試験で、女性への差別があったとする判断を下し、双方は1990年に和解した。この頃には、省内に女性団体が誕生し、女性職員の問題解決にあたった。省内で、女性職員が支え合うネットワークとして、女性活動組織（Women's Action Organization : WAO）が誕生した。1972年には女性外交官の結婚を禁じる規制を撤回した。

世界の人権状況をただす政府機関の内部で、職場における男女差別が明らかになったことを受け、国務省内では女性の登用が積極的に行われた。カーター政権で、バンス国務長官は、外務職員で女性の割合を10％から14％に増やした。さらに、1980〜90年にかけて、外務局での女性の割合は25％まで上昇した。男性主体の職場で、女性は次々に「ガラスの天井」を破ってきた。1985年には、ロザンヌ・リッジウェイが女性初の国務次官に就任した。マーガレット・タ

夫とともに在京日本大使館に勤務していたラング公使

トワイラーは1989～92年、H・W・ブッシュ政権下で、女性初の国務省報道官を務めた。報道官は広報担当国務次官補のポストで、連日の記者会見を取り仕切る。ベーカー長官の大統領首席補佐官時代からの側近で、注目を集めた。タトワイラーはその後、モロッコ大使やパブリック・ディプロマシー・広報担当次官に昇進した。1997年には、オルブライトが女性初の長官となった。在日アメリカ大使館の経済担当官として勤務した経験を持つロビン・ホワイトは1998～2001年、東アジア・太平洋局で女性初の日本部長を務めた。また、2009年1月には、プリンストン大学の公共国際問題大学院で院長を務めたアン＝マリ・スローターが、女性として初めて政策企画室長に起用された。クリントン長官が抜擢したもので、長官が外交政策の核に添えた中期計画「4年おきの外交・開発見直し（Quadrennial Diplomacy and Development Review：QDDR）」の策定を主導した。

女性職員の増員により、働きやすい環境整備も進んだ。2022年まで3年間在京日本大使館領事部に勤務していたカリン・ラング領事担当公使は、ノースウェスト航空の乗務員から、「もっと世界を見たかった」という理由で外交官を目指し、合格した。スペイン語が流暢《りゅうちょう》だったことから、キューバの利益代表部に派遣され、そこで外交官だった夫と出会い、結婚した。国務省には、夫婦を同じ国に赴任させる「タンデム職員（tandem employee）」の制度がある。夫婦のポストが多い中国への赴任を目指し、ワシントンで中国語の勉強に打ち込み、2人とも在広州総領事館で勤務した。2019年に東京に赴任した時、夫も勤務した。2022年にワシントンに帰任した異動は、夫と一緒だった。ラングは「日本の外務省は、これほど柔軟に夫婦のポストを考えてくれていないでしょう」と話し、「国務省は女性の職場を考えてくれている」と語る。だが、省内には、女性ゆえに昇進を阻まれる知人もいるということで、「まだまだ改革が必要な部分もある」と言及した。

道半ばの多様性

人種的少数派については、採用が進んでいるが、なお白人が多数派という状況に変化はない。歴史的にも大多数が白人だった。特に、以前は政治家による任命で外交ポストを得ることが当たり前だったため、有色人種が入り込む余地はなかった。1905年に、公使と大使ポストを除く外交官と領事ポストに競争試験が導入され、外交ポストが公開された後も、実際に合格するのは、東部のエリート校出身の白人層だった。このため、白人優位の構成に大きな変化は見られなかった。

人種や民族による差別を禁じた公民権法の制定を進めたジョンソン大統領は、国務省に対しても、女性だけでなく、アフリカ系をもっと採用し、昇進させるよう指示した。ただ、昇進できたのはわずかしかおらず、例えば、アフリカ系の有名なジャーナリストだったカール・ロワンは情報局部長となった。当時は一般社会でも露骨な差別が横行していた。国務省は1960年代初頭、ニューヨークとワシントンを結ぶ道路沿いにあるレストランの経営者に対し、有色の外交官の利用を拒絶しないように交渉した。

カーター政権で、バンス国務長官は、少数派を積極的に登用し、外務職員で少数派の割合は6%から11%に増えた。アフリカ系の大使はカーター政権の4年間で14人が指名された。続くレーガン政権では、少数派の割合は1・25ポイント増の12・5%にとどまった。実際、アフリカ系の職員は1986年、昇進や職務の機会を奪われたとして、国務省を相手取り訴訟を起こした。

2022年9月末時点での人種構成（2018年3月末比）は、白人70%（1%減）、アフリカ系16%（1%増）、アジア系8%（2%増）、民族構成でヒスパニック系8%（1%増）となっている。2020年のアメリカの国勢調査で、全体の人種構成が白人（58%）、ヒス

国務省正規従業員の人種構成
（2022 年 9 月 30 日現在）

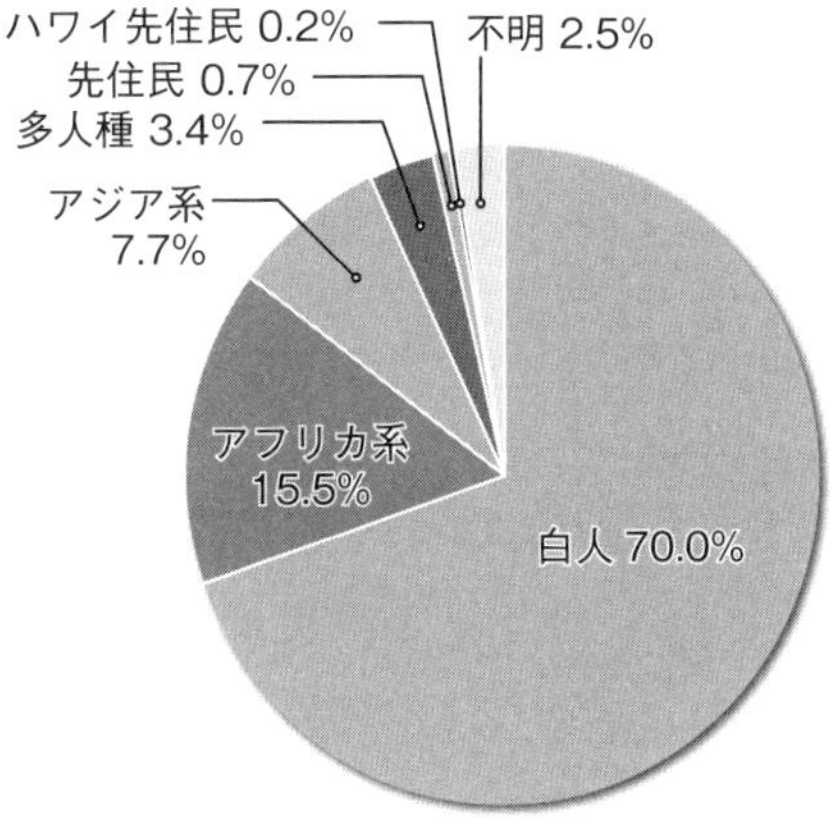

省内の多様性について語る韓国系のハン書記官

パニック系（19％）、アフリカ系（12％）、アジア系（7％）になっていることを考慮すると、国務省の多様性は全体の人口を反映しているとは言えない。

２０２２年に在京日本大使館の通商経済政策課に勤務していたエリック・ハン書記官は、韓国から移住した両親がアメリカで知り合い結婚し、カリフォルニア州で生まれた。弁護士を経て、国務省入りし、ソウルやトビリシの大使館での勤務歴がある。ハンは、外交官を目指した理由として、「友人に勧められ、ホームページを見ているうちに、楽しそうな仕事だと思った」と語った。そして、国務省の多様性について、「どうやって実現するかは分からないが、国務省は、様々な人を受け入れ、アメリカ社会を反映させた組織になろうとしている」と話した。

（4）人事

採用と資質

採用の条件や経緯は国務省ホームページに詳しく書かれている。ここでは、人気の高い外務局職員について紹介する。職員の多くは外交官であり、その使命は、平和の推進、国益の追求、アメリカ市民の保護にあり、そのために外国政府と接触、交渉する。

外務局の採用対象者は、①アメリカ市民、②応募時点で20〜59歳、③外務局所属時点で21〜60歳、④ワシントンも含め世界での赴任が可能、となっている。この4条件を満たせば、誰でも応募できる。ただ、申請者の多くは、大学学士以上の学歴を持つ者である。

フィラデルフィアの調査会社ユニベルサム（Universum）は毎年、約6万人の学生を対象にアンケート調査を行い、人気のある就職先をランキングしている。国務省は2006年以降、少なくとも4回、上位5位以内に入った。

応募にあたっては、以下の5つのキャリアを選択する。原則として、後に変更することはできない。

①**領事官**（consular officers）　国外のアメリカ市民を支援し、国境を守る。人間の生命に関わり、人身売買とも戦う。

②**政治官**（political officers）　訪問・赴任国の政治状況を分析し、当該国の当局者と交渉する。

③**経済官**（economic officers）　経済、貿易、エネルギー、科学技術、環境などの分野について、国内外で仕事をする。

④**公共外交官**（public diplomacy officers）　相手国当局者、政治家、識者、非政府組織、大学、

市民社会に関与し、アメリカの影響力拡大を目指す。

⑤**管理官**（management officers）　人事、予算、不動産、治安維持など大使館の運営に責任を負う。

キャリアを選択した後、外務官試験（Foreign Service Officer Test : FSOT）に登録すると、試験実施会社から確認のメールが届く。その後、試験会場でＦＳＯＴを受験する。①世界情勢、財政、数学、文化など様々な分野の知識、②文法の決まりや英語の表現、③異文化との交流や仕事のスタイルなど自分自身に関する質問――の3構成で、オンラインの選択肢試験として年3回行われる。完答するのに3時間かかるという。これに加え、与えられたテーマについて、30分間でエッセイを書く。採点を得るためには選択肢試験で合格する必要がある。

筆記試験の後に、身上書（Personal Narrative : PN）が郵送され、指導力、人間関係、コミュニケーション能力、管理能力、知的な能力、実質的な知識の6分野について3週間かけて記入する。対面形式を取らない面接でもある。外交官としての資質を見抜くためで、実例を挙げて自分の能力や学習経験を説明し、その経験が仕事に役立ったことを示す必要がある。身上書を資質評価パネル（qualification evaluation panel : QEP）に提出する。ＱＥＰが試験結果などから申請者をランク付けする。

２０２２年6月以降、この身上書の手続きが、ＦＳＯＴと同時並行で行われるようになった。

QEPは、双方の総合評価で口頭試験に進出する者を選抜するようになった。

　口頭試験では、必要な13の資質を持つかを問われる（下記）。ワシントンまたはサンフランシスコで行われる。受験回数に制限はないが、試験の間隔を1年間開けなければならない。口頭は筆記よりも重要で、計画性、協調性、判断力、情報分析力、処理能力、通信能力といった点を審査される。具体的には、外交懸案が発生した時の対応や、職場で病気の人が出た場合の対応を問われる。全世界が職場になり得るので、柔軟性と適応性が求められる。合格者は、身体検査のうえ、適性検証パネル（Suitability Review Panel）による最終選考パネルを受け、健康面以外のファイルが全て合格すると、外務局への登録が決まる。

①**冷静沈着**（composure）　緊迫した困難な状況において、冷静沈着かつ効率的に行動する。
②**文化的適合性**（cultural adaptability）　文化、価値観、政治信条、経済環境の異なる人と効率的かつ協調的に付き合う。
③**経験とやる気**（experience and motivation）　経験から得た知識や技能を示す。
④**情報統合と分析**（information integration and analysis）　様々な情報源から複雑な情報を入手、保持し、妥当な結論を導く。
⑤**イニシアティブと指導力**（initiative & leadership）　自分の仕事の責任を認識して受け入れるとともに、グループの活動に影響力を与え、他人の活動に率先して参加する。
⑥**判断力**（judgment）　与えられた環境で、適切、実務的、現実的に判断する。
⑦**客観性と誠実性**（objectivity / integrity）　公平で正直に行動し、虚偽や贔屓や差別を避ける。

合格率は2〜3％の狭き門だ。毎年約2万人が受験し、筆記試験に合格するのは約4000人、さらに、最終的な合格者は500〜700人程度だ。1973〜74年に口頭試験の審査委員だったウィリアム・モーガン氏によると、当時は20万人が筆記試験を受け、約2万人がこれに合格し、さらに口頭試験に合格するのは200人程度だったという。また、1979〜81年に審査委員を務めたレオナルド・ネーア氏によると、ハーバード、イェール、プリンストンなどの有名大学出身者の合格率は6割に上ったが、1人も合格者を出せない大学が多数だったという。

　難関試験を突破するため、参考書も存在する。筆記試験合格のための指南ガイド「FSOT Prep」のマチュー・ジェニングス編

⑧**口頭コミュニケーション**（oral communication）簡潔かつ文法的に正確に話し、ニュアンスを正確に伝え、適切なコミュニケーションをとる。

⑨**計画と企画**（planning and organizing）仕事の優先順位をつけ、整頓し、目標を達成するために体系的な方法を用いる。

⑩**才覚**（resourcefulness）問題解決のため、創造的な代替案を示すとともに、想定外の環境で柔軟性を示すこと。

⑪**協働**（working with others）建設的、協力的、調和的な態度で行動し、チームプレイヤーとして効率的に働く。

⑫**文書コミュニケーション**（written communication）限られた時間で、簡潔で、よく構成され、文法的に正確で納得できる英語を書く。

⑬**量的な分析**（quantitative analysis）適切なデータから正しい結論を導く。

集長は、参考書による勉強だけでなく、地域在住外交官（local diplomat in resident : DIR）との接触を推奨している。ＤＩＲは、キャリアを持つ外務職員であり、全米に配置され、地域社会で学生や社会人に国務省の仕事に関する情報を提供し、質問に答えている。

赴任地

キャリアの始まりは、ワシントンで9か月間、外交官のプロトコル（外交儀礼）を学ぶことである。最初に、ホワイトハウスに近いバージニア州アーリントンにある国立外務訓練センター（National Foreign Affairs Training Center）で10週間前後の訓練を受ける。このセンターは、政府の訓練機関である外務職員局（Foreign Service Institute : FSI）の本部で、１９２５年に設立された外務学校を発展させ、１９４７年に開設された。この訓練の後、最初の海外勤務の前に、さらに7か月間の訓練を受ける。その大半は言語研修となる。アメリカ情報局の候補は、局の訓練施設で基本的な職業訓練を受ける。彼らはまだ仮採用で、外務職員候補（Foreign Service Officer Career Candidates）の身分である。通常は下士官候補（junior officer career candidates）や中堅職員候補（mid-level career candidates）と呼ばれる。

ちなみに、語学力の向上は国務省が職員訓練で取り組む重要な任務だ。特に、外交上重要な国の言語教育は必須であり、１９８６年には、日本語、中国語、ロシア語、アラビア語の4か国語を操る外交官の少なさが指摘された。最近でも、十分なレベルに達しているとは言い難い。政府会計検査院（Government Accountability Office：GAO）による２０１６年の調査によると、外国語を必要とする外務職員のうち、基準に達していなかったのは23％に上った。２００８年の調査時点よりも8ポイント改善したが、未達の割合は中東で37％、アフリカで34％に上っており、アメリカの安全保障上、重要な地域で外交官の言語能力の不足が目立つ。

訓練と同時に、将来の配属のための候補者リストを成績順に作成する。数百のポストがあり、空席になるたびにリストの上位から充当される。既に十分な外国語能力を持てば、赴任地に採用されやすくなる。海外赴任は2～3年間が原則で、最初の2か所の赴任先のうち、少なくとも1か所は仕事や生活が困難な地域となる。このうち、少なくとも1年間は領事関連の仕事を担当する。異なる職場環境で能力を磨き、外国語の能力を高める狙いがある。最大5年間勤務すれば、正式に雇用される。

候補生は毎年、上司から評価を受ける。6段階の給与階級があり、昇進はその評価に基づき、委託在職委員会（The Commissioning and Tenure Board）が指導力、管理能力、対人関係、折衝・外国語能力などの基準から評価する。国際人材管理局（Global Talent Management：GTM）の了解を必要とする。

ちなみに、ＦＳＩでは、国外に赴任前の研修が行われている。６００以上のコースが用意され、習得の対象となる言語は70に及ぶ。国務省を含む40を超える政府機関や関連組織から、年間10万人以上が登録する。研修の期間は半日から2年まであり、その内容は、仕事の効率を上げるだけでなく、家族が赴任地での生活に慣れること、緊急事態やサイバーセキュリティへの対応など多岐にわたる。

ＦＳＩ総裁は、国務次官補と同格で、国務長官から指名される。ＦＳＩには、言語学学校（school of language studies）、応用情報技術学校（school of applied information technology）、指導管理学校（school of leadership and management）、職業地域研究学校（school of professional and area studies）、移行センター（transition center）がある。移行センターは、国外に赴任する全ての職員、家族に対する情報提供を行う。

（注）日本にも、ＦＳＩの下部組織として、国務省日本語研修所がある。外交官に日本語や日本の政治・文化を教え、日本に赴任する外交官が、日本語を集中的に学ぶ場である。１９５２年に東京で開設され、１９６４年に横浜に移り、１９７２年に横浜総領事公邸の跡地（現在地）に移転した。１９８０年に現在のビルが建てられた。晴れた日には南西の方角に富士山を望める。

建物1階には、コンピューター室と図書室があり、研修生が調査や読書を楽しめる。２階には、10席座れる多目的室があり、テレビ・映画鑑賞や雑談・懇談を行うことが可能で、所員同士が親睦を深め、リラックスできる空間になっている。

３階には教室が９室あり、語学研修が行われる。通常は日本に赴

横浜にある日本語研修所

任前に1年間学ぶ。生徒1～2人に対して少人数教育が行われる。2022年には教員が9人いた。

研修所には8月に入学して6月に卒業する。毎年10人程度で、平均年齢は40歳前後だ。研修生は近くにアパートを借りて研修所に通う。2022年段階では、授業時間数は1日6時間で、宿題に2～3時間が充てられる。会話と読解が中心だ。教科書には、「外交のための日本語」というオリジナルのテキストが使われる。新聞、憲法、政治、選挙など全11課で、日本社会の仕組みを学びながら、語学力をつけられる作りになっている。平仮名、片仮名、漢字の計2000字を覚えるだけでなく、外交について日本語で語ることを目標に掲げている。語学学校というよりも、外交の専門学校が適切かもしれない。2020年以降に新型コロナ・ウィルスが蔓延して以降、オンラインによる授業が主体となった。

2022年に所長を務めていたアレクセイ・クラルは「語学習得は、日本人に尊敬を示し、信頼感を得るために重要です。また、キャリアとして昇進するためにも必要です」と話した。

研修所を離れた実地研修にも積極的だ。地域の議会、小学校、寺院を訪れ、横浜市立大学で講師を務めた研修生もいる。横浜から離れ、日本に初めてアメリカの領事館が置かれた静岡県下田市、東日本大震災の被災地、広島の原爆投下跡地も訪れた。外務省や松下政経塾の若手との交流会も行う。

オンラインで日本語を教える教員

2階の多目的室

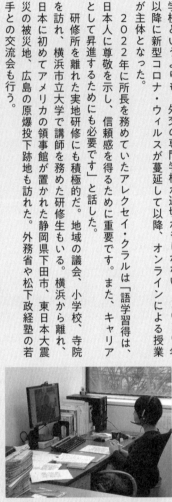

公開任命と査定

国務省は、空席のポストに関する情報を職員に提供するために、公開任命制度（open assignments system）を運用している。決まった時期に空いているポストに関する情報を提供し、職員はその中から希望するポストがあれば、希望地を記入した「入札リスト（bid list）」を提出する。人種、肌の色、出身地、性別、宗教、年齢、政治信条の違いによらず、全ての職員に平等な機会を与える狙いがある。希望地には赴任困難なポストを含めることも求められる。危険な環境の場合、家族帯同が認められない場合もある。職員は、リスト提出にあたり、健康、家族、職務上の理由についてコメントを書き加えるように要求される。1つのポストに2人以上が入札すれば、能力や資格に応じて選抜される。

外国勤務になると、住宅補助、健康保険や医療保険の加入、教育費補助、有給休暇などの手当がつく。国外で10年間勤務した者は、最低1回はワシントンに戻り、国内任務となる。

職員の業務に対しては様々な表彰制度がある。例えば、英雄賞（Award for Heroism）は、困難な環境の中で勇気ある行動を発揮した職員に贈られる。1998年にナイロビのアメリカ大使館で発生した爆破テロで、負傷した館員を救出したポール・ピーターソンや、2009年に通勤途中で銃撃を受けながらパキスタン北部ペシャワールで総領事の職務を続けたリン・トレーシーが受賞した。

職員の昇進では透明性と公平性の確保が課題となる。6人の選抜委員会（six-person Selection Board）が昇進の推薦を行う。選抜委員会は、昇進対象者のすべての職員を階級ごとに経歴や年間評価を審査し、昇進対象者をリスト化する。階級ごとに次の階級に昇進するまで時間的な制約がある。

経験を積み、昇進を重ねたキャリア職員は、上級外務職員の候補となる。外交政策を立案、調整、指揮、実行する責任を負うだけに、その競争は厳しい。

在外公館や他省庁の要職を歴任しながら、昇進していくのはキャリア外交官の典型でもある。例えば、2006年に日本部長となったジェームズ・ズムワルトは、日本への留学経験があり、1981年に国務省入省後は、在京大使館や在神戸領事館に勤務し、日本語を操り、通商交渉などで実績を上げた。2013～17年に国務次官補（東アジア・太平洋担当）を務めたダニエル・ラッセルの場合、1985年の入省後、在京大使館の大使補佐官を経て、大阪・神戸の総領事を務めた後、国務省日本部長、ホワイトハウスの国家安全保障会議（National Security Council：NSC）日本・朝鮮部長を務めた。

一方で、国務省と外部機関を行き来して昇進するケースもある。ロバート・ガルーチは、マサチューセッツ州のブランダイス大学で政治学博士号を取得後、政府機関の軍備管理軍縮庁に勤務し、米ソ軍縮の専門家となった。その見識が認められ、1979～81年に、国務省の情報調査局の部長に抜擢された。その後、国務省の政策中枢を担う政策企画室を経て、国防大学で教鞭をとったり、国連でイラクの武装解除を管轄する委員会の副委員長を務めたり、軍縮の専門家として活躍した。１９９２年には、国務省に戻り、政治軍事担当次官補となった。

また、ホワイトハウスとの間を動くケースも目立つ。国務省東アジア・太平洋局経済政策部長のレイモンド・グリーンは２０１３年、国家安全保障会議の日本部長に就任した。後に国務省に戻り、アメリカ在台協会（American Institute in Taiwan : AIT）台北事務所副所長や駐日アメリカ代理大使などを務めた。このほか、在京大使館に勤務し、在北京大使館の首席公使を務めたダニエル・クリテンブリンクも２０１５年、ＮＳＣアジア上級部長に就任している。また、ジョー・バイデン政権で国務長官となったアントニー・ブリンケンは２０１４年にオバマ大統領から国務副長官に指名される直前まで、ホワイトハウスで大統領副補佐官を務めていた。

省内ではワシントンと在外勤務の往復が多い。外務局職員にとって、最終的には大使級に昇進することは大きな名誉だ。大使は大統領に指名され、議会で承認された後、アメリカを代表して対外交渉にあたる。

政治任命

国務省の幹部ポストは政権交代で入れ替わることが多い。大統領選で勝利した次期大統領が、外務局職員とは別に、意中の人物を要職に起用する政治任命ポストがあるためだ。国務省の場合、その対象は、長官、副長官、次官、大使に及ぶ。

このため、国務省で幹部ポストに就くためには、共和党または民主党の党派性を示し、実力者に通じる幅広い人脈を持つことが肝要となる。共和党人脈の例を挙げると、ソ連研究で知られた政治学者だったライスが、ブッシュ政権で国務長官を務める最初のきっかけとなったのは、師匠のブレント・スコウクロフトとの出会いである。スコウクロフトは、ニクソン、ジェラルド・フォード両大統領で国家安全保障担当大統領補佐官、国務長官を務めたキッシンジャーの側近として、国家安全保障担当副補佐官、同補佐官となった。関連省庁と調整しながら、キッシンジャーの政策を裏方で実行に移す役割を演じ、信頼を得た。ライスは、スタンフォード大学で政治学の准教授を務めていた1987年、大学構内で行われたスコウクロフトの演説を聴き、その後の夕食会で、スコウクロフトと話し、ソ連に関する深い見識を印象付けた。1989年にH・W・ブッシュ政権で国家安全保障担当大統領補佐官を務めることになったスコウクロフトは、招集したスタッフの中にライスを含めた。ライスは、対ソ政策の提言でブッシュとバーバラ夫人の信頼を得て、ブッシュのヒューストンの自宅や、メイン州ケネ

スタンフォード大学

バンクポートの別荘にも招かれるようになった。こうした私的な親交を深める中で、1998年8月、テキサス州知事だった息子のジョージ・W・ブッシュと出会った。ブッシュはこの場で、知事選に大差で再選されたら、大統領選に出馬すると打ち明けた。実際、知事選で大勝すると、ブッシュはライスに電話し、大統領選への出馬を念頭に、外交顧問への就任を要請した。ライスは当時、スタンフォード大学教務部長という最高執行責任者（COO）の肩書を捨て、要請を受け入れた。ブッシュの当選で、ライスは国家安全保障担当大統領補佐官となり、2期目に国務長官を務めることになる。

政治的知遇が国務省高官のポストに結び付くことは民主党にもあてはまる。クリントン政権で国務長官となったオルブライトはコロンビア大学大学院で博士号を取得するが、その時の教官の一人がズビグネフ・ブレジンスキーだった。カーター政権で国家安全保障担当大統領補佐官となったブレジンスキーは、オルブライトを国家安全保障会議のスタッフに引っ張った。オルブライトは著書で、「コロンビア大学は反戦デモの中心地だったが、我々2人はそれと距離を置いた」と振り返るように、政治的思想が近かった。こうして民主党の政治家や重鎮の知己を得て、クリントン政権1期目で国連大使という要職に抜擢された。

政治任用ポストは、民間や他組織の出身者が多いため、利益相反の懸念がないのか問われることになる。H・W・ブッシュ政権で国務副長官に指名されたローレンス・イーグルバーガーは1989年3月、上院で開かれた指名承認公聴会で、社長を務めていたコンサルタント会社

「キッシンジャー・アソシエイツ」での業務内容を問われた。同社は、キッシンジャー元国務長官が運営しており、顧客企業との関係が職務の支障にならないかを問われた。

退任後

国務省の退職年齢は65歳である。20年勤務すれば、50歳での退職も可能だ。年間の就労時間が1040時間以下で、期間は1年を超えない範囲で、再雇用制度（When Actually Employed）もある。

高官の場合は、退任後にシンクタンク研究員や大学教員に転職することが多い。日本の関係者では、国務省で日本部長を務めたアラン・ロンバーグは、ワシントンの有力研究機関・外交評議会の上級研究員となった。1969～70年に日本部長を務めた日本通のリチャード・フィンは、アメリカン大学の教員となった。政治任命の高官は政党別に色分けされていて、自派以外の党が政権党にある場合は野に下り、自派の党が政権党の場合は、政権復帰を待つ。

高官ほど不意の退任に追い込まれる場合もある。トランプ政権で2017年12月、東アジア・太平洋担当の国務次官補に指名されたスーザン・ソーントンは、翌18年7月に退職の意向を表明した。中国との対話を重視する穏健派だったが、信頼していたティラーソンが18年3月に解任され、後任に対中強硬派のマイク・ポンペオが就任したためだった。指名を承認する上院で反対論が根強いことを理由に、指名は撤回され、事実上の辞任に追い込まれた。

また、毎年5月の第1金曜日にあたる「外交の日」には、退職した職員を招いて交流するイベントが開かれる。外交に功績のあった退職職員に「外交カップ（Foreign Service Cup）」が贈られる。新型コロナウイルスの蔓延により、初めてオンラインで行われた2021年は、中南米の専門家として、ブラジル大使や西半球担当次官補などを歴任したトム・シャノンが選ばれた。

第3章 主要ポスト

(1) 国務長官

外交官トップの首席閣僚

大統領継承法によると、国務長官は、大統領の権限継承順位で、副大統領、下院議長、上院議長代行に次ぎ、第4位である。閣僚の中ではトップであり、それゆえに首席閣僚となる。国務長官は、財務長官、司法長官、戦争長官と並び、建国当初から存在した4閣僚の1つでもある。大統領に近いポストとして、閣議では最初に着席するのが国務長官であり、大統領の一般教書演説では、大統領の前に「大統領の顧問団」として紹介され、下院本会議議場に入場し、議員らから喝采を浴びる。

国務長官は主に3つの役割を持つ。第1に大統領の首席アドバイザーとなり、外交政策の提言や助言を行う。国家安全保障会議のメンバーであり、大統領不在時などに議長を務めることがある。大統領への助言は、長官に報告する情報調査局の分析結果を元に行うことが多い。

第2に、外交官トップとしての役割だ。外国の元首が訪問した際には、アメリカ政府の代表として応対し、国際会議では全権代表として臨む。議会や国民に対しても、外交政策を説明するスポークスマンの役割がある。国務省の顔としての仕事があり、47代のハルは回顧録で、毎日のように昼食会や夕食会に出席し、社交の仕事をこなさなければならなかったと振り返っている。

第3に、国務省という組織を管理・運営する。要員の配置、予算計画、労務管理など組織の運営を効率的に行うことが求められる。キッシンジャーは長官職を「大企業の社長」と称した。

長官の仕事は多岐にわたる。このため、クリントンは長官就任時、長官経験のある先輩から、「全てを一度にやろうとするな。大きな課題を少しだけ選び、それを自分のものにせよ」というアドバイスを受けた。主要政策の実施には、ホワイトハウスや省庁の利害が絡み、主導権を発揮しづらいし、第2、3の職務に追われる。さらに、以前であれば、副長官や次官補が実質的な政策を遂行し、長官はそれを追認するだけでよかったが、現代はグローバル化の進行で、一地域の出来事は他地域にも絡むため、長官が全ての問題に関与する必要が出てきており、政策に集中する時間は限られるのだろう。

大統領が国務長官を選ぶ基準は様々ある。長官に求められる第1の職務が大統領への助言という点から、有能で信頼する人物を指名するのが通例だ。トルーマン大統領のアチソン長官、アイゼンハワー大統領のダレス長官、H・W・ブッシュ大統領のベーカー長官はその好例だろう。

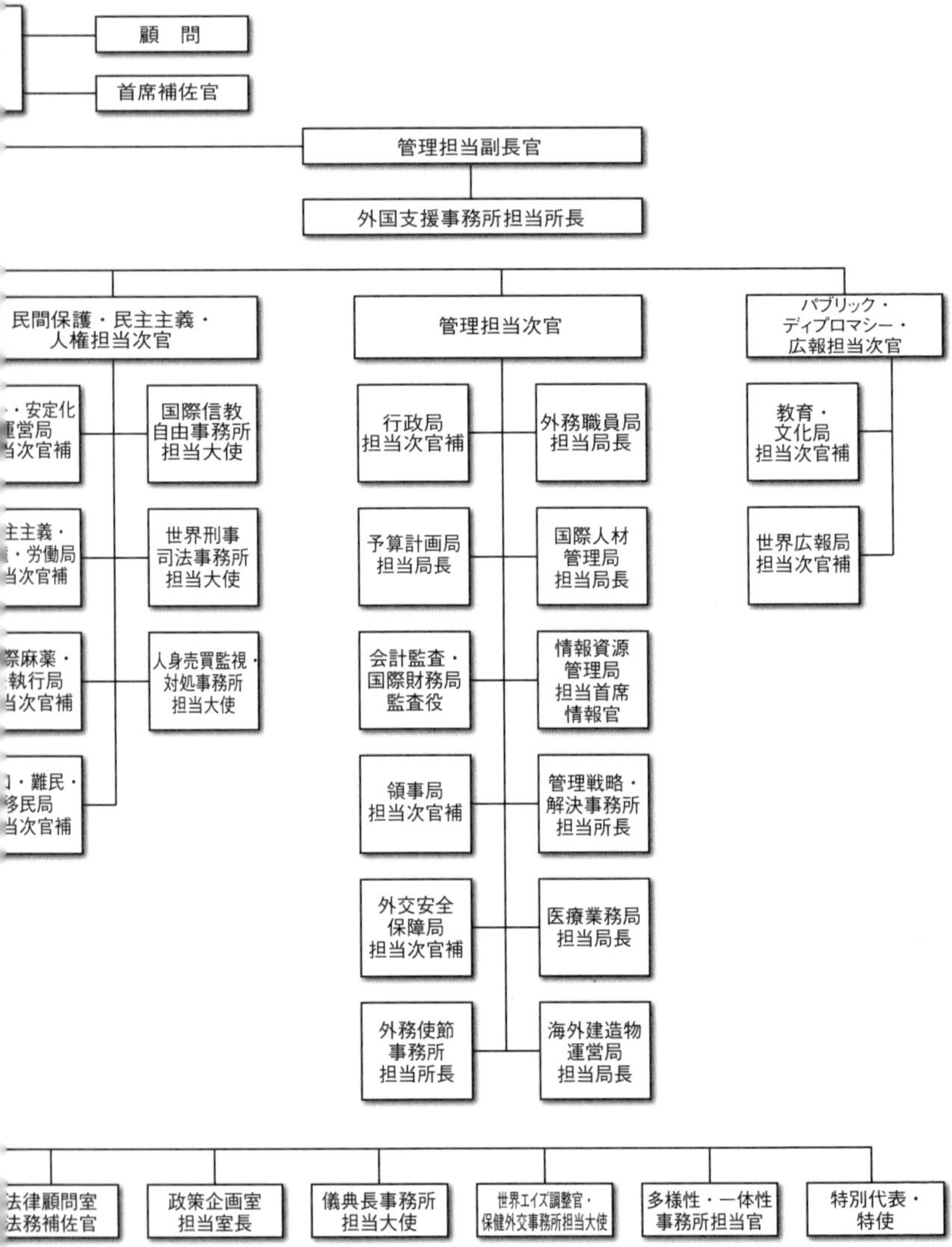
顧　問
首席補佐官
管理担当副長官
外国支援事務所担当所長
民間保護・民主主義・
人権担当次官
管理担当次官
パブリック・
ディプロマシー・
広報担当次官
・安定化
運営局
次官補
国際信教
自由事務所
担当大使
主主義・
・労働局
次官補
世界刑事
司法事務所
担当大使
際麻薬・
執行局
次官補
人身売買監視・
対処事務所
担当大使
・難民・
移民局
次官補
行政局
担当次官補
外務職員局
担当局長
予算計画局
担当局長
国際人材
管理局
担当局長
会計監査・
国際財務局
監査役
情報資源
管理局
担当首席
情報官
領事局
担当次官補
管理戦略・
解決事務所
担当所長
外交安全
保障局
担当次官補
医療業務局
担当局長
外務使節
事務所
担当所長
海外建造物
運営局
担当局長
教育・
文化局
担当次官補
世界広報局
担当次官補
法律顧問室
法務補佐官
政策企画室
担当室長
儀典長事務所
担当大使
世界エイズ調整官・
保健外交事務所担当大使
多様性・一体性
事務所担当官
特別代表・
特使

国務省組織図（2023年1月現在、国務省HPより）

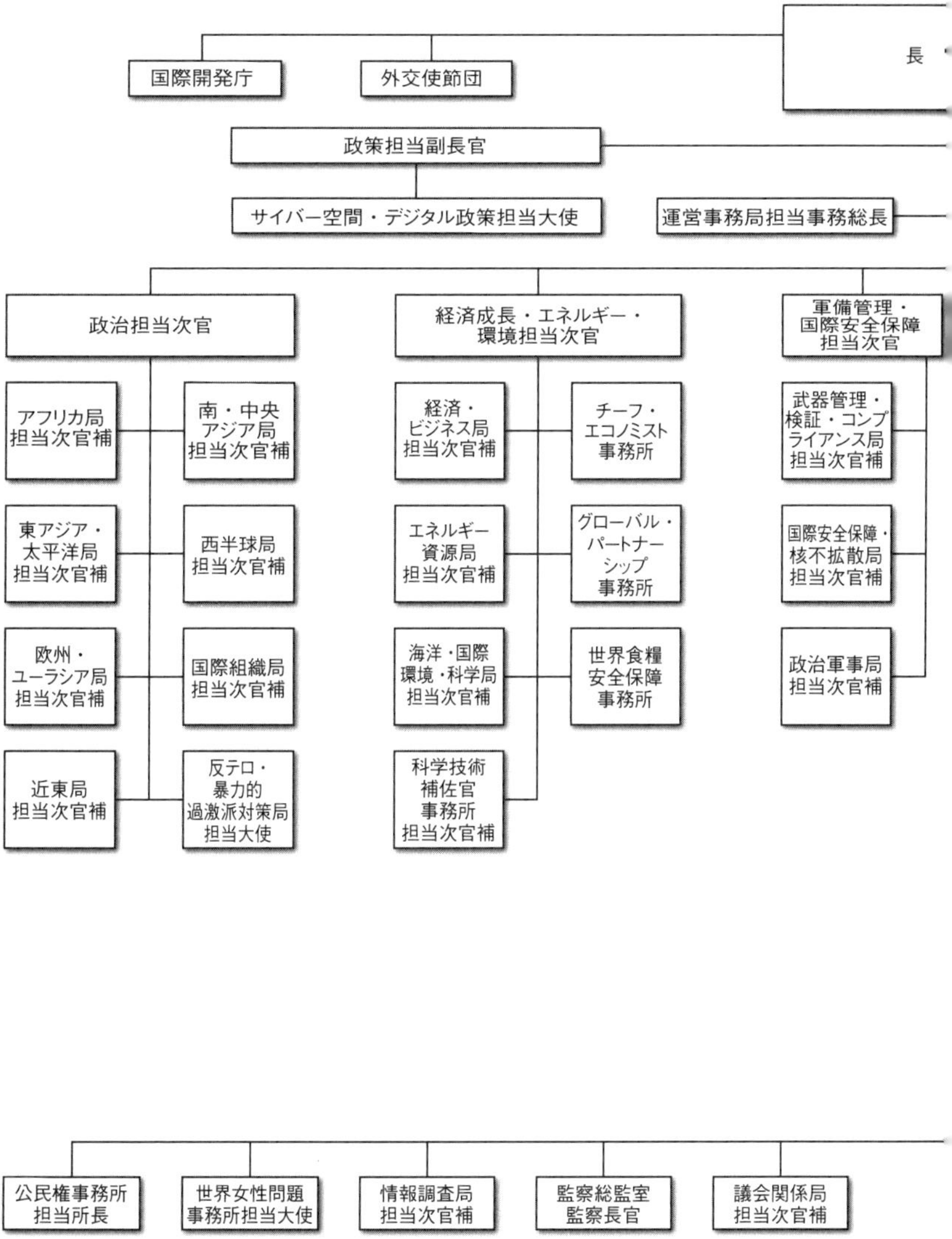
国際開発庁
外交使節団
長
政策担当副長官
サイバー空間・デジタル政策担当大使
運営事務局担当事務総長
政治担当次官
経済成長・エネルギー・環境担当次官
軍備管理・国際安全保障担当次官
アフリカ局担当次官補
南・中央アジア局担当次官補
東アジア・太平洋局担当次官補
西半球局担当次官補
欧州・ユーラシア局担当次官補
国際組織局担当次官補
近東局担当次官補
反テロ・暴力的過激派対策局担当大使
経済・ビジネス局担当次官補
チーフ・エコノミスト事務所
エネルギー資源局担当次官補
グローバル・パートナーシップ事務所
海洋・国際環境・科学局担当次官補
世界食糧安全保障事務所
科学技術補佐官事務所担当次官補
武器管理・検証・コンプライアンス局担当次官補
国際安全保障・核不拡散局担当次官補
政治軍事局担当次官補
公民権事務所担当所長
世界女性問題事務所担当大使
情報調査局担当次官補
監察総監室監察長官
議会関係局担当次官補

ベーカーをジミー（Gimmie）と愛称で呼ぶブッシュは大統領選の当選直後にベーカーの指名を発表した。クリントン大統領が長官に指名したクリストファーは、クリントンが1992年大統領選の予備選挙に勝利した後、副大統領候補の選定作業を任される信頼の厚さだった。最近では、バイデン大統領が、副大統領時代に自らの国家安全保障担当補佐官を務めてくれたブリンケンを指名した。

一方で、別の思惑もある。ケネディ大統領が、大学教員、国務省官僚、財団理事長を務めたラスクを指名したのは、大統領が外交政策を取り仕切るという意図の表れと受け止められている。ラスクは、有能で堅実な人物だが、政策面で独自色を出そうとする野心はなかった。長官に就任する前、ワシントンでケネディの「面接」に応じたラスクは、「ケネディと私は意思疎通を図ることができなかった。（面接を受け）私を長官に起用しようという考えはなくなっただろう」と述懐している。しかし、実際にはケネディはラスクを指名した。ケネディは、「私が選択肢を決めるではなく、大統領のためのそれを用意する」というラスクの言葉を気に入ったようだ。

オバマ大統領は、大統領選の民主党予備選で争ったヒラリー・クリントンを指名した。クリントンは選挙戦で、オバマ陣営の不当行為を訴え、メディアを前に「恥を知れ、バラク・オバマ」と痛烈に批判したことがある。政界事情に詳しいボブ・ウッドワードによると、オバマの側近デイビッド・アクセルロッドは「本当にヒラリーを信用できるのか」とオバマに翻意を促した。しかし、オバマは「政権に入れれば、協力してくれる」と考えた。オバマにとって、クリントンは、

歴代国務長官の経歴（アメリカン・ビューの資料をアップデート）

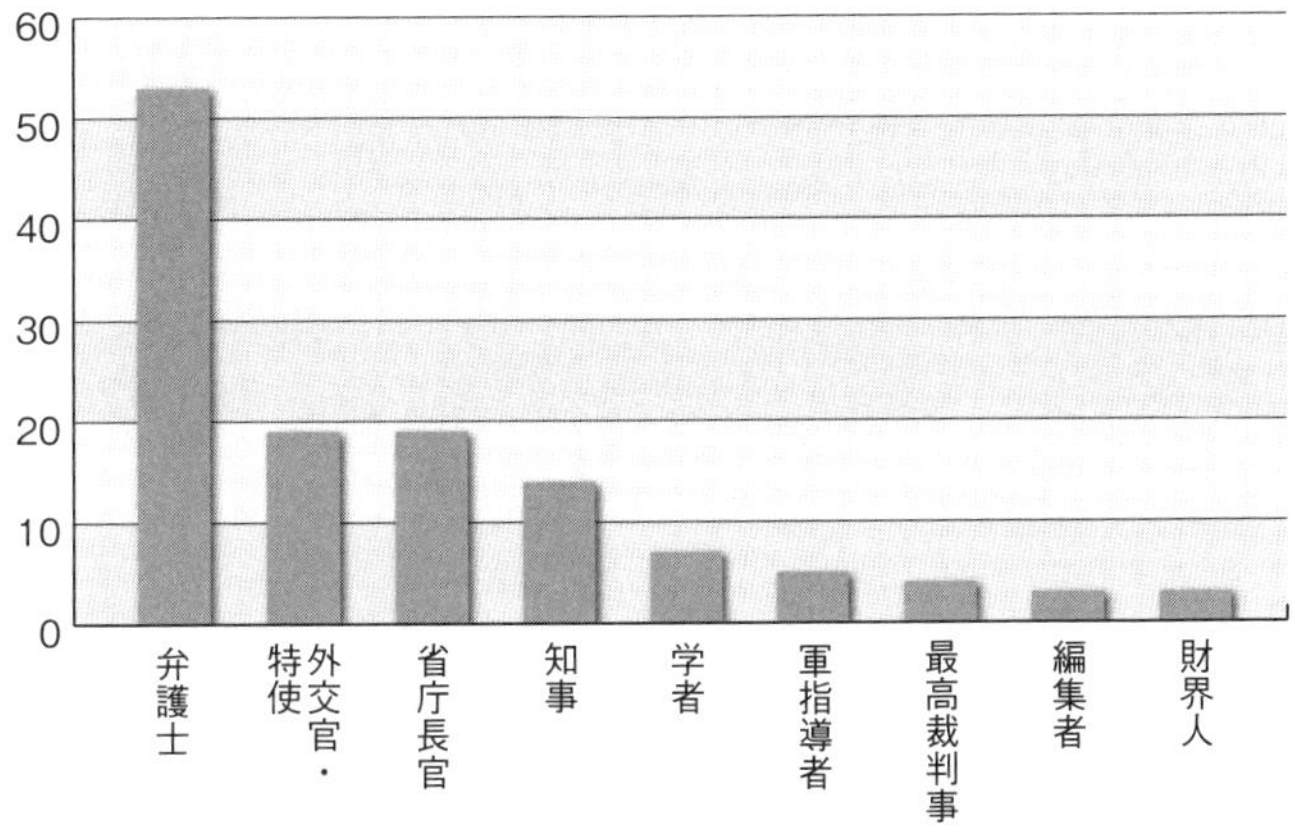

選挙戦で生じた党内亀裂を解消すると同時に、ブッシュ時代の一国主義の外交政策を国際協調路線に方針転換する上で強力なPRになると考えたに違いない。ライバルを指名したことから、オバマ政権の閣僚は「ライバルのチーム（Team of Rivals）」と呼ばれた。この名称は、リンカーン大統領が、スワードを国務長官に指名するなど、大統領選で争った3人を閣僚に添え、後日歴史家がそう表現したことに由来する。

前歴最多は弁護士

在日アメリカ大使館の公式マガジン「アメリカン・ビュー」の統計を参考に、ブリンケンまで国務長官71人のプロフィールをみると、前歴としては、弁護士が最多の53人、外交官・特使が19人、省庁長官が19人、知事が14人、学者が7人となっている。長官を経て大統領選に出馬したのは19人で、このうち、ジェファーソンやモンローら6人が大統領となった。(注) いずれも南北戦争（1861～65年）以前だ。重要ポストの国務長官を経験することが大統領の登竜門となっていたようだ。しかし、20世紀に入ると、長官を経験した大統領はいなくなった。長官に指名される人物は外交や国際関係の専門家が多くなり、政治家の割合が減ったためとみられる。また、長官時代の功績としてノーベル平和賞を受賞したのは5人で、職務の性格から平和創設に貢献できることがうかがえる。女性長官は、オルブライト、ライス、クリントンの3人だけだ。長官の平均の在任期間は3・3年で、大統領の任期1期で退任するのが通例だ。これまでで最長は、ルーズベルト政権時代のハル（1933～44年）の11年で、健康

（注）国務長官から大統領になったのは、トマス・ジェファーソン、ジェームズ・マディソン、ジェームズ・モンロー、ジョン・クインシー・アダムズ、マーティン・バン・ビューレン、ジェームズ・ブキャナンの6人である。ヘンリー・クレイ、ダニエル・ウェブスター、ジョン・カルフーンの3人は、国務長官から大統領を目指したが、及ばなかった。南北戦争以降は、国務長官経験者が大統領となった例はない。コーネル大学のウォルター・ラフィーバー名誉教授は、その背景として、①外交政策が複雑化し、国務長官は政党指導者というより、有能な行政官であることを求められた。②組織の肥大化によって、国務省とホワイトハウスとの距離が広がった。③大統領選のキャンペーンには2年が必要で、国務長官と両立できない。④副大統領が後継者になることが多くなった、という4点を挙げた。歴史家のダグラス・ブリンクリーは「外交政策を仕切っていたのはエリートたちだ。米国人はポピュリストが好きだ。パリではなく、デモインで目立つことが必要だ」と

を害するまで職務を続けた。最短はグラント政権時代のウォッシュバーン（1869年）の11日で、フランス公使に転じるまでの期間だった。ウォッシュバーンを指名したグラント大統領は友人だった。2期8年務めた長官は少なく、近年では、ラスク（1961〜69年）のみだ。また、長官は、超大国の外交官トップとして、専用機で世界を外遊するため、その移動距離は膨大なものとなる。2023年までのトップは、ジョン・ケリー（2013〜17年）の約230万キロで、地球57周分に相当する。

いう。華やかな外交の舞台ではなく、地味な地方で活躍することが大統領への近道であると解説している。一方で、大統領選で敗れることが、長官への登竜門となる皮肉な人事もみられる。ジェームズ・ブレインは3度大統領選に失敗したが、国務長官を2度務めた。ウィリアム・ブライアンは3度大統領選に敗れたが、ウィルソンによって長官に指名された。ヒラリー・クリントンも、民主党予備選で敗れ、国務長官に指名された。傑出した才能を政権内で生かす狙いとともに、大統領が政敵に重要ポストを与えて懐柔するようにもみえる。

人事権

長官は通常、次官補レベルまでの幹部人事を自ら決める。その際、信頼する側近や知人を省外から起用するケースが目立つ。巨大な官僚機構に飲み込まれず、主導権を発揮するためだろう。キッシンジャー長官は、大統領補佐官（国家安全保障担当）時代の部下を多数国務省に引き連れてきた。例えば、ソ連や東欧に詳しいヘルムット・ゾネンフェルトには東西関係を統括させ、CIA出身のウィリアム・ヘイランドを情報部門の幹部に充てた。また、国務省出身のイーグルバーガーには組織管理を担当させた。ベーカー長官の場合は、財務長官時代の部下だったロバート・ゼーリックを経済農業問題担当次官、大統領首席補佐官時代の部下だったタトワイラーを広報担当次官補にそれぞれ起用し、ベーカーの「インナー・サークル」と呼ばれた。

特定の外交懸案のため、特別代表、特使、補佐官、調整官らも指名する。クリントン長官の場合、夫のビル・クリントン政権下で中東特使を務めたデニス・ロスを湾岸・東南アジア諸国担当の特別補佐官に任命した。クリントン政権でデイトン合意を

（注）ホルブルックは、職業外交官出身でありながら、政治的洞察力に優れた人材という評価を得た。キャリア外交官と政治任命者の双方の資質と能力を合わせ持った野心家だったが、早世した。東部のブラウン大学を卒業後、1962年に国務省に入り、ベトナムを専門領域とする外交官となった。カーター政権時代に史上最年少の35歳で東アジア・太平洋担当の次官補に就任し、バンス長官の有力補佐官となった。元上司は「常に交渉の相手側と話そうとしていた」と評価している。バンスと険悪だった大統領補佐官（国家安全保障担当）のブレジンスキーと対立した。共和党のレーガン政権になると、国務省をやめ、大手投資銀行リーマン・ブラザーズに転職した。ブレジンスキーを師と仰ぐオルブライトとは後にライバル関係になった。1988年の大統領選に向けた民主党予備選ではアル・ゴアの政策補佐官、1992年の大統領選ではビル・クリントンの政策補佐官をそれぞれ務め、民主党人脈を築いた。クリントンが大統領選に当選すると、国務

まとめたホルブルック（注）は、アフガニスタン・パキスタン担当の特使となった。ウッドワードによると、ホルブルックは自我が強く、敵も多かったが、クリントン長官に対しては、「あなたは私のボスだから、その判断を全面的に支持します」と言って信頼を得たという。クリントン政権時代にホワイトハウスで顧問弁護士を務めたシェリル・ミルズは、ヒラリー長官の首席補佐官を務めた。国務省に登用された側近らの存在は「ヒラリーランド」と呼ばれた。

ライス長官は、国家安全保障担当大統領補佐官時代のスタッフを国務省に連れて行き、ジョン・ベリンジャーを法律顧問、ジム・ウィルキンソンを上級顧問に起用した。スタンフォード大学勤務時代の同僚、スティーブン・クラスナーを政策企画室長

省に戻り、駐日大使起用が取り沙汰されたが、最終的に駐ドイツ大使となった。大使就任から1年後の1994年、欧州・ユーラシア担当の国務次官補に起用された。翌95年には、ボスニア紛争を収拾する和平協定・デイトン合意を取りまとめる功績を挙げた。恐れを知らない強力な個性で難局を切り抜ける能力が評価される一方、権力志向や自己顕示欲が強いと批判された。1999年にビル・リチャードソン国連大使がエネルギー省長官に転出するのに伴い、その後任の国連大使となった。クリントン長官が2009年、ホルブルックをアフガニスタン・パキスタン担当の特別代表に起用した際、「豊富な経験と知識はわが国の外交政策チームにとって大きな財産になる」と太鼓判を押したのは、その経歴が裏付けている。筆者は2008年、トビリシでジョージア紛争を取材中、車に同乗して話す機会があったが、マイペースで自信家という印象だった。

に抜擢し、ショーン・マコーマックを報道官（広報担当国務次官補）に指名した。通常は側近を充てる首席補佐官については、ゼーリックが推薦したブライアン・ガンダーソンに依頼した。

こうした省外からの政治任命者は、生え抜き職員の不満を招く。このため、キッシンジャー長官は、次官補にキャリア外交官を任命し、バランスを取った。

煩雑な業務

長官の仕事は対外情勢に左右される。シュルツはかつて、後任のベーカーに「国務長官は政府の中で最もすばらしい仕事だが、一つ理解しなければならないことは、一つの外交政策が終わり、別の政策が始まるのがいつになるのかうまく予測できない」と伝えた。財務長官と国務長官を経験したベーカーは、両者の違いについて、財務長官は力を入れる問題を選択できるが、国務長官にはそれができないと話した。綿密に日程を組んでも、国外で一大事件が起きれば、その対応で全て吹き飛ぶことが多いという。

アメリカの外交は世界を相手にする。長官は外交の顔として、世界を飛び回ることになる。このため、長官はボーイング757の専用機で移動する。通常は「ブルー・アンド・ホワイト」と呼ばれる。機体には、「The United States of America（アメリカ合衆国）と書かれている。前方の長官室には、机、ソファ、クローゼット、トイレ、電話が備え付けられている。その後部には大型のテーブルと椅子が置かれ、演説の草稿やブリーフ用のメモが置かれている。回線はワシントンの国務省と直接つながっている。さらに後部には、外遊に同行する国務省やホワイトハウスの政府職員向けの座席、その次に、記者やカメラマンらプレス向けの座席、最後尾が航空要員の座席となっている。外遊では、機内で同行記者と記者懇談を行うことが多い。外遊の好き嫌いや国際情勢にも左右されるが、在任中の飛行距離で最長はケリー長官の約230万キロで、クリントン長官は約154万キロ、クリストファー長官は約126万キロだった。

外遊を除けば、ワシントンで執務をとることになる。そのスタイルは長官によって異なるが、長官室がある7階では、長官の首席補佐官、参事官、秘書官、特別補佐官、私設補佐官らが、日々の活動を管理する。ハル長官の場合、午前9時〜9時10分に登庁し、主任秘書と会い、在外公館で起こっている最新の状況や、省内で起こった出来事の説明を受けた。その後、案件に応じて、国務次官や次官補を呼び、対応策を議論した。オルブライト長官の場合、登庁すると、机上には情報調査局からの最新の資料が置かれ、長官が知っておくべき世界の出来事について、歴史的背景や外交手段などの分析が加えられていた。さらに、大統領に毎朝届けられる機密文書のコピーにも目を通すことができた。文書への質問に備え、そばにはCIAの職員が控えていた。

長官は様々な報告を受けるが、報告の仕方にも長官の個性が表れる。ロジャーズ長官は口頭の報告を求め、アレクサンダー・ヘイグ長官は要点をまとめた資料を依頼し、キッシンジャーは資料そのものの提出を要求した。キッシンジャーは「国務長官にとって最も困難な仕事は、長官を飲み込む紙の洪水の中で指示を出すことだ」と言及した。全員が協力的であるわけではなく、敵対的な職員も存在する。キッシンジャーは、アフリカ担当次官補が１９７５年、自らの決断の実行を10週間遅らせた例を挙げ、「怠慢によって長官に反対の意を示す」と振り返っている。

一方、国務長官は、国内業務の一部も管轄している。国務省が18世紀後半、内務省の機能の一部を担当していたという歴史から、その一部が21世紀にも残された。その一つが、重要文書に押される印章・国璽の管理と使用である。独立宣言を起草した大陸会議で書記を務めたチャールズ・トムソンがデザインしたもので、政府の公式文書で使用された。その管理は、１７８９年に発足した国務省に移管され、19世紀に国務省が外交組織に特化する中でも、この任務は残された。現在も1ドル紙幣やパスポートにこのデザインが用いられている。２０１０年当時、国務省2階の展示場には、国章が掲げられ、「国家の象徴：国章　世界中で数千年にわたり、印章が法的事項を正当化してきたように、国章は公式で重要な文書を有効とし、保護し、認証しています」と書かれていた。国章の下には、国章の入ったノートを手にするレーガン大統領の写真が掲げられていた。写真の説明書きには、「１９８７年12月8日、ソ連指導者、ゴルバチョフ氏との間で、中距離核戦力全廃条約の批准文書を交換し、握手するレーガン大統領」とあった。この歴史的な文書にも国章が捺されていた。

直属機関

長官には直接報告を受ける直属機関がある。以下、列挙する。

①公民権事務所（Office of Civil Rights : S/OCR）

職員への研修を通じて、差別のない雇用の平等を実現し、職場におけるハラスメントを防止する。

②世界女性問題事務所（Office of Global Women's Issues : S/GWI）

世界レベルで女性の人権尊重や権利拡大を担う。具体的には、職場における平等、暴力からの解放、指導力のある女性の育成といった目標が掲げられている。

③情報調査局（Bureau of Intelligence and Research : INR）

マーシャル長官が１９４７年、戦略サービス調査局（Strategic Services Research Department）の後継として設立した組織で、対象国や組織の情報を調査、分析し、国家の安全保障に役立てる。情報共同体（Intelligence community : IC）の一組織であり、国家情報会議（National Intelligence Council : NIC）の傘下に入り、大統領や国務長官の毎日のブリーフィングの資料を調整する。調査、分析に参加するのは、１００人以上の専門家である。ビデオプログラムのＮＩＲトークス（INRTalks）も運営する。

④監察総監室（Office of Inspector General : OIG）

国務省や、国際放送を管轄する放送管理委員会（Broadcasting Board of Governors : BBG）のプログラムや活動を監視、調査する。その結果について、長官、ＢＢＧ、議会に報告し、経済効率を高め、不正や無駄を防ぐための提案を行う。

⑤**議会関係局**（Bureau of Legislative Affairs : H）

省内で立法関連の調整を行い、長官、副長官、次官、次官補に議会戦略を説明する。

⑥**法律顧問室**（Office of the Legal Adviser : L）

国務省の業務について法的な提案や忠告を行う。

⑦**政策企画室**（Office of Policy Planning : S/P）

独立して政策を立案・分析し、長期的かつ戦略的な視点から長官に政策提言を行う。１９４７年にマーシャル長官の指示で創設された。国務省を代表する優秀な外交官が室長に就任し、ホワイトハウスの外交政策に大きな影響を与えてきた。

マーシャルは１９４７年4月、モスクワで開かれた外相会議に出席し、ソ連と協力して、ヨーロッパ復興を目指すのは難しいと考えた。マーシャルは帰国後、政策企画室の創設を命じた。軍人出身のマーシャルは陸軍参謀総長時代、長期的な戦略を立案する部署を設置した経歴があり、これを国務省にも応用したとみられる。

マーシャルが次官補レベルの初代室長（Director）に起用したのが、国防大学で「外国事情担当副指揮官」だったジョージ・ケナンだった。プリンストン大学を卒業後、１９２５年に国務省に入り、ロシア語を学び、ソ連の専門家となった。１９４４年に駐ソ代理大使としてモスクワに赴任し、戦後はソ連が西欧に勢力圏を拡大する意図に警鐘を鳴らすため、１９４６

年2月、アメリカの対ソ政策の変更を迫る長文の電報を打電した。「ソビエト連邦に対する介入は、破滅的な結果を招く恐れがあるが、ソ連型社会主義の拡散を新たに遅らせる効果があり、それゆえにいかなる犠牲を払っても行う必要がある」という内容だった。これがトルーマン政権幹部の目に留まり、マーシャル長官がケナンを起用するきっかけとなった。

1947年5月に室長に就任したケナンの任務は以下の3点だった。

▽アメリカの外交政策の目的を達成するため、長期計画を作成する。
▽国務省が任務を遂行する際に想定される問題点を予想する。
▽現行政策の適正度を評価するため、外交政策に影響する問題を検証する。

ケナンは省の内外から優秀な人材を集めた。ジョゼフ・ジョンソン、チャールズ・ハトウェル・ボーンスチール3世、ジャック・ラインスタインらだった。具体的な任務はヨーロッパの復興計画だった。政策企画室は「アメリカの立場から見たヨーロッパ復興」という名称で完成した。経済成長が共産主義を排除する手段であると考え、欧州への経済支援を重視した。これが欧州への復興援助計画「マーシャル・プラン」につながっていく。ソ連が1948年にベルリンへの陸路を封鎖すると、トルーマン大統領は、空輸作戦を実施した。

室長のポストには、省内外から優秀な人材が抜擢された。レーガン政権下の1981〜

82年には、国防次官補代理やジョンズ・ホプキンズ大学の国際政治学教授を務めていたウルフォウィッツが抜擢され、アジアで中国が台頭する可能性に言及した。ブッシュ政権下の2001年には、ブルッキングズ研究所副所長だったリチャード・ハースが室長に起用された。H・W・ブッシュ政権時代にホワイトハウスの国家安全保障会議で近東・南アジア上級部長を務め、ブッシュ家の知己を得ていた。ハースは2003年、政策企画室長から有力研究機関・外交問題評議会会長に移動した。オバマ政権時代の2009年1月には、プリンストン大学の公共政策・国際関係学部長だったアン＝マリ・スローターが室長に就任した。長官就任前のクリントンが、「フォーリン・アフェアーズ」誌に掲載されたスローターの論文「アメリカの強み　ネットワーク世紀における力」を読み、好印象を持った。ネットワーク化の進展により、均一性のある社会よりも多様性のある社会の方が強みを発揮するという内容で、外交にデジタル機能を活用しようとする長官の考えと一致した。スローターは、QDDRの策定にも携わり、クリントン長官を助けた。

⑧儀典長事務所（Office of the Chief of Protocol : S/CPR）

大統領、副大統領、国務長官に対し、国内外の儀礼に関する説明を行い、式典やその他の活動を取り仕切る際のアドバイスを行う。大統領の公式なゲストハウス「ブレア・ハウス」の管理者でもある。儀典長、副儀典長、4人の儀典長補が責任を分担する。

⑨世界エイズ調整官・保健外交事務所（Office of U.S. Global AIDS Coordinator & Health

Diplomacy : S/GAC）

エイズ（後天性免疫不全症候群）ウィルスに感染した人々の生命を救い、世界に蔓延するその他の病気に対応する。

⑩多様性・一体性事務所（Office of Diversity and Inclusion : S/ODI）

アメリカの人種や民族構成を反映した多様性を国務省で実現し、様々な人材を受け入れることを目指す。

⑪特別代表・特使（Special Envoys and Special Representatives）

エイズ、女性、食糧安全などトップレベルの外交課題に対処する人材を指名するもので、長官に直接報告する場合もあれば、幹部に報告する場合もある。国際情勢や長官の手腕に応じて、起用の是非や設置する地域は異なる。クリントン長官の場合、紛争地における危機対応が断片的かつ硬直的だったため、アフガニスタン・パキスタン担当特別代表としてホルブルックを指名した。

ウェンディ・シャーマン

大使級でない場合は調整官（coordinator）となる。クリントン政権では、ウェンディ・シャーマンが、北朝鮮の核・ミサイル問題を担当する北朝鮮政策調整官を務めた。オルブライト長官の相談役である参事官を務めたことで、長官の信頼を得て、調整官に指名された。オバマ政権では、北朝鮮とイランに対する制裁を担当する責任者として、ロバート・アイホーンが制裁調整官として就任し、制裁を進めるために関係国を訪問し、対応を協議した。いずれも長官の信任が厚く、良好な関係を築いた人物が任命されるポストとなった。長官は政治任用として、省内人事に詳しくなく、人脈もないため、省内のヒエラルキーを乗り越える形で、自ら知る人物を登用することになる。

⑫省顧問（Counselor of the Department）

外交政策の主要な問題について特別な意見を提案する。

⑬運営事務局

運営事務局（Executive Secretariat : S/ES）は事務総長（Executive Secretary）と4人の副総長からなる。省内を調整する仕事で、省内各局や事務所と長官、副長官、次官の事務所を連絡する役割がある。ホワイトハウスや国家安全保障会議とも連携する。事務局職員は、長官、副長官、次官のために文書・資料を準備・削除するとともに、高官の公式訪問を担当する。事務局内には、運営センター（Operations Center）があり、コミュニケーション・危機管理センターとして、常時、世界の出来事を監視し、長官や高官への状況説明を行う。

退任の日、長官は次期長官にメッセージを送るのが慣例だ。クリントンは２００９年、長官の執務室に入ると、ライスからのメッセージを読んだ。同じように、４年後の２０１３年２月１

日、自らの執務室で、後任のケリーに手紙を書き、執務室に置いて、部屋を後にした。

(2) 副長官

長官の補佐役

ニクソン政権時代の1972年に創設されたポストで、長官を補佐し、不在の際は長官代理として、省を指揮する。外交政策全般の立案に関与するとともに、省内の運営や管理も統括する。長官の代理として多くの会合に出席し、国務省や外交官の代表として見解を述べる。

1970年代に副長官として存在感を示したのは、カーター政権時代のクリストファーである。カーターの意を受け、人権政策を普及させただけでなく、在テヘランのアメリカ大使館占拠・人質事件ではイラン側と人質解放交渉を行い、カーターの在任最終日に解放を実現した。

副長官は政治任命ポストであり、大統領が任命し、上院の承認を得る必要がある。このため、大統領の意向が入りやすい。クリントン政権時代に副長官となったクリフトン・ウォートンは、ミシガン州立大学学長を経験した学者だったが、1992年の大統領選でクリントンを支援した功績が評価され、副長官に指名された。父親が黒人で初めて外交官試験に合格し、後に大使に昇格した経歴も後押ししたようだ。省内では、機構改革を担当し、政策には関与していなかった。就任からわずか10か月後に辞任した。クリストファー長官が、ボスニアやソマリアでの外交的失策を批判され、辞任要求が出ていたことから、「スケープゴートにされた」（ニューヨーク・タイムズ紙）と言われた。ウォートンの後任となったストローブ・タルボットは、クリントンが１９６８年にオックスフォード大学に留学する際に船旅で出会い、留学先で親交を深めた友人だった。クリントンは１９９２年の大統領選当選後、タイム誌で働いていたタルボットに国務省入りを求め、長官のクリストファーに依頼し、旧ソ連担当の長官特別補佐官の新職をつくってもらった。１９９４年2月には、ウォートンの辞任を受け、副長官に昇格した。クリントンは旧ソ連・ロシア関連の外交政策は、タルボットに直接助言を求めた。

日本で最も知られた副長官は、ブッシュ政権下の２００１年3月に副長官に就任したリチャード・アーミテージだろう。海軍士官学校を卒業した軍人で、ベトナム戦争にも3回参戦した。レーガン政権で国防次官補代理や国防次官補を務め、日本が次期支援戦闘機（ＦＳＸ）を国産化しようとしたために生じた日米摩擦に対処し、両国の共同開発という解決策を用意した。この頃からワシントン政界を代表する知日派となり、超党派での対日戦略策定を主導した。在アメリカ日本大使館や日本企業の顧問を務めたこともある。クリントン政権のアジア政策を批判し、クリントンが１９９８年、訪中時に日本に立ち寄らなかったことを「愚かな行為」と批判した。副長官に抜擢したのは、長官のパウエルである。アーミテージは国防次官補代理だった頃、国防長官の秘書を務めていたパウエルと知り合い、親交を深めた。パウエルはアーミテージを「友」と呼び、「私の人生をかけて彼を信頼している」と呼んだ仲だった。パウエルが１９９０年代に大統

首相官邸へ麻生首相を表敬訪問したスタインバーグ副長官（2009年6月2日）

領選出馬を検討した時、パウエルの性格から「あなたには向かない」と反対したのがアーミテージだった。副長官となったアーミテージは、日本の外交・安保政策者やメディアの対米窓口となり、ブッシュ・小泉両首脳の親密な関係の下地を作った。

副長官ポストは1972年以来、1人だったが、オバマ政権時代には、副長官は政策と管理に担当を分け、2人態勢となった。政策担当となったジェームズ・スタインバーグは、クリントン政権で大統領副補佐官を務め、対中問題に精通していたことから、クリントン長官から副長官に指名された。管理担当のジェイコブ・ルーは、クリントン政権の行政管理予算局長だった。管理担当は、人員配置、省関連の行事の管理、技術革新、職員の安全性などを統括するポストであり、予算、QDDRなどの戦略計画も担当した。配下には、外国支援人材事務所（Office of U.S. Foreign Assistance Resources）があり、戦略的・効果的な配置や、外国支援人材の活用を検討する。

（3）国務次官・次官補

次官に6ポスト

国務次官は以前、国務省のナンバー2として、長官の補佐役だったが、1972年に副長官ポストが新設されると、一時は存在感を低下させた。ただ、その後、時代の要請に応じて、新たな役割を与えられ、活躍の場を増やした。クリントン政権時代の1993年に機構改革が行われ、次官の権限強化とともに、民主主義の定着と人権擁護、麻薬・テロ・犯罪対策、移民・難民対応、海洋・環境問題といった世界共通の課題に対処するため、地球問題担当の次官ポストが新設された。アル・ゴア副大統領の政府再生計画を受け、クリストファー長官が実施した戦略的運営イニシアティブ（Strategic Management Initiative : SMI）の一環だった。次官は現在6分野に置かれており、長官に直接報告し、外交政策では「取締役」としての性格を担う。2023年1月時での分担は以下の通りとなっている。

［1］政治担当（Political Affairs）
［2］経済成長・エネルギー・環境担当（Economic Growth, Energy and Environments）
［3］軍備管理・国際安全保障担当（Arms Control and International Securing）
［4］民間保護・民主主義・人権担当（Civilian Security, Democracy and Human Rights）

［5］管理担当（Management）
［6］パブリック・ディプロマシー・広報担当（Public Diplomacy and Public Affairs）

各分野について以下説明していく。

政治担当

地域、二国間の外交政策全般を担当し、地域局（Regional Bureau）の6局と国際組織局、反テロ・暴力的過激派対策局の計8局を統括する。1972年に副長官ポストが新設される以前は、長官に政策や意見を具申する重要ポストで、トルーマン政権下でマーシャル長官を支えたロバート・ロベット次官、ケネディ政権下でラスク長官に仕えたジョージ・ボール次官は、いずれも大きな役割を果たした。1972年以降も、職業外交官が就任するケースが多い。政治任命の長官や副長官をキャリア外交官が支えるという態勢だ。ブッシュ政権で政治担当次官を務めたニコラス・バーンズは、カイロやエルサレムの大使館に勤務し、中東の専門家として地歩を築いた。その後任は、駐ロ大使だったウィリアム・バーンズで、1982年に国務省に入省後、主に中東畑を歩み、駐ヨルダン大使や近東担当国務次官補などを歴任した。

それぞれの地域局のトップには次官補が就き、次官に報告する。生え抜きのキャリア外交官が配属されることが多く、国務省の主流派と言える。経済、軍事といった分野の担当次官が抱える機能局（Functional Bureau）は、専門職や一般公務員で占められる傾向があることから、地域局所属の外交官は、担当地域の外交政策を担う意識が強くなる。次官補の下には、次官補代理、管理職員、各国担当官（Country Desk Officer）らが置かれ、国外の大使館や領事館、ワシントンの各国大使館と連絡を密にしながら、管内の国や地域の情報収集にあたっている。地域局6局の地域割りは、円滑な政策調整の必要から、他省庁と同様であるべきだが、例えば、国務省では北アフリカは近東局だが、国防総省で中央軍が北アフリカをカバーするのはエジプトだけである。国務省近東局はアフガニスタン、パキスタンを含まないが、国防総省では中央軍の管轄となっている。

8局は以下の通りである。

①**アフリカ局**（Bureau of African Affairs : AF）

イスラム圏以外のアフリカ大陸を担当する。アフリカ諸国の安定と良き統治を掲げ、アメリカとの貿易関係を強化し、テロの抑止を目指す。

②**東アジア・太平洋局**（Bureau of East Asian and Pacific Affairs : EAP）

東アジア、東南アジア、オセアニア、太平洋諸国を担当する。自由で開かれたインド・太平洋地域を目指し、日本との同盟関係を軸に、中国との建設的関係、北朝鮮の非核化に取り組む。

③**欧州・ユーラシア局**（Bureau of European and Eurasian Affairs : EUR）

欧州やトルコ、ロシアを担当する。欧州連合（European Union : EU）や北大西洋条約機構（North Atlantic Treaty Organization : NATO）との連携を軸に、人権や民主主義の普及を目標にするとともに、膨張主義のロシアに対処する。

④**近東局**（Bureau of Near Eastern Affairs : NEA）

中東や北アフリカ地域を担当する。地域紛争を終わらせ、民主主義を広げることを目指し、人権や信教の自由といった価値観の普及に努める。

⑤**南・中央アジア局**（Bureau of South and Central Asian Affairs : 5CA）

南アジアと中央アジアを担当する。インドとの友好関係を軸に、平和と民主主義の拡大を目指す。

⑥**西半球局**（Bureau of Western Hemisphere Affairs : WHA）

南北のアメリカ大陸とカリブ海諸国を担当する。公平で互恵的な貿易関係、貧困削減、麻薬対策、不法移民対策に取り組む。

⑦**国際組織局**（Bureau of International Organization Affairs : IO）

国連など国際組織に対する窓口で、国益のため、平和と安全、核不拡散、人権、経済発展、気候変動など多国間の約束を結ぶ。米国の世界的な指導力を国内経済の強化に役立てる。

⑧**反テロ・暴力的過激派対策局**（Bureau of Counterterrorism and Countering Violent Extremism : CT）

アメリカをテロから守るため、関連省庁の対テロ部局と連携し、一体的な戦略を打ち出し、外国政府、民間組織、国際組織とも協力する。

各局をたばねる次官補は、長官が決めることが多い。オバマ政権では、クリントン長官とスタインバーグ副長官が、東アジア・太平洋担当次官補にカート・キャンベルを充てることを決めた。キャンベルは、国防総省出身で、クリントン政権では国家安全保障会議でアジア政策を担当した。クリントンにとっては、「斬新な戦略家であるだけでなく、必ず冗談やエピソードを交える語り口」が好まれた。クリントンの後任、ライス長官は、次官補ポストを重視し、「海外でアメリカ外交の顔となり、アメリカの政策に一貫性を持たせる人材」になることを期待した。長官が行う省内の幹部人事では、省外から起用されることが多い。「各地域でアメリカの顔」となる次官補ポストもそれにあてはまり、政治任命者の割合は、シュルツ長官時代には半分、オルブライト長官時代には3分の2に上った。しかし、ライスは6次官補のうち、政治任命は1ポストだけにし、残る5ポストに生え抜きの職員を充て、職業外交官を信頼しているとのメッセージを送った。

一方で、大統領や長官は特定地域の外交的懸案に対処するため、特使や特別代表を置くことがあり、外交の主導権を巡り、地域局と対立することもある。欧州・ユーラシア局は１９８３～99年、欧州諸国のほか、旧ソ連やカナダも管轄する欧州・カナダ局と呼ばれ、その規模は地域局で最大だった。クリントン政権時代の１９９３年、旧ソ連諸国との外交交渉を管轄する「旧ソ連問題委員会」が新設され、クリントン大統領の旧友のタルボットが委員長に任命された。タルボットは大統領に直接政策提言できる立場だけに、欧州・カナダ局との軋轢《あつれき》が指摘された。

経済成長・エネルギー・環境担当

経済成長、エネルギー、農業、海洋、環境、科学、技術の問題に取り組む。傘下に専門の局や事務所を持つ。

①**経済・ビジネス局**（Bureau of Economic and Business Affairs : EB）

外交上の経済政策により、経済上の安全保障と経済成長を確保する。

②**エネルギー資源局**（Bureau of Energy Resources : ENR）

外交政策により、安全で安定的なエネルギー源を確保する。

③**海洋・国際環境・科学局**（Bureau of Oceans and International Environmental and Scientific Affairs : OES）

気候変動、再生可能エネルギー、極地問題、海洋政策、感染病、科学技術、宇宙政策の分野で外交を前進させる。

④**科学技術補佐官事務所**（Office of the Science & Technology Adviser : STAS）

世界の科学技術を進歩させ、アメリカの国益に役立てる。

⑤**チーフ・エコノミスト事務所**（Office of the Chief economist : OCE）

農業の様々な課題に対処するため、有益な情報や分析を提供する。

⑥**グローバル・パートナーシップ事務所**（Office of Global Partnerships : GP）

重要な外交政策を遂行するため、民間部門と協力する。

⑦**世界食糧安全保障事務所**（Office of Global Food Security : GFS）

食糧の安定供給を図るため、国際開発局や農務省と協力する。

軍備管理・国際安全保障担当

軍備管理や武装解除の分野を担当する。1993年に核不拡散分野も加わった。国家安全保障会議やその関連会合に出席し、長官を通じ、大統領ともやり取りする。オバマ政権下の2009〜12年に次官を務めたエレン・タウシャーは、民主党の下院議員出身で、2011年2月に発効した米ロ間の新戦略兵器削減条約（New Strategic Arms Reduction Treaty : New START）の交渉に関与した。以下の3つの局は、次官に報告する。

①**武器管理・検証・コンプライアンス局**（Bureau of Arms Control, Verification and Compliance : AVC）

武器管理、武器の検証、コンプライアンスに関する政策を担当する。

②**国際安全保障・核不拡散局**（Bureau of International Security and Nonproliferation : ISN）

核兵器、生物・化学兵器など大量破壊兵器の拡散を防ぐ。

③**政治軍事局**（Bureau of Political-Military Affairs : PM）

国防総省と連携しながら、軍事に関連した政策の方向性を提言する。

民間保護・民主主義・人権担当

世界各地でアメリカの民間人を守るとともに、民主主義や人権意識を普及させるため、人口、難民、人身売買、法の支配、麻薬対策、危機防止、刑法、過激主義の問題に対応する。以下の局や事務所が次官に報告する。

①**紛争・安定化運営局**（Bureau of Conflict and Stabilization Operations : CSO）

紛争を抑止し、平和を探る。政情不安の国や地域で法の支配を強化し、民主体制や経済成長を実現するとともに、暴力的な紛争を減らす。

②**民主主義・人権・労働局**（Bureau of Democracy, Human Rights and Labor : DRL）

民主主義、人権、信教の自由、労働の権利を守る。

③**国際麻薬・法執行局**（Bureau of International Narcotics and Law Enforcement Affairs : INL）

麻薬取引などの犯罪に対応するための政策を提言する。違法な麻薬がアメリカに流入することを防ぎ、国際犯罪によるアメリカへの影響を最小限に抑える。２００９年には、アフガニスタンの弁護士3人をハーバード大学の修士課程などに留学させるなど、法治国家の人材育成を目指すプログラムもある。

④人口・難民・移民局（Bureau of Population, Refugees and Migration : PRM）

アメリカへの移住などを通じ、紛争の犠牲者、難民、国のない人々を支援し、持続可能な解決策を提示する。

⑤国際信教自由事務所（Office of International Religious Freedom : IRF）

信教の自由を促進するため、宗教的弾圧や差別を監視し、必要な対策を講じる。

⑥世界刑事司法事務所（Office of Global Criminal Justice : GCJ）

大量殺戮を防ぎ、弾圧の責任者を追及する。ユーゴスラビア、ルワンダ、シエラレオネ、カンボジアで起こった集団虐殺、戦争犯罪、人道に対する罪を裁く国際法廷を支援する。

⑦人身売買監視・対処事務所（Office to Monitor and Combat Trafficking in Persons : TIP）

強制労働、性産業への従事、奴隷労働などの人身売買に反対する。そのため、二国間または多国間の外交に責任を負う。例えば、人身売買を禁止する内容のパンフレットを作成し、世界の大使館や領事館で入国予定者に配布している。

管理担当

省庁の管理部門を改善する大統領運営協議会（President's Management Council）の国務省の代

表であり、大統領運営計画（President's Management Agenda：PMA）の実行に責任を追う。ＰＭＡは、政府を効率的な国民主体の組織にするための政策で、人的資本、電子政府、競争的調達、財政管理、予算実行統合の５つのプログラムがある。ホワイトハウスの行政管理予算局と協力し、アメリカ政府の国外組織の理想的な規模を調査する。以下の局や事務所が管理担当次官に報告する。

①**行政局**（Bureau of Administration：A）

ワシントンの国務省、在外アメリカ大使館、領事館の管理業務を支援する。業務には、不動産、建物、設備、輸送、郵便サービス、公式の記録、出版、図書館サービス、言語サービス、赴任者への手当、子息の海外学校支援、健康管理が含まれる。

②**予算計画局**（Bureau of Budget and Planning：BP）

国務省の予算要望を準備・提出し、省の義務的経費を管理し、実際の予算運営や執行との関係を分析する。

③**会計監査・国際財務局**（Bureau of Comptroller, Global Financial Service：CGFS）

外国任務を円滑に行うため、効率的で透明な資金管理を行い、高レベルの財務情報を提供する。

④**領事局**（Bureau of Consular Affairs：CA）

国外にいるアメリカ市民の生命と財産を守り、ビザとパスポートの監視を通じて国境の安全保障を強化する。アメリカ市民が国外に渡航したり、それ以外の人々がアメリカに渡航したりする際に公式文書を発行し、同時に必要な情報を提供する。領事関係を扱うウィーン条約に携わる職員向けに、法や条約順守のマニュアル「領事の通知と権利（The Consular Notification and Access）」を配布している。パスポートに際しては、予約して必要書類の提出を受けてから、数週間で発行されるが、緊急時には数日間で発行される。「パスポートの日」を設定し、発給事務所の開館時間を延長し、予約なしで申請を受け付ける場合もある。

⑤外交安全保障局（Bureau of Diplomatic Security : DS）

安全保障と法執行部門を担当し、脅威の分析、サイバーセキュリティ、対テロ、安全保障に関する技術、人民や財産の保護、情報システム、パスポートやビザの調査を扱う。長官や各国政府高官の安全も守る。

⑥外務使節事務所（Office of Foreign Missions : OFM）

アメリカの使節団が安全かつ効率的に任務を遂行することを支援する。

⑦外務職員局（Foreign Service Institute : FSI）

連邦政府職員に対する主要な訓練機関で、外交官やその他職員が外交利益を享受できるように準備する。

⑧国際人材管理局（Global Talent Management : GTM）

採用、評価、昇進、訓練、キャリア政策、退職事務などを扱う。外務事務局長と人材局長が管轄する。かつての人材局（Bureau of Human Resources : M/DGHR）から改称された。

⑨情報資源管理局（Bureau of Information Resource Management : IRM）

最新の情報技術（ＩＴ）を提供し、効率的な外交政策を実現するのに役立てる。例えば、「オープン・ネット」と呼ばれる内部通信を使って、「ディプロペディア（Diplopedia）」と呼ばれる情報検索サイトを運用する。対外交渉の歴史や国際情勢の要点を掲載し、職員の業務に役立てる狙いで、２００６年に開設された。執筆者は登録制で、これまで1万本以上の記事が書かれた。

⑩管理戦略・解決事務所（Office of Management Strategy and Solutions : M/SS）

データを分析し、組織内部の管理戦略を策定する。

⑪医療業務局（Bureau of Medical Services : MED）

大使館や領事館に派遣された政府職員やその家族に健康保険を提供する。アメリカ政府とは無関係の海外のアメリカ市民は対象外となる。

⑫海外建造物運営局（Bureau of Overseas Buildings Operations : OBO）

海外の建造物について、議会とも連携しながら、不動産の取得・使用・売買、デザイン、メンテナンスなどを行う。２００1年以降、世界約１００か所の外交施設を刷新する計画を開始した。テロに備え、安全で強固な造りにするとともに、危険地でも機能的な業務を進める狙いがある。建設では、国内企業に発注することが多く、２００９年のアフリカ・ブルンジの大使館の建て替えでは、南部アラバマ州のカデル建設が、メキシコ北部モンテレイの領事館の建て替えでは、南部ミシシッピ州のイエーツ・デビルド社がそれぞれ受注した。その他、歴史的な外交施設の保全にも取り組んでいる。

パブリック・ディプロマシー・広報担当

文化プログラム、学術交流、教育交流、国際訪問プログラム、テロを糾弾する広告戦略、アメリカ市民への情報提供などを管轄する。1999年にアメリカ情報局が国務省に統合された際、局内の教育・文化交流部門が移管し、組織が拡大した。以下の2局を傘下に持つ。

①**教育・文化局**（Bureau of Educational and Cultural Affairs : ECA）

アメリカ市民とその他の国の人々との相互理解を促す。局内では、学術交流、市民交流、スポーツ交流、英語プログラム、世界教育プログラム、文化交流、文化遺産など様々な部門に分かれる。例えば、スポーツ交流では、2001年の米同時テロを受け、サッカーを通じた中東の若者との交流、フィギュアスケートのミシェル・クワンや、野球のケン・グリフィーらアメリカの優れたスポーツ選手を派遣する「スポーツ特使」、国外の若いアスリートや指導者をアメリカに招く事業などを行っている。文化交流では、大学映画ビデオ連盟（University Film and Video Association : UFVA）が、アメリカのドキュメンタリー映像約30本を編集しチェコ、ポーランド、イラク、ケニアなど世界約30か国で上映させた。また、２００９年にヒップホップの若いダンサーらを集めたイベントを企画するなど文化交流事業も行われた。文化遺産では、局内に「文化遺産センター」が設置され、２００１年には、世界の文化施設を保全するために資金を提供する「文化保存のための大使基金（Ambassadors Fund for Cultural Preservation : AFCP）」が創設され、これまで１００か国以上で、５００以上の文化遺産の保全に協力してきた。

②世界広報局（Bureau of Global Public Affairs : GPA）

アメリカ市民の対外報道機関、広報局（Bureau of Public Affairs : PA）と、大使館のパブリック・ディプロマシーを支援する国際情報プログラム局（Bureau of International Information Programs : IIP）が２０１９年5月に統合された。世界中のアメリカ市民に必要な情報を与えるとともに、諸外国にアメリカの外交政策を理解してもらうことを職務とする。次官補が事務作業を統括する。統合前の広報局は、デジタル部を設置し、ツイッター、フェイスブック、グーグルなどを通じて、世界に情報を発信した。例えば、ツイッターでは２０１３年までに、11言語で計２６０万人のフォロワーがいた。統合後もデジタル戦略は重要な広報手段となっている。

世界広報局の仕事で重要なのは、担当次官補が主催する定例記者会見である。国内外の記者を集め、外交政策を発表し、質問に答えるやり取りで、国務省の公式の見解を表明する場として注目を集める。通常は、職業外交官が会見を取り仕切るが、連日メディアに取り上げられるため、著名なメディア人を起用することもある。トランプ政権下の２０１７〜19年には、保守系のＦＯＸテレビで人気キャスターだったヘザー・ナウアートが抜擢された。朝のニュース番組「フォックス・アンド・フレンズ（Fox & Friends）」で司会を務めていた際、トランプ大統領の目に留まったとされる。会見の後には、会見者を取り囲み、さらに本音を聞き出そうとする囲み取材「ギャグル」が行われることがある。

（4）対外使節団

世界2位の施設数

他国や国際機関との関係維持のため、アメリカは世界中に外交・領事ポストを持つ。２０２３会計年度（２０２２年10月〜23年９月）における国務省の報告書によると、大使館や領事館などの使節団は世界１９５か国・地域で２７６か所に上る。オーストラリアの独立系の国際政策研究機関・ロウイー研究所が発表した「世界外交指標（Global Diplomacy Index）」によると、２０２１年のアメリカの対外施設数は２７２で、中国の２７５に次いで世界第2位だった。ちなみに、第3位はフランス（２６５）、第4位は日本（２４９）、第5位はトルコ（２４７）だった。

使節団長は、大統領の私的な代表である大使や総領事が務め、アメリカの外交政策について発言権を持つ。長官が全体的な調整と監督の責任を持つ。使節団の所在地は主に首都である。外交関係がなければ、利益代表部がその役割を担う。使節団には、国務省のほか、商務省、農業省、国防総省、司法省、中央情報局など他の省庁から派遣された職員も在籍し、彼らは赴任国政府のカウンターパートと人脈を築き、情報を収集する。使節団長がこうした職員をたばねる責任を負い、「国家チーム（country team）」が形成されるが、彼らの中には出身省庁から特別の任務を帯びており、使節団長が軽視される場合もある。国務省はそれぞれの役割について、以下のように説明している。

領事業務

アメリカ市民の生命とその財産を守る。具体的には、旅行などで所持金を減らしたアメリカ市民への緊急貸し付け、失踪したアメリカ市民の捜索、逮捕されたアメリカ市民との面会、紛失したパスポートの再発行、外国市民への査証（ビザ）発給、子供の誘拐の解決、不在者投票に関する情報提供、税務署類の提供など業務は多岐にわたる。

商業・経済・金融問題担当

アメリカ市民によるビジネスを支援し、以下の4分野で特別職員を持つ。

▽商務官――アメリカ市民に対し、現地との貿易、政府調達のプロセス、商慣行について情

報提供を行う。
▽経済官（財務官）――現地の投資環境や経済慣行を説明し、市場拡大のための交渉を行う。
▽資源担当官――石油やガスなど天然資源に関する情報を説明する。
▽金融アタシェ――金融政策、景気動向、マクロ経済の見通し分析する。

その他

▽農務官――アメリカ産農産物の輸出を促し、地元農業の状況を報告する。
▽政務官――政治状況を分析する。
▽労務官――国益のための労働政策を推進し、現地の労働法に関する情報を提供する。
▽防衛アタシェ――現地政府と防衛協力を推進し、防衛産業の仲介者としての役割を果たす。
▽行政官――人事、予算、財産、調達など通常業務の運営に責任を持つ。
▽情報管理官――機密でない情報システム、データベース、プログラミング、電話、ラジオの稼働に責任を持つ。
▽地域安全保障官――現地の治安に関する状況説明や脅威評価を行い、職員に対し、具体的な安全対策を提供する。
▽広報官――報道機関への情報提供や、現地住民へのアメリカ外交のＰＲを行う。

▽法務アタシェ――犯罪関連の業務にあたる。
▽移民担当官――外国生まれの市民がアメリカ入りする際の法律解釈や手続きを行う。

使節団には、駐在国の機密情報を収集する任務を帯びた職員も存在する。特に、冷戦時代、ソ連の内部情報を入手する外交官が存在し、一部はメディアにも流れた。

大使

国外使節団の団長に相当する。2023年2月14日現在で大使級ポストは193あり、このうち、空席が29、国務省の職業外交官出身が100、政治任命などそれ以外が64となっている。職業外交官の場合、省内で昇進し、上級職員になる必要があり、その中から大統領によって指名される。政治任命者の場合は、専門的訓練を受けていない場合が多く、指名公聴会で能力や適性を試される。

双方の割合は政権によって異なるが、最近の大使は、大統領と親しい有力者が指名されるケースが相次ぐ。中でも、大統領選での当選に貢献した人物や、選挙資金を多く集めた「バンドラー(束ね役)」と呼ばれる人物の起用が目立つ。例えば、オバマ政権下の2009~13年に駐イギリス大使となったルイス・ズースマンは、弁護士を経て、投資会社の役員を務め、オバマ選対に選挙資金を調達した。2009~11年に駐インド大使を務めたティム・ローマーは、インディアナ州選出の下院議員やワシントンの政策研究機関・国立政策センターの代表を歴任し、大統領選では予備選段階からオバマ支持に回り、地元での票集めに貢献した。

大使は、アメリカの全権委任として、駐在国首脳と直接やり取りすることが多いため、その外交手腕や外交交渉は国際情勢に大きな影響力を与える。駐在国の政府も、大使の言動を大統領の意思ととらえる傾向が強い。アメリカ経済の変化を掲げたクリントン政権時代、後に財務副長官を務める駐ドイツ大使のロバート・キミットは、大使がアメリカ製品のセールスの先頭に立つべきだと主張した。また、駐イラク大使のエイプリル・グラスピーは

国外赴任者のための家族雇用

国務省では、職員の家族に仕事を紹介する「家族雇用（Family Member Employment）」制度を実施している。国外に派遣される職員に帯同するため、配偶者が仕事を辞めるケースが相次ぐ。こうした場合、家族はキャリアを断たれるだけでなく、時間をもてあまし、海外生活にストレスを抱えることにもなる。この制度は、こうした職員の家族に仕事を紹介し、家計を助け、生きがいを持って日常生活を送ってもらう狙いがある。制度は、職員が勤務する在外公館での仕事、在外公館以外での仕事、アメリカ国内での仕事に分かれる。オンライン勤務が発達する中で、職員の赴任地に滞在しながら、オンラインで

国外赴任する職員の家族の雇用

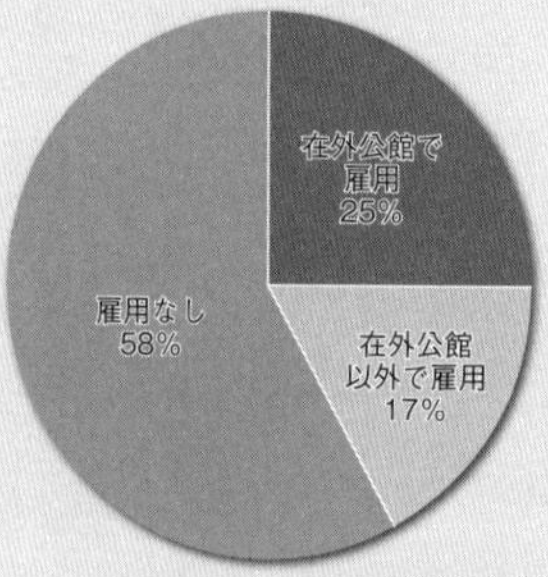

1990年7月、石油採掘問題から、クウェート国境で軍事圧力を強めるイラクのサダム・フセイン大統領と会談した。アメリカのメディアによると、グラスピーは会談で、H・W・ブッシュ大統領がイラクとの関係改善を求めていると主張した。フセインは、これを軍事行動への容認と受け取り、翌8月にクウェートに侵攻した。パウエルの「マイ・アメリカン・ジャーニー」によると、グラスビーはフセインと会談後、ワシントンに電報を打ち、イラクとクウェートの国境問題が解決するまで、「イラク批判を和らげる」ことを求め、ブッシュ大統領は「イラクとのより良い関係改善を求める」というメッセージをフセインに送った。グラ

アメリカ国内の仕事を請け負うことも可能だ。

2022年秋の統計によると、国外で勤務する職員の家族は1万2370人に上る。このうち、職員と同じ在外公館での雇用は3124人(25%)、在外公館以外での雇用が2095人(17%)、非雇用が7151人(58%)である。赴任地別(6地域)の帯同者をみると、最多は欧州・ユーラシアの3753人(30%)、最少は南・中央アジアの554人(4%)だったが、帯同者の雇用者の割合では、最多が南・中央アジア(60%)、最少が欧州・ユーラシア(37%)だった。危険な赴任地ほど、省を通じた雇用の割合が高まることが分かる。逆に言えば、雇用が限られるためでもある。

在福岡アメリカ領事館のシャンカー・ラオ領事は、パキスタンの在カラチ総領事館に勤務していた当時、修士号を持つ妻も総領事館経済部に勤務していた。妻は福岡で、オンラインでワシントンの仕事をこなしている。ラオは「国務省は家族の事情に柔軟に対応してくれる」と話した。

シャンカー・ラオ領事

スピーは会談で、クウェート侵攻に反対の意思を伝えたと反論したが、その宥和的な態度が湾岸戦争のきっかけを作ったと批判された。

とはいえ、大使は、ワシントンからの詳細な指示や合意なしにはアメリカの立場を交渉したり伝えたりすることは困難だ。駐日大使だったグルーは１９４１年8月、豊田貞次郎外相から、ルーズベルト大統領との直接会談で日米関係の改善を図りたいという近衛首相の意向を伝えられ、翌9月、その経緯を国務省に伝えた。しかし、グルーは著書で、「私としては当大使館の立場から見ているので、私の意見は大統領と（国務長官の）ハル氏の、より高い場所に立っての視野」とは異なる点を明記している。

一方、第三国の大使は危険が伴う。アフガニスタンの首都カブールでは１９９４年2月、アドルフ・ダブス大使が通勤中に武装グループに拉致され、解放条件として、仲間の釈放を要求された。当局が解放作戦に乗り出した際、大使は銃弾を受けて死亡した。

また、大使は駐在国に赴任するだけでなく、任務に応じたポストでもある。H・W・ブッシュ政権は１９８９年、責任分担担当の特別大使（special ambassador for burden-sharing）ポストを新設し、政治軍事担当の国務次官補を務めたアレン・ホームズを指名した。冷戦終結後の国際社会において、同盟国・友好国と責任を分担する狙いがある。

国連大使

大使の中でも別格なのが国連大使である。ニューヨークで１９４７年に創設された国連アメリカ代表部（U.S. Mission to the United Nations）を率いる。国連外交を統括する花形ポストであり、著名な政治家や有能な外交官が任命されることが多い。その重責から、レーガン、クリントン、オバマ政権時代には閣僚級となり、ホワイトハウスでの閣議に出席した。

歴代大使には個性を持った様々な人材が就任した。H・W・ブッシュ（任１９７１～73年）、オルブライト（任１９９３～97年）、ジョン・ボルトン[注]（任２００５～06年）らがその代表格だ。オルブライトは１９９２年、民主党大統領候補のマイケル・デュカキスの選挙キャンペーンで、クリントンと出会った。クリントンは「知的な明快さと粘り強さに感銘を受け、今後も連絡を絶やすまいと決めた」といい、この人脈が大使就任につながった。クリントンは、オルブライトの

スーザン・ライス

国連大使指名で、閣僚級に引き上げた。ボルトンは、国務次官補（国際組織担当）や国務次官（軍備管理・国際安全保障担当）を務めた後、議会休会中に国連大使に指名された。しかし、イラク戦争を支持し、自由や民主主義の普及のため、武力介入も辞さない姿勢から「ネオコン（ネオコンサバティズム＝新保守主義）」と呼ばれ、上院の承認を得られず、辞任に追い込まれた。

イスラム教徒が国連大使を務めたこともある。W・ブッ

シュ政権下の2007〜09年に在職したザルメイ・ハリルザドは、アフガニスタン生まれでイスラム教スンニ派に属する。レバノンのベイルート・アメリカン大学を卒業後、アメリカに渡り、シカゴ大学で政治学の博士号を取得した。1985年に国務省に入ると、ソ連が侵攻したアフガン問題に対応する政策顧問として活躍し、著名な研究機関・ランド研究所の幹部も務めた。2003年以降、アフガニスタン大使やイラク大使を歴任した後、国連大使に抜擢された。

一方、国連大使が長官と確執を抱えることもある。政権によっては、大使が閣僚メンバーとなり、国務省の立場を代弁する者が2人存在してしまったり、大統領に指名される国連大使が、大統領との関係をてこに長官を軽視したりするためだ。例えば、トランプ政権では、ティラーソン長官とニッキー・ヘイリー国連大使との関係が冷却化した。国務省は

（注）ボルトンは2009年10月、ワシントンで筆者のインタビューに応じたことがある。当時は、北朝鮮が弾道ミサイルの発射実験を行う一方で、ウラン濃縮の停止を表明し、硬軟両様の出方にその解釈が分かれていた。ボルトンは「ネオコン」の論客として、非核化について、「北朝鮮がウラン濃縮を放棄することはない」と明言した。核兵器計画を自ら停止することもない」と明言した。北朝鮮との交渉については、「彼らの言うことを額面通りに信じることはない」と述べ、米朝による二国間協議についても、「誤りだ」と断言した。北朝鮮とイランとの関係については、「弾道ミサイル開発で広範な協力関係にある」とし、「それは、核弾頭を運搬するシステムの開発にほかならない」と話した。北朝鮮の対話路線を信頼せず、圧力による非核化に軸を置く姿勢は、「ネオコン」の主張をほうふつとさせるものだった。

2018年8月末、国連パレスチナ難民救済事業機関（United Nations Relief and Works Agency for Palestine Refugees in the Near East：UNRWA）への支援停止を発表した。この方針については、「UNRWAは腐敗した組織だ」と主張するヘイリーが主導したと伝えられる一方、ティラーソンは政策決定に際し、蚊帳の外に置かれたという。トランプの娘婿、ジャレッド・クシュナーが、ヘイリーを国務長官にしようと画策していたとも言われ、ティラーソンとの対立をあおったようだ。

（5）関連組織

アメリカ国際開発庁（United States Agency for International Development：USAID）

1961年、ケネディ政権下で成立した対外援助法に基づき、大統領令によって創設された組織で、非軍事の対外援助を主導する。狙いは、途上国の貧困を削減し、成長と民主化を実現することである。ケネディは援助について、「自由な国家の中で、賢明な指導者と良き隣人が行う道徳的な義務」と位置付けている。当初は、食糧、医療、教育など基本的なサービスを提供することに主眼があったが、1980年代以降は、自由経済の発展と成長を重視し、対象国のマクロ政策にも関与することになった。さらに、21世紀に入ると、戦争で荒廃した国々の復興や民主主義の普及にも取り組むことになった。これまで100か国以上で活動を行い、職員は約4000人に上る。

中核になる部局として、食糧供給、人道支援、紛争予防、民主主義の普及、健康がある。また、アフリカ、アジア、欧州・ユーラシア、中東、中南米・カリブ海の5地域に事務所を置いている。トップの行政官（administrator）には、国務省など省庁幹部や研究機関の出身者のほか、大統領と近い人物も就任する。連邦政府の中で独立した一組織だが、対外援助は外交政策と密接に関係するため、国務省の関連組織として位置付けられている。

時代の変化に伴い、改革の対象となってきた。例えば、W・ブッシュ政権のライス長官は、USAIDと国務省の開発政策が類似しているとして、双方を統合する予算を提案した。

アメリカ外務協会（American Foreign Service Association：AFSA）
外交官を支援する独立団体として1924年に設立された組織だ。ワシントンに本部を置く。国務省や国際開発庁など関連組織の職員（現役・退役）の計約1万7000人が加入している。国務省の外務職員の加入率は8割に上る。アメリカ市民に外交の役割や重要性を知ってもらうことも任務とする。例えば、「大使館の内部（Inside a U.S. Embassy）」という冊子を発行し、1日の時間軸に沿って、外交官の仕事を紹介しながら、大使館や領事館の業務を広報している。

第4章 外交の現場

（1）政策決定

トップダウンとボトムアップ

冒頭で言及したように、外交政策を決定するのは大統領である。憲法第2章2条2項は、執行権を持つ大統領の権限として、条約締結、大使その他の外交使節および領事の指名を明記し、同3条は「大使その他の外交使節を接受する」と規定した。国務省はあくまでも大統領の執行権を補佐する機関であるという位置付けだ。国務省独自の外交政策は存在せず、あくまでも、大統領が委任する範囲内で執行権を代理行使するに過ぎない。大統領の外交目標を実現するのに尽力するのが国務省の役割である。イラク戦争を巡り、ブッシュと意見が食い違ったパウエルは退任前、「国民が選んだ大統領が政策を決める。私は大統領に助言を行うが、その結果によらず、大統領の決断を実行に移す」と語っていた。

特に、首脳間で合意した場合、長官やスタッフはその実現を迫られる。冷戦末期の米ソ軍縮交渉では、首脳間の合意を受け、軍縮交渉担当特命全権大使のリチャード・バートが中距離核戦力交渉に臨み、1987年に米ソ間のINF全廃条約につながった。

しかし、大統領が外交に関心を持つとは限らない。特に、政権の課題が内政に集中すれば、外交は国務省に委ねられる。また、大統領が外交の専門家であることは極めて異例だ。外交経験のないまま大統領に就任するケースも珍しくない。また、こうした場合には、大統領は国務長官の政策提言を頼りにする。ここに国務省が政策を立案・実行する余地が生まれる。例えば、クリントン大統領は当初、経済再建に関心を寄せ、外交には消極的だった。1993年2月の議会での施政方針演説では、外交問題にほとんど触れなかった。H・W・ブッシュ前大統領が再選できなかったのは、外交に積極的になり、国内問題への取り組みがおろそかになったためだとみていたのだろう。

国務省での政策決定プロセスは、長官ら幹部の意向や仕事のスタイル、さらに国際情勢に左右されるため、定型はあり得ない。組織図（84、85ページ参照）をみれば、各地域や各専門部局の担当者が、自ら入手した情報や分析を次官補に伝え、それが次官、長官というルートで伝達されることが分かる。次官・次官補クラスが各地域や分野の政策を立案し、その判断を上司に仰ぐ。代表的な例が、ケネディ政権のラスク長官だ。ラスクは、一般的な課題については、部下が処理することを求め、重要課題については、政策の選択肢を提示させ、そのうちの1つを選ぶスタイルをとった。クリントン政権では、各地域の問題について、省内の各国・地域の担当者の声を聞き、ボトムアップで政策を進めた。例えば、東アジア・太平洋担当の次官補、ウィンストン・ロードが１９９４年、クリストファー長官に対し、クリントン外交がアジアで対米不信を招いていると警告する書簡を送った。書簡は、制裁を伴う高圧的な政策に日本や中国で不満が出ている点を挙げた。

一方で、長官自ら主導権を発揮しようとする場合もある。W・ブッシュ政権のライス長官は、「変革外交（Transformational diplomacy）」を掲げ、イラクやアフガニスタンの民主化、大量破壊兵器の拡散防止、イランや北朝鮮との外交交渉を推進した。ブッシュとの関係が良好であることから、「自由な世界の拡大」を目指す大統領の理念の具体化とも言える。ライスは元々、国務省の政策決定プロセスに否定的で、回顧録では「いかにも官僚的なピラミッド型組織」とし、実例として、「たった一枚の政策文書を作るだけでも、何人もの人々や、いくつもの部署の承認を得なければならなかった」と批判している。このため、ライスは文書を書いた担当者から直接説明を聞くようにした。

また、国務省は長期的な政策を策定している。１９９７年10月に発表された「戦略計画」は、各部局の責任者ら25人を集めて策定チームを作り、５年以上の目標として、７分野で16の戦略目標を定めた。元々は議会が政府に報告の提出を求めたもので、国務省が主導した。最終的に長官が承認した。７分野の具体的な目標は以下の通りである。

①**国家安全保障**　（例）アメリカや同盟国に脅威を与える大量破壊兵器や通常兵器の排除
②**経済的繁栄**　（例）商品・サービス・資本の流入を自由化するため、外国市場の開放
③**アメリカ市民と国境**　（例）国外でアメリカ市民を安全に移動・滞在させる能力の向上
④**法執行**　（例）国際犯罪が国益とアメリカ市民に与える影響の軽減
⑤**民主主義**　（例）民主的慣行や人権尊重に対する外国政府の順守
⑥**人道的適応**　（例）紛争や自然災害の人的損失の軽減
⑦**世界規模の問題**　（例）環境破壊を防ぎ、持続可能な地球環境の確保

別の長期戦略では、２０１０年に、４年おきの外交・開発計画見直し（ＱＤＤＲ）が策定された。国防総省の４年おきの国防計画見直し（Quadrennial Defense Review：QDR）を参考に、国務省とアメリカ国際開発庁の４年おきの戦略を定めたものである。ブッシュ政権時代に、対外政策が軍事主体で、外交が軽視され、様々な支障を来したことを改める狙いがある。クリントン長官は２００９年7月、ＱＤＤＲについて「外交上の目標を獲得し、我々の価値観と利益を広げるための青写真だ」と説明した。長官の指揮下で、ルー副長官やスローター政策企画室長が音頭を取り、専属の職員12人が各部局と連携して実務に携わった。基本方針は、国際協力、スマートパワー、強い社会、紛争予防、人材開発の5点だ。ルーはＱＤＤＲの公表に際し、「対外政策の目

標は、開発戦略を反映していなければならない」と述べ、外交と開発の両にらみで取り組む方針を示した。これを受け、テロや資源獲得に対応する部局を設置したり、サイバー攻撃対策を担当する調整官を配置したりした。

複数の省庁にまたがる懸案では、国務省が統括する時がある。レーガン政権における戦略核兵器の軍備管理政策では、国務次官補クラスが議長となり、関係省庁グループが設置された。国務省からは、軍備管理部門と西欧部門の担当者が参加し、週2～3回のペースで会議が開かれ、米ソ間の交渉議題を分析・研究した。関係省庁グループは、これに基づき、複数の政策の選択肢を取りまとめた。この結果は、国務長官の名前で関係省庁の幹部に送付された。

一方で、外務職員には国家政策に反対の意見を述べる機会が与えられている。職員に政府の政策に対する批判を求める「ディセント・チャンネル（Dissent channel）」である。ベトナム戦争で職員から反戦の声が相次いだが、省としてこれを抑え込むことができなかった反省が背景にある。ニクソン政権下でロジャーズ長官が１９７１年に導入し、ある職員が行う政策批判に対し、どれだけの賛同者が集まるのかが政策への不満度を示す指標となる。批判に賛同しても人事的な報復を受けないとのルールがある。批判の結果は、政策決定に関与する高官に伝えられ、返信を受ける仕組みになっている。２０１６年６月には、国務省職員ら51人がオバマ政権のシリア政策を批判する内部文書に署名したことが明らかになった。バッシャール・アサド政権が反体制派を弾圧し、難民が流出する事態にオバマ政権が有効策を示せない点を問題視し、アサド政権に対する限定的な空爆を主張した。これもこのチャンネルを利用し、賛同者を集めたものだった。これまでで最も批判の人数が多かったのは、2017年に主にイスラム諸国からの移民を規制したトランプ大統領の大統領令だった。大統領令に反対の署名を行った職員は約1000人に上った。

このチャンネルは、国務省の政策決定に寄与する反面、ホワイトハウスとの確執を生む一因にもなった。2003年のイラク戦争では、国務省内で米軍のイラク侵攻に反対する意見が相次ぎ、パウエル長官が政権内で孤立する一因にもなった。政策に抗議して辞任するケースもある。在アテネ大使館に勤務していたジョン・ブレイディー・キースリング参事官や、ロシアや東欧に長年赴任したジョン・ブラウンは、イラク戦争に抗議して辞任した。キースリングはメディアに対し、イラク戦争について、「アメリカの国益にならない」と批判し、ブラウンは「自らの良心に鑑みて、イラクに対するブッシュ大統領の戦争を支持できない」との書簡をパウエル長官に送った。

以上の国務省の政策決定に影響する要素の一つは、外務職員の経歴である。1905年に外交官採用で競争試験が導入されて以降、東部の有名大学を卒業し、法曹界や金融業界で活躍したエリートが出世し、やがて幹部として国務省の政策を担うようになった。彼らは、リベラルで国際協調を重んじる傾向が強く、国務省は共和党よりも民主党支持者が多くなったと言われている。このため、共和党の大統領に対する政策への反発が強くなる。

報告書の作成

国務省は定期的に様々な報告書を作成し、場合によってはこれを公表している。テーマに関する国外の状況を把握し、自らの政策策定に生かす狙いがある。ここでは主な報告書のみを紹介する。

①国連における投票習慣（Voting Practices in the United Nations）

法律に基づき、1984年以降、国連総会と国連安全保障理事会における各国・地域の投票行動を探り、議会に毎年提出している。賛成、反対、棄権の投票行動でアメリカと一致した割合を各国・地域ごとに数値化している。議員はこうした投票行動に基づき、各国・地域の外交政策の予算支出の判断材料にする。アメリカとの一致度をみると、歴代政権の対外政策の影響が出ている。1990年以降の統計でみると、最多は、国際協調を掲げたクリントン時代の1996年の45％だ。「一国主義」が目立ったW・ブッシュ時代に徐々に下がり、2007年に最低の23％まで下がった。オバマ時代に上昇基調となり、2016年には41％まで持ち直したが、「アメリカ第一主義」で国際機関を軽視したトランプ時代には30％台前半で推移した。

②国別人権報告書（Country Reports on Human Rights Practices）

国務省にとって人権問題は外交上の重要な課題である。その解決のために、毎年発行しているのが、世界の人権状況に関する報告書だ。各国・地域の大使館・領事館が、各国政府、国際機関、非政府系の団体などから情報を集め、人権侵害の実例や政府・行政の取り組みを評価したものだ。見方については、2009年に、カレン・スチュアート国務次官補代理（民主主義・人権・労働問題担当）が「最も深刻な人権侵害が起こるのは、責任を取らない支配者が監視を受けずに権力を行使していたり、政府が破綻していたり、腐敗していたりする国だ」と指摘したように、独裁国家や「ならず者国家（Rogue State）」に目を光らせる。報告書は先進国も対象としており、日本についても、「アジアや中南米の女性が取引されている」（2004年）との指摘があった。

国務省の人権の取り組みは時の政権に左右される。キッシンジャー長官は、中南米の左翼活動家を弾圧する軍政を支援した。ニクソン、フォード両政権の下では、国益と資本主義経済が重視され、人権の優先順位が低かった。これに対し、カーター政権下のバンス長官は1977年2月、人権侵害が目立つ国に対して援助を減額する方針を示した。カーター大統領の「人権外交」を具体化させたものだ。

ラビア・カーディル

国務省は女性の人権状況についても注目している。1999年に出版された『世界女性人権白書　なぐられる女たち』は、女性に対する暴力の実態を詳述した。日本に関する記述もあり、1995年に北京で開催された国連世界女性会議で、親密なパートナー（夫や恋人）から身体的に暴行されたことのある成人女性の割合が日本は59％に上り、先進国の中でも有数の高さであることが分かった。

近年では特に中国での人権状況が注目を集める。１９８９年の天安門事件のほか、西部・新疆ウイグル自治区でウイグル族の政治教化など少数派の人権侵害を非難している。アメリカ国内では人権指導者ラビア・カーディルが対中批判を強めている。

③国別テロ報告書（Country reports on terrorism）

１９８５年に公開された報告書「グローバル・テロのパターン（Patterns of Global Terrorism）」を２００５年に継承し、法律に基づき、長官が毎年議会に提出することを義務付けている。この報告書の内容を基に、国務長官は、テロ組織を支援したり、テロ関連の活動に関与したりした国を「テロ支援国家（State Sponsors of Terrorism）」に指定している。指定されると経済支援の凍結や軍事援助の停止といった措置を取ることが可能となり、当該国は「ならず者国家」などと呼ばれる。大韓航空機爆破事件（１９８７年）を受け、国務省は１９８８年、北朝鮮を「テロ支援国家」に指定した。だが、過去半年間にテロ支援に関与せず、将来もその可能性がない場合、それを議会に通告して45日間たてば、大統領令で

国務省で2008年度の国別テロ報告書の中身を説明する担当官

指定解除が可能となる。例えば、キューバは1982年、コロンビアの左翼ゲリラ・コロンビア革命軍（FARC）といった組織を支援したことから、テロ支援国家に指定された。だが、アメリカとキューバの国交正常化交渉を受け、国務省がオバマ大統領に解除を勧告し、議会もこれを認め、2015年に解除された。

④国際麻薬管理戦略（International Narcotics Control Strategy）

1961年の外国支援法（Foreign Assistance Act）に基づき、国際的な麻薬取引の防止、化学物質の規制、マネーロンダリング対策について国・地域ごとの現況と取り組みを盛り込み、議会に提出している。これまでは、コロンビアやメキシコからアメリカに渡る麻薬の流入ルートや、外貨獲得の手段としている北朝鮮の麻薬取引が注目を集めた。

⑤地球を安全に歩くために（To Walk the Earth in Safety）

地雷に関する報告書で、軍備管理・国際安全保障担当次官が管轄する政治軍事局の兵器撤去削減事務所（Office of Weapons Removal and Abatement）が担当し、各国・地域ごとに地雷や爆弾の設置状況や被害を網羅している。2021年の報告書によると、アメリカ政府全体で、地雷除去など通常兵器の破壊活動に40億ドルの資金を提供し、世界最多の拠出額となっている。2020年の主な活動を挙げると、レバノンのベイルート港で8月に起こった爆破事故を受け、危険物や武器の正しい管理方法を伝えた。コロンビアでは、内戦の負傷者らの社会復帰を進めるプログラムを導入した。この報告書によると、国務省は1993年以降、投入予算の約7割にあたる29億ドル分の活動に関わった。内訳をみると、テロリストに渡る可能性がある携帯式防空ミサイルシステム（Man-portable air-defense systems : MANPADS）など中小型武器の破壊、爆発性戦争残存物（Explosive Remnants of War : ERW）の除去といった活動に充てられた。

不祥事・セキュリティ対策

政策実施や業務運営の過程で、様々な疑惑やスキャンダルも存在する。1992年の大統領選では、民主党候補のクリントンが、ベトナム戦争で徴兵忌避のため、市民権放棄を検討したのか否かを確認するため、国務省職員がクリントンのパスポート情報を調べていたことが発覚し、降格処分となった。H・W・ブッシュ政権のホワイトハウスからの圧力を受けたとみられ、9月30日と10月1日に調査が行われた。監察総監室のシャーマン・ファンク総監は、調査の結果、「政治的動機に基づいた調査だった」と断定した。その上で、ホワイトハウスが「クリントンに有害な情報を入手し、大統領選の結果に影響を与えることを望んだことは明らか」としたが、調査を促したとの証拠はなかったとした。調査の顛末《てんまつ》は以下の通りだ。エリザベス・タンポシ国務次官補（領事担当）が9月30日夜、ホワイトハウスのベーカー首席補佐官の側近、タトワイラーに電話した。ファンクによると、ホワイトハウスの政治局長（director of political affairs）、ジャネット・ムランが、たまたまタトワイラーの事務所にいた。タトワイラーは、タンポシと話したくないと言い、ムランにはクリントンの資料に関与するのは適切ではないと伝えた。タンポシの圧力を受け、パスポート事務所の所長代理（Acting Director of Passport Office）のカルメン・ディプラシドが、一線を越え、政治的動機に基づく調査を行った。ベーカーが関与したとの証拠はなかったが、国務副長官のイーグルバーガーの指揮だったとみられた。パスポートについては、２００８年の大統領選でも、国務省職員が、民主党の指名候補だったオバマ上院議員や、共和党候補のジョン・マケイン上院議員のパスポート情報を不正に取得していたことが明らかになっている。

安全管理の不徹底も指摘された。１９９８年のケニアとタンザニアにおけるアメリカ大使館爆破事件を受け、国務省は、ウィリアム・クロウ元統合参謀本部議長をトップとする調査委員会を設置した。委員会は省に対し、「制度的な失敗」を指摘し、今後10年間で、安全対策に年間14億ドルを要求するように勧告した。勧告によると、ケニアの大使館で多くの職員が死亡したのは、テロ攻撃への対処法について訓練を受けていなかった。これに対し、オルブライト長官は「私はこの責任を受け入れる」と述べ、改善を約束した。予算については、議会は国務省に削減を求めてきた経緯がある。国務省によると、通りから少なくとも１００フィート（約30メートル）離れた場所に作るという基準を満たしていない外交施設は9割近くに達した。

また、内部情報告発サイト「ウィキリークス」は２０１０年、ワシントンの国務省と世界各地の在外公館がやり取りした外交文書を次々に公開した。入手された情報の総数は25万件に及ぶ。同盟国の首脳を批判し、中国など競争相手国との非公式な情報交換を暴露する公電や書簡が含まれており、アメリカ政府は犯人の特定に乗り出した。国務省のデータベースにつながる国防総省のシステムに入り、盗み出したとしてブラッドリー・マニング陸軍上等兵の関与が浮上し、7月に起訴された。SIPRNetと呼ばれる情報システムの共有は、2001年の同時テロを受け、省庁間の連携を強める狙いで導入されたが、このシステムに入れる要員は数十万人に上るとされ、この公開性がスキャンダルの一因になったようだ。国務省はSIPRNetから離脱した。

このほか、電子空間におけるトラブルとしては、2006年にハッカー集団により、コンピューター・システムが破壊された疑惑が報告され、特に東アジア・太平洋局の被害が深刻だったという。2014年11月にも、ハッカーによる電子メールの盗難が起こり、メールシステムを停止したことがある。

(2) 大統領との関係

大統領と国務長官

国務省や国務長官が政策を実行する上で重要なのが、前述した大統領との関係である。ブレジンスキーは著書で、「外交政策ほど、栄光と威厳と大統領の権力を強く感じる分野はない」と指摘しており、国務長官はここで微妙な政治手腕を問われる。長官と大統領の関係は、外交的な実績にも関連する。以下のランク付けの内容は、北見工業大学の査読論文集『人間科学研究』（16号、2023年3月）に掲載された。

政治専門の米ケーブルテレビ「C－SPAN」は2000年以降、4回に分けて、歴史家や大学教授らに対し、歴代大統領の国際関係に関する成果を評価してもらっている。10点満点で採点し、その平均値を100点満点でランキングするもので、直近の2021年の調査では、前回2017年より51人多い142人が参加した。専門家による外交政策のランク付けとしては継続的で大規模な調査と言える。

ホワイトハウス

その結果によると、第1位はフランクリン・ルーズベルト、第2位はワシントン、第3位はリンカーンで、最下位はジェームズ・ブキャナンだった。第2次世界大戦後に国家安全保障会議が創設されたことを踏まえ、ランキングを戦後の大統領に絞ると、左図の掲載の結果となった。なお、この調査では、国際関係に関する項目以外に、指導力、経済運営、道徳的権威など9項目も聞いているため、全10項目の総合評価での順位（表の右端）は、国際関係のみのランキングとは異なっている。

1位のアイゼンハワーは大統領に就任した1953年1月、ダレスを国務長官に任命した。ダ

第2次世界大戦後の国際関係（外交）での大統領ランキング（2021年）

順位	大統領	得点（満点100）	総合順位（外交も含め、計10項目で計算）
1	ドワイト・アイゼンハワー	78.5	1
2	ハリー・トルーマン	78.3	2
3	ジョージ・H・W・ブッシュ	74.7	8
4	ロナルド・レーガン	73.8	4
5	リチャード・ニクソン	68.7	12
6	ジョン・F・ケネディ	65.7	3
7	ビル・クリントン	58.7	7
8	バラク・オバマ	56.7	5
9	ジェラルド・フォード	52.8	10
10	ジミー・カーター	50.0	9
11	ジョージ・W・ブッシュ	42.2	11
12	リンドン・ジョンソン	39.7	6
13	ドナルド・トランプ	33.3	13

レスは以後、健康悪化で辞任するまで、6年3か月、任期を務めた。ニクソンとフォードの下で国務長官だったキッシンジャーは「一貫性のある外交が実現するのは、大統領と国務長官が信頼を築く時だけだ」とした上で、その好例として、アイゼンハワーとダレス、トルーマンとアチソンを挙げた。この時代の外交は、共産主義の封じ込めに主眼が置かれ、その方策として、他国と安全保障協定を結ぶことで、アイゼンハワーとダレスの見解は一致していた。ダレスとアイゼンハワーは頻繁に接し、強い友情関係を指摘する声もあった。アイゼンハワーはダレスを「フォスター」とファーストネームで呼び、一日の仕事が終わる午後6時ごろ、ダレスがアイゼンハワーの執務室を

訪れ、椅子にもたれ、リラックスした雰囲気で「眼前に展開している世界のドラマについて話し合った」という。ダレスは1954年1月、国家安全保障政策の基本として、攻撃されれば即座に大規模反撃を行う「大規模報復戦略（Massive Retaliation Strategy）」を発表した。アイゼンハワーが承認し、国家安全保障会議で正式決定されたものだった。後の核抑止戦略の原型となった重要発表をダレスが行ったことは、政権内における影響力の大きさを示している。キッシンジャーはその背景として、「国務長官が、効率よく仕事ができるかどうかは、大統領がどういう人なのかを知ることに左右される。そういう意味で、ダレスはアイゼンハワーを理解していた」と指摘した。

2位のトルーマンが2期目の国務長官に指名したのは、国務次官のアチソンだった。この時代は、ソ連への脅威に対抗する外交が主眼であり、米ソの代理戦争とも言われた朝鮮戦争に対応した。キッシンジャーが指摘した2人の信頼関係は、アチソンが、最終決定は大統領が下すというトルーマンの考え方を理解し、大統領の質問に迅速かつ明快に答えたことで強固になった。アチソンは毎朝、懸案地域を担当する次官補クラスと意見交換する会議を開き、貴重な情報源となったが、この重要な中身をトルーマンに報告することを忘れなかった。トルーマンは退任後、「アチソンと対立していると言われたことはなかった」と振り返るほどだった。

3位のH・W・ブッシュについては、国際政治学者のジョセフ・ナイが、第2次世界大戦後に外交政策で最も成功した大統領と評価している。経済失政で支持率を落とし、再選できなかったが、ナイはその外交政策について、「戦禍をもたらさずに冷戦を終結させた」だけでなく、「国連安保理決議を通じて国連部隊を編成し、クウェートに侵攻したサダム・フセインを撤退させた」と強調した。この決議とは、1990年11月に国連安保理が採択した678号を指す。この年の8月にクウェートに侵攻したイラクに無条件撤退を要求し、イラクが期限を守らなかった場合、国連加盟国に武力行使を認める内容だった。この決議採択のため、大統領の意を得て、世界主要国を訪れ、決議への賛同や多国籍軍への参加を呼び掛けたのが国務長官のベーカーだった。ベーカーは長官に指名された後、タイム誌のインタビューを受け、ホワイトハウスでは国務省の代弁者とならず、国務省でも大統領の部下に徹するとの考えを示した。国務省内の意見を代弁し、しばしば大統領と対立してきた過去の国務長官の失敗を自戒したものである。ベーカーは、大統領に忠誠を尽くす姿勢を示し、ブッシュの信頼を勝ち得た。世論調査でブッシュの再選が危うくなった1992年8月、ベーカーは国務省からホワイトハウスに移され、ブッシュ選対の指揮を執るほどの信頼を得ていた。

4位のレーガンは、最初の長官ヘイグとの関係がぎくしゃくしているとみられてきた。1981年3月のレーガン暗殺未遂事件後、ヘイグが「(大統領不在の政府を)私が統制している(I am in control here)」と発言し、権力欲があると受け取られたためだ。ただ、1982年7月にヘイグが辞任した際には、国防長官だったキャスパー・ワインバーガーとの不仲が指摘され、レーガンとの関係悪化が理由とは言えない。レーガンは、ヘイグの後任シュルツとは良好な関係を保った。シュルツは、レーガンと2人だけで週2回会談する機会を得たことで、他省庁の幹部に対し、国務省の存在感を示すことができた。しかし、戦略防衛構想（Strategic Defense Initiative：SDI）を軸とした核政策（1983年）、海兵隊のレバノン撤収（1984年）、イランへの武器供与（1886年）といった重要案件で、シュルツが中心的な役割を果たしたわけではなかった。長官との関係が外交に与える影響が見えない要因として、レーガンの政策決定プロセスへの無関心や、場当たり主義的な政策決定により、政府高官の間で主導権を巡る争いが起こった点が挙げられる。こうした点について、ヘドリック・スミスは著書『パワー・ゲーム』で、「官僚の部族戦争」と呼んだ。「大きな官僚派閥が自分たちの政策領域を守るため、名誉、利益、忠誠、嫉妬などによって組織上の衝突を引き起こす」と説明した。

5位のニクソンは元々、国務省を嫌っていたと言われる。アイゼンハワー政権で副大統領だった当時、対外政策の問い合わせで無視され、国益よりも省益を重視する肥大化した官僚機構という印象を抱いていたようだ。実際、変化する国際情勢に迅速に対応できないという構造的な問題が指摘されていた。ホワイトハウスが対外政策の主導権を握り、ロジャーズ長官が実力を発揮できなかったのは、こうした背景があった。国家安全保障担当大統領補佐官となったキッシンジャーによると、ニクソンは国務省のリベラルな外交政策を信用しておらず、国務省には大統領の政策を追認することだけを期待した。国務長官には当初、駐日大使も務めたベテラン外交官のロバート・マーフィーに依頼したが、断られたため、旧知のロジャーズを指名した。ロジャーズ

良質のロマンスを、あなたに　ライムブックス

全米ロマンス界注目作家の初邦訳作品！

恋の旅に出るなら伯爵と

サラ・アダムズ／岸川由美訳

詐欺師の一味として生きてきた孤児のローズ。放蕩者の貴族を
たな標的にしたが誤ってカーヴァー伯爵邸におしかけてしまう
田舎に帰るところだった伯爵は、ローズを旅の道連れにし、婚
者のふりをさせようとひらめいて…　文庫判・1350円（税別

ISBN978-4-562-06553-0

ヨーロッパ文化と物語の祖型、ファンタジーの源泉

［ヴィジュアル版］ギリシア神話物語百科

マーティン・J・ドハティ／岡本千晶訳

アフロディーテ、ヘラ、ゼウスからミノタウロ
オリオン、キメラまで、有名な神々、女神、英
怪物、巨人などを180点のカラー図版により解
ヨーロッパ世界の文化・教養の基礎となる物語を
かりやすくガイドする。

A5判・3400円（税別）ISBN978-4-562-072

12星座と4エレメントが加わったルネサンスの叡智のデッキ

ミンキアーテ・タロット

ルネサンス時代に生まれたもう一つのタロット全97

ブライアン・ウィリアムズ／鏡リュウジ監訳、美修かおり

タロットファン必携の、ルネサンス期にフィレンツェで
行されたタロットのリニューアル版カードと解説書のセ
ト。伝統的なデッキに占星術のモチーフが用いられたカ
ドが加わった97枚は、イメージをより豊かに表現す

四六判・4800円（税別）ISBN978-4-562-072

ホロスコープ作成ツールの変化に対応、より便利に

鏡リュウジの占星術の教科書Ⅰ　第2

自分を知る編

鏡リュウジ

鏡リュウジ流の西洋占星術のメソッドを基礎から徹底解説。
的な占星術ポータルサイトを使用したホロスコープを作成す
法を改めて詳解。ネイタルチャート（出生図）に表れる、性格、心
人生の目的を読み解けます。2018年12月刊のリニューアル版

A5判・2200円（税別）ISBN978-4-562-072

雑な歴史背景を理解し、現代世界をより深く知るために

世界の移民歴史図鑑

フィリップ・パーカー／本村凌二日本版監修／小林朋則訳

5万年以上前のアフリカ出発、大陸の横断、海の移動、帝国の拡大、迫害と追放、交易など、人類の移動がどのように歴史を形成してきたのか、６つの年代ごとに470点あまりの写真や図版、移動ルートを示す地図を用いて解説する。索引付き。

B４変型判（287 × 241mm）・5800 円（税別） ISBN978-4-562-07233-0

とぎ話からチャップブックまで3500項目収録の名著の最新版!!

新版 オックスフォード
世界児童文学百科

ダニエル・ハーン／白井澄子、西村醇子、水間千恵監訳

1983 年の初版から、総合的に改訂、更新。900 を超える新しい項目で、最新の情報を網羅している。新しい作家や挿絵画家が紹介され、マンガ、ファンフィクション、非印刷物出版などの開発についての記事と、賞や受賞者に関する追加情報を加えた全面改訂版。

A５判・12000 円（税別）
ISBN978-4-562-07249-1

は司法長官を務めたが、外交的な経験はなかった。キッシンジャーは「外交政策に無知であることを理由に国務長官に指名された人はほとんどいない」と皮肉った。ニクソンが1969年2月に対中政策の転換の検討を指示したのは、ロジャーズではなく、キッシンジャーだったこともうなずける。

キッシンジャーが国務省を見る目は、ニクソンとさほど変わらなかった。ロジャーズの辞任を受け、1973年に国務長官になった時、省外から側近を集め、長期戦略の立案や政策分析の策定にあたらせた。有能な部下に高いレベルの仕事を求め、無能な部下を切り捨てるやり方に対し、省内の長官評は芳しくなかったが、ニクソンの辞任後に副大統領から昇格したフォードは、キッシンジャーを長官に在任させた。共和党下院院内総務出身のフォードは、外交政策に長けておらず、キッシンジャーのような国益を重視する側近の助言を必要としたためだ。

6位のケネディは、長官のラスクを軽視する場面が目立った。ベトナム和平への対応で、ラスクよりも国防長官のロバート・マクナマラの助言を重視した。ラスクはそもそも、国家安全保障会議で自分の意見を強く主張するタイプではなく、会議後に大統領に直接意見を伝えるというスタイルだった。しかし、この性格は、優柔不断と受け取られ、ケネディが次官補クラスと直接接触し、政策決定を行う場面もみられた。

7位のクリントンは、2期目のオルブライト長官と良好な関係を築いたようだ。オルブライトの著書の冒頭に寄稿し、「マデレーン・オルブライトは、困難な問題に取り組むことにひるまないし、自分の気持ちを伝えることに物おじしない」と持ち上げていた。

8位のオバマは、大統領選の民主党予備選を争ったクリントンを指名した。「ライバルのチーム」として2人の関係は緊張状態にあると懸念されたが、クリントンは就任に際し、オバマに対し、要求すれば大統領と一対一で会えることと、省内人事を自由にやらせてもらうことを約束してもらった。実際、クリントンは週に1回、オバマと会うことができ、4年間の在任中にホワイトハウスに行った回数は700回を超えたという。クリントンは、「大統領の意見と常に一致していたわけではなかったが、私たちはプロフェッショナルな関係を築き、私的な友情もはぐくんだ」と述懐した。

下位3人についても、大統領と国務長官の関係をみる。11位のW・ブッシュは、2003年のイラク戦争を巡り、軍事攻撃に慎重なパウエル長官との関係をぎくしゃくさせた。ブッシュがパウエルと初めて会ったのは、父親のH・W・ブッシュが大統領だった1989年、大統領の別荘キャンプ・デービッドに統合参謀本部議長だったパウエルが訪れた時だった。大統領の息子に話しかけてくれた友好的な態度に好印象を持ち、国務長官の指名につながったようだ。しかし、ホワイトハウスの内部事情に詳しいジャーナリストのウッドワードは、2人の関係について「パウエルはブッシュの私的な輪に近づくことはなかったし、自然で打ち解けた関係になることはなかった」と論評した。一方で、ブッシュは国家安全保障担当補佐官に起用したライスとは良好な関係を続け、ディック・チェイニー副大統領やパウエルがメディアに自分と異なる見解を述べた時は、必ずライスを通じて、発言の真意を確認させた。ウッドワードは「ブッシュとローラ夫人にとってライスは家族の一員のような存在だった」と形容しており、2期目には国務長官に抜擢した。

12位のジョンソンは、暗殺されたケネディ政権下で国務長官だったラスクを留任させた。ケネディはラスクの頭越しに国務次官と接触し、ラスクとの関係を悪化させたが、暗殺後に副大統領から昇格したジョンソンは、ラスクの辞意を受理しなかった。ジョンソンはラスクを評価し、任期満了まで長官職にとどめた。その背景として、テキサス州出身のジョンソンと、ジョージア州出身のラスクという同じ南部出身であることに加え、ラスクが副大統領時代からジョンソンへの政策説明を続けていたためだった。

最下位のトランプは、最初の長官ティラーソンとの関係を悪化させた。国際協調を重視するティラーソンと、「アメリカ第一主義」のトランプとは、外交方針が食い違った。例えば、オバマ前政権が締結した2015年のイラン核合意について、トランプは「不平等だ」と一蹴《いっしゅう》したが、ティラーソンは一定の理解を示した。北朝鮮の核・ミサイル問題を解決するため、交渉を行っていると明かしたティラーソンに対し、トランプは「時間の無駄だ」とツイートした。2017年10月、ティラーソンが会議の席上、トランプを「間抜け（moron）」と呼んだと広く報道された。結局、トランプは2018年3月、ツイッターに「レックス・ティラーソン、これまでの貢献に感謝する」と書き込み、ティラーソンの解任を発表し、後任にＣＩＡ長官のポンペオを充てる人事を公表した。外遊中のティラーソンにとって寝耳に水であり、トランプはその後、ティラーソンに電話し、正式に解任を伝えた。トランプは解任の理由について、記者団に「我々は考えが同じではなかった」と語った。ホワイトハウス主導で進められた米朝首脳会談で、ティラーソンは蚊帳の外に置かれた。解任されたティラーソンは、国務省で記者会見し、「円滑な職務の移行が重要だ」と述べたが、トランプに謝意の言葉はなかった。

このほか、歴代長官の中で在任期間が最長のハルとルーズベルト大統領との関係をみてみる。ハルは回顧録で、「国務省在任12年間を通じて、大統領との間に一度も気まずい言葉を交わしたことはなかった」と振り返り、「我々の間柄は非常に親しいものであった」と言い切った。ホワイトハウスで2人だけで昼食を取り、様々な問題を話し合った。ルーズベルトは、「外交政策の決定や遂行に十分参画する」というハルの長官就任の条件を受け入れ、ハルは「たいていの場合自分だけの判断でことを決めなければならなかった」と述懐した。背景として、ルーズベルトが、特に1期目は、国内問題に集中する必要があった事情がある。ルーズベルトは2期目を終えるころ、ハルを後継者とみていたという。非常時のため、3期目の大統領選に臨んだルーズベルトは、ハルに副大統領候補を打診した。一方で、ハルが同盟国の指導者による重要な戦時会議に出席することは極めて少なかった。ルーズベルト大統領は、カサブランカ、カイロ、テヘランで行われた連合国との首脳会談にハルを同行させなかった。ケナンによれば、ハルは1942年当時、ルーズベルトがチャーチル、蔣介石、ヨシフ・スターリンらと交渉する際にほとんど相談されなかった。このため、国務省は、重要な決断局面で、十分な役割を果たせなかったと言われる。それでもハルは忍耐強く振る舞い、ルーズベルトの信頼を得たと言えるが、任期終盤に、「私がこの仕事を引き受けた時、誤った伝達を受け、うそをつかれ、落胆させられ、屈辱を受けるということは分かっていた。私はこうしたことを全て受け入れ、ただ仕事をすることを決めた」と述べたように、必ずしも満足できなかった心情がうかがえる。

NSC

第2次世界大戦後にアメリカ外交に影響を与えたのは国家安全保障会議（NSC）の創設である。トルーマン大統領が国家安全保障法に基づき、1947年に創設したもので、各省庁の意見を調整し、安全保障戦略を立案する。国際関係が複雑化し、各省庁の利害が絡む中で、有効な助言を求める狙いがあった。トルーマンが副大統領として仕えたルーズベルトが、新たな真珠湾攻撃を防ぐため、有力な情報や専門家からの助言を得られるように、恒久的な組織が必要だと判断した経緯もある。大統領が議長となり、構成メンバーは当初、副大統領、国務長官、国防長官だけだったが、後に陸軍長官、海軍長官、空軍長官、国家安全保障資源委員会議長も加わった。

NSCの機能と重要性は大統領によって異なる。トルーマンは、国務長官と国防長官からの個人的な助言を重視し、毎週木曜日の会議としてNSCが開催されたのは朝鮮戦争の時だけだった。アイゼンハワーはNSCを定例化し、大統領に政策提言を行う企画会議（Planning Board）

と、政策を監視する作戦調整会議（Operations Coordinating Board）に分け、政策の実行と監視に活用した。国務省はこのシステムの一部に位置付けた。企画会議が審議する文書を作成し、これを基に省庁間の違いを調整した。大統領が出席する会議でこの文書が審議され、政策決断が行われると、作戦調整会議がこの決断を官僚組織が実行するように調整するという流れである。

国家安全保障会議の中に多くの委員会が設置され、補佐官の下には、副補佐官、補佐官代理、上級部長（地域担当・機能担当）が置かれ、組織はピラミッド型となっている。各レベルで関係省庁の担当者との間で委員会や会議が開かれ、政策の調整が行われている。例えば、大統領が出席しない閣僚級委員会（Principals Committee）、これを補佐する副長官級委員会（Deputies Committee）、関係省庁担当の上級部長が主催する政策調整委員会（Policy Coordination Committee）がある。H・W・ブッシュ政権では、安全保障問題に対応するため、ホワイトハウスに「次官会議」が設置され、NSC、国務省、国防総省の次官級が出席し、大統領に政策提言を行うために議論した。例えば、湾岸戦争後の中東再構築プランでは、ロバート・ゲーツ大統領副補佐官（国家安全保障担当）が取りまとめ役となり、国務省や中央情報局の次官級が参加した。

NSCの要員は1970年代には約20人だったが、1990年代には約60人と増え、W・ブッシュ政権時代には100人となり、オバマ政権下では400人を超えた。H・W・ブッシュ政権で国家安全保障担当大統領補佐官を務めたパウエルは、NSCの機能を「審判役」とみる。様々な機関とその利益を代弁する幹部が大統領に提言しており、「各競争者の意見を自分の見解を添えて、バランスを取って、偏見のない形で大統領に提言する機関」と位置付ける。

国家安全保障担当大統領補佐官

このNSCのスタッフを取りまとめるのが、国家安全保障担当大統領補佐官である。元々はアイゼンハワーがこのポストを創設し、その役割を担わせた。ケネディとジョンソンは、国家安全保障担当補佐官の助言を仰いだ。ケネディはハーバード大教授だったマクジョージ・バンディを抜擢して重用し、結果的にNSCの地位は向上した。ニクソンも国家安全保障担当補佐官にハーバード大学教授のキッシンジャーを起用して厚遇した。大統領補佐官には、外交のプロとして、国務省出身者を起用するケースも目立つ。クリントン政権下の1993〜97年、大統領補佐官となったアンソニー・レークは、大学卒業後に国務省に入って外交官となり、サイゴン領事などを務めた後、ニクソン政権でキッシンジャー大統領補佐官の秘書となった。カーター政権で国務省の政策企画室長を務め、国務省を軸に関係省庁の要職を務めた。クリントンによる起用は、人権や国際枠組みを重視する外交姿勢が評価された結果とみられる。ちなみに、レークの後任のサミュエル・バーガーも、クリントンの長年の友人であると同時に、カーター政権で国務省の政策企画室副室長を務めた。

補佐官はホワイトハウスの大統領の執務室オーバル・オフィス近くに事務所を構えるため、日常的に大統領と接する。補佐官の存在感が高まるのは、この大統領との距離にあるのは間違いない。カーター政権で国務次官（政治担当）を務めたデイビッド・ニューサムは「誰が大統領に助言するのか、問題が起こった時に誰が最初に大統領に伝えるのか、誰が最後に大統領と会うのか、大統領の決断を求める時に誰が最後の文書を作成するのか、が問われる。この点では、国務長官は、ホワイトハウスから数ブロック離れており、頻繁に外遊するので、不利である」と分析した。また、外交や安全保障が複雑化し、関連省庁の意見調整や情報交換がより重要になる中で、補佐官には、国務省、国防総省、中央情報局、その他省庁を調整する役割と、大統領に助言する役割の2つを期待されている。国務省と国防総省が対立しやすく、その中間に立って判断を下すことも可能になる。1986年に発覚したイラン・コントラ事件後に就任したパウエルは毎朝7時、ホワイトハウスの自室に、国務長官のシュルツと国防長官のフランク・カールッチを招き、懸案を協議し、意見を調整したことを明らかにしている。

結果として、大統領は信頼を置く人物を補佐官に充てる。カーター大統領の補佐官となったブレジンスキーは、カーターが大統領候補だった時代から外交顧問として、外交演説の作成に携わり、信頼が厚かった。カーターは回顧録で、ブレジンスキーとは1日に何度も話し、その数はハミルトン・ジョーダン首席補佐官に次ぐ多さだった、と振り返っている。

H・W・ブッシュ大統領が起用したスコウクロフトは、ニクソン、フォード両政権時代からの旧知の仲だった。ブッシュは、スコウクロフトが国防長官を希望していると思ったが、「ホワイトハウスで私の近くにいてほしかった」ため、補佐官に指名した。スコウクロフトが会議中によく居眠りをしていたことから、ブッシュは、国家安全保障会議で居眠りをしたスタッフには、「スコウクロフト賞」を贈った。冗談好きのブッシュの性格から、スコウクロフトとの親密ぶりがうかがえる。2人は1998年、ソ連崩壊に至る外交交渉を振り返った書籍を共著で出版し、ブッシュは冒頭の「謝辞」で、「この物語をつくる終わりのない時間にずっと我々のそばにいてくれた」として、それぞれの妻バーバラとジャッキーに感謝の意を伝えている。家族ぐるみの付き合いだったようだ。その息子、W・ブッシュ大統領の補佐官となったライスは、大統領選に当選するまで2年以上にわたり、ブッシュの外交顧問を務め、ローラ夫人とともに、牧場を散歩し、外交問題を解説する仲だった。ブッシュは当時から、ライスに「大統領に選ばれたら、そばにいてほしい」と伝えており、大統領補佐官の意中の候補だったようだ。その信頼度は厚く、国防長官にラムズフェルドを推薦したのもライスだったという。ライスは補佐官に就任後、ブッシュと1日に5〜6回会っていた。補佐官は、大きな省庁や予算を持たず、大統領の個人的なスタッフでしかないが、ライスはその権力の本質を「大統領との関係性だけだ」と言い切る。大統領から全幅の信頼を得ることが、補佐官の影響力を高めることになる。

補佐官の政治力を内外に知らしめたのが、イラン・コントラ事件である。レバノンで拘束されたアメリカ国民6人を解放するため、イスラエルと協力し、拘束グループに影響力を持つイランに戦車やミサイルを供与し、武器売却代金の一部をニカラグアの反政府右翼ゲリラ・コントラに流用していたスキャンダルだ。ロバート・マクファーレン補佐官が1985年、レーガンを説得し、武器供与は1985年夏から86年秋にかけて行われたとみられる。マクファーレンがこの年の12月に補佐官を辞任した後、実務を取り仕切ったのが、後任補佐官のジョン・ポインデクスターと、NSC軍政部次長のオリバー・ノースだった。マクファーレン自身が1986年にイランを極秘に訪れ、人質の帰国を働きかけた。この事件に影響を与えたのは、ニクソン政権時代のキッシンジャー補佐官と言われている。国務省を関与させずに極秘訪中を行い、米中国交正常化につなげた手腕をマクファーレンは高く評価していた。アメリカ政府は、対戦車ミサイル2000基や地対空ミサイル18基を提供したが、解放できた人質は3人のみで、新たに3人が拘束された。

補佐官と国務長官の対立

大統領補佐官が発言力を増すにつれ、国務長官との対立やあつれきが顕著になる。大統領は外交政策で国務長官の助言を必ずしも必要とするわけではない。アメリカの大統領制は多数のアドバイザーが影響を与える仕組みになっている。大統領がどちらの意見を採用するかが、発言力と影響力の指標となる。さらに、ブレジンスキーは、大統領の政策的関心が長官と補佐官の力関係を左右するとの見解を示している。ブレジンスキーは「自分では言わないが、外交が最大の関心事となる大統領も存在する。こうした大統領は、国家安全保障担当補佐官を頼りにするため、補佐官の地位が高まる。補佐官は大統領の右腕となり、1日に何度も大統領と話し、大統領の視点を形成することに貢献する。ＮＳＣはホワイトハウスで特別な地位を享受する」と指摘した。一方で、「内政に特別な焦点をあてる大統領は、外交を国務長官に任す傾向がある。こうして長官は、権限を託され、より自由に政策を形成し、大統領の外交チームの中で最も重要な役割を演じる。この時、国家安全保障担当補佐官は職員を統括する政策調整官に過ぎなくなる」と分析した。長官と補佐官の両方を務めたキッシンジャーは、双方の違いについてこう説明した。補佐官は、大統領が置いたポジションであり、大統領に政策的な助言を行うことに終始する。ホワイトハウスで働き、大統領に常時接触できる点が有利だ。一方で、長官は、大統領に適切な情報を提供し、政策上の選択肢を提示する。各国政府や国際機関と交渉するとともに、省の管理や運営も問われる。

長官と補佐官の対立の例をいくつか挙げる。ケネディ政権では、１９６２年10月のキューバ・ミサイル危機で、ラスク長官が重要な役割を果たし、ルウェリン・トンプソンら国務省職員が、ソ連の指導者、ニキータ・フルシチョフ共産党中央委員会第一書記への書簡を起草した。しかし、ケネディ時代の全体的な傾向としては、ラスクよりも、大統領補佐官のバンディが発言力を増した。バンディとＮＳＣの側近は、政策を立案し、実際に実行に移すまでの政府内協議を調整した。

ニクソン政権では、ロジャーズ長官とキッシンジャー補佐官との対立が叫ばれた。背景には、外交政策の主導権を国務省からホワイトハウスに移したいニクソンの狙いがあった。キッシンジャー自身、「私がその一番の役割を担った」とし、その理由は「舞台裏の役割を引き受けるには理想的だと思われたから」だった。ニクソンは外交政策を立案し、その舞台裏をキッシンジャーに任せ、その成果を強調しようとした。メディアへ政権に有益な情報をリークしたのは、ニクソンの意を受けたキッシンジャーだった。米中国交正常化に道を開いた1971年のキッシンジャーの極秘訪中は当初、ロジャーズには知らされなかった。

カーター政権では、バンス長官とブレジンスキー補佐官が対立した。政権の重要課題だった対ソ外交で、ブレジンスキーが対ソ強硬派で、バンスが対ソ交渉を重視した。また、人との対立を避けないブレジンスキーはバンスに相談せず、外交交渉を進めた。バンスがブレジンスキーとの関係でカーターに対応を求めたこともあった。外交政策について、ブレジンスキーが発言を活発化させ、バンスと国務省が脇に追いやられていることへの不満だった。カーターは外交政策でバンスを露骨に排除することはなかったが、「国務省から斬新で有益な助言を得たことはほとんどなかった。我々の外交政策を形成した推進力はホワイトハウスの中で生まれていた」と振り返っている。バンスは中東和平で国務省が協議から外されたら、辞任するとカーターに伝えたこともあった。1979年にテヘランで起こったアメリカ大使館占拠人質事件では、バンスがフロリダで休暇を過ごす間に、ブレジンスキーが人質救出に関する会議を開き、カーターは人質救出作戦を承認した。バンスは、救出作戦が人質の生命を危険にさらし、イランとの交渉を進める同盟国が作戦を認めないとの立場だった。この対立は、バンスが1980年4月に辞任するきっかけとなった。カーターはバンスの辞任後、「バンスは基本的に私に近かったが、国務省の官僚組織に忠実であり過ぎた」と評していた。カーターは、人質事件に対する国務省の対応についても、「冷たい糖蜜のように動きが鈍い」と批判していた。カーターは、バンスの後任人事について、ハロルド・ブラウン国防長官に相談し、その助言を受け、エドマンド・マスキーの起用を決めた。

レーガン政権では、レーガンの旧友として国務副長官から転じ、1982〜83年に補佐官を務めたウィリアム・クラークが、ヘイグ長官の「追放」を画策したと言われている。レーガンの回顧録によると、1982年5月、H・W・ブッシュ副大統領の訪中を前に、駐中国アメリカ大使を中国当局者と事前折衝させるようとする国務省の要請をレーガンは却下した。ヘイグは1982年7月、辞任した。後任のシュルツとクラークとの対立も必至だった。実際、レーガンが1983年3月に発表した戦略防衛構想については、ヘイグの後任のシュルツが、NATO加盟国の懸念を理由に発表を思いとどまらせようとしたが、クラークはシュルツを事実上外す形で、発表の段取りを進めた。シュルツを助けたのは、大統領首席補佐官だったベーカーだった。2人はプリンストン大学、海兵隊、財務省、国務省での経歴が重なり、ベーカーはシュルツについて、「レーガン政権で最も親密だった。友人であり、多くの政策で同じ意見だった」と持ち上げた。1986年にイラン・コントラ事件が発覚すると、シュルツは、在テヘランのアメリカ大使館占拠人質事件で職員らを人質に取られた経緯もあり、この作戦に猛然と反対し、大統領補佐官のポインデクスターを批判した。ポインデクスターが1986年11月に補佐官を辞任したことで、対立はようやく収拾に向かった。

H・W・ブッシュ政権では、ベーカー長官がスコウクロフト補佐官と重要問題で意見が食い違った。ベーカーは、東西ドイツの統一について、東西ドイツとともに、米英仏ソの戦勝4か国を関与させようとした。しかし、スコウクロフトは、4か国が一枚岩ではなく、ソ連寄りの合意に至る可能性を懸念し、ベーカーの交渉と距離を置いた。このため、ベーカーが、東独部分を名目上だけNATOの帰属とし、ソ連に対する譲歩案を進めていたことに対し、スコウクロフトはブッシュを説得し、安易に妥協すべきではないとの書簡をコール首相に送った。また、1989年6月の天安門事件後、ブッシュは、スコウクロフトをひそかに訪中させようとした。中国政府の鎮圧に対し、アメリカの懸念を伝えるのが狙いだった。しかし、ベーカーは「国務省が排除されれば、政治制度が機能しない」と考え、この訪問に反対し、ブッシュに対し、スコウクロフトの旧友のイーグルバーガー国務副長官が同行することを提案し、最終的に2人で訪中することになった。

W・ブッシュ政権では、長官のパウエルは、不在中にライス大統領補佐官やドナルド・ラムズフェルド国防長官が重要案件を決定することを恐れ、長期間の外遊を控えていた。そのライスは大統領補佐官という役職について、「権限の小ささと責任の大きさがある」と語っていた。ライスは、シュルツから「そのうち、君も自分の店（省庁を指す）を持ちたくなる」と言われたエピソードを披露しているが、ライスはそれに同感し、2期目に長官となった。

オバマ政権では、クリントン長官とジェームズ・ジョーンズ大統領補佐官は当初、良好な関係を維持した。だが、ウッドワードによると、イラク大使人事で、ジョーンズが同じ海兵隊出身で旧知のアンソニー・ジニを推薦したが、クリントンはジニと面接した上でクリストファー・ヒルを選んだ。ジョーンズは大統領に不満をもらした。ちなみに、ジョーンズは、ラーム・エマニュエル首席補佐官と険悪な仲で、エマニュエルはジョーンズの頭越しにトム・ドニロン副大統領補佐官（国家安全保障担当）と話した。

トランプ政権では2019年9月、ボルトン大統領補佐官が更迭され、ライバル関係にあったポンペオ長官が政権内で発言力を増した。ポンペオとトランプは良好な関係にあった。ポンペオは、ボルトンの後任として、国務省の人質問題大統領特使だったロバート・オブライエンをトランプに推薦した。

国務省で記者会見するクリストファー・ヒル

結局、国務省や長官の外交力は、大統領がNSCと大統領補佐官をどう活用するのか、大統領補佐官がどういう人物であるのか、長官との相性はどうなのかによって決まる。大統領補佐官との対立が深刻化すれば、外交政策が「細分化」されることになり得る。例えば、大統領補佐官が外交権限を持っても、中東地域については長く、多くの専門家を有する国務省が取り仕切ることが多かった。しかし、レーガン大統領は1983年、NSCのマクファーレンを大使級で中東の交渉役に任命すると表明し、次第に国務省の「専門領域（turf）」への侵食が始まった。

（3）他省庁・議会との関係

国防総省

第2次世界大戦まで、アメリカの軍事省庁は、陸軍省と海軍省に分かれていた。しかし、大戦中に連携が不十分だったことから、トルーマン大統領は1945年12月、軍事関連の組織を統合する省の創設を提案した。1947年の国家安全保障法により、陸軍省と海軍省は、新設された空軍省とともに国家軍政省の傘下に入り、統合参謀本部（Joint Chief of Staff : JCS）が創設され、1949年の再編で、正式名称が国防総省となった。バージニア州アーリントンにある本部の建物が、五角形（ペンタゴン）であることから、通称として「ペンタゴン」と呼ばれている。トップは国防長官であり、大統領が任命する。長官に助言するのが、陸軍、海軍、空軍、海兵隊のトップからなる統合参謀本部である。

国防総省は対外的な軍事政策を任務とする。このため、国務省との連携や意見調整が求められる。国務長官を務めたベーカーは「アメリカの軍事力は、戦略を持って賢明に使えば、外交にとって重要な手段となる」としており、外交と軍事力は切っても切れない関係にある。最近の例でい

国防総省

えば、2004年にインド洋で起こった津波で、太平洋軍のトマス・ファルゴ司令官が、国務省やアメリカ国際開発庁と協力し、災害支援に乗り出した。イラクやアフガニスタンでは、軍将校は外交官と協力して復興支援にあたった。これが軍事先行の局面では外交の出番は少なくなる。ケナンは著書で、第2次世界大戦中の国務省と陸軍・海軍省の関係について、「国務省はそのころ国防総省（当時の陸軍、海軍両省）の使い走りに甘んじており、国防総省が風邪をひけば一緒にくしゃみをするという状態だった」と述懐している。平時では、多くの場合、双方の関係はうまくいき、2009年にはテロ組織に対処するためのガイドラインを共同で策定した。

国防長官と国務長官の対立

ただ、競争や対立が取り上げられることも少なくなかった。国務省が外交を管轄し、国際協調を重視するのに対し、国防総省は世界最強の軍事力を持ち、協調が全てではない。これに幹部の人間関係や主導権争いが加わり、関係が険悪になることがある。

例えば、トルーマン政権下では、アチソン国務長官とルイス・ジョンソン国防長官が、主導権争いを演じた。トルーマンが2人に対し、水素爆弾開発を決定した後の対ソ政策の見直しを指示した際、アチソンは、ポール・ニッツェ政策企画室長に草案の策定を指示し、国防総省を排除した。1950年3月に草案の検討会議を開いた際、ジョンソンにはその内容が事前に知らされず、草案は、ジョンソンの方針とは反対に国防予算の増額を提案していた。怒ったジョンソンは、会議を早々と終わらせたが、アチソンはトルーマンにこの経緯を報告した。トルーマンは、ジョンソンが欠席しても会議開催が可能だと伝え、アチソンに軍配が上がった。

フォード政権では、デタント（緊張緩和）を進めるキッシンジャー国務長官に対し、ジェームズ・シュレシンジャー国防長官は、それに反対した。フォードは最終的にシュレシンジャーを解任した。

レーガン政権では、カーター前政権がソ連との間で第2次戦略兵器制限交渉（SALT2）を行い、その結果として1979年に調印された条約への不満が高まっていた。特に、国防総省は、この条約がソ連の核戦力を容認している点に批判的だった。ジョン・レーマン海軍長官は1981年、SALT2を批判し、批准すべきではないとの見解を示した。これに対し、ヘイグ国務長官は、条約にソ連の核戦力を監視する意義を認める主張を展開し、ニューヨーク・タイムズ紙とワシントン・ポスト紙に対し、レーマンの発言は正式に承認されたものではなく、米ソ合意を守るべきとの匿名の声明を寄稿した。ヘイグの後任シュルツは、ワインバーガー国防長官との間で、SALT2問題でヘイグの主張を踏襲し、対立は継続した。このほか、レバノンで

1983年10月、トラックによる爆弾で240人以上の海兵隊員が殺害されたテロでは、シュルツが即座の報復攻撃を主張したのに対し、ワインバーガーは攻撃を遅らせただけでなく、最終的に海兵隊の撤退を主張した。2人の反目には遠因がある。シュルツはニクソン政権で行政管理予算局長官となった時、ワインバーガーは副長官で、当時から険悪な関係だった。シュルツが温厚さを売り物にし、周囲にも控えめな性格を求めたのに対し、ワインバーガーは法律家として自己主張を続け、時に攻撃的になり、脚光を集めることに満足を覚えるタイプだった。SALT2については、マクファーレン国家安全保障担当大統領補佐官がこの交渉を支持する立場を取ったことから、シュルツは優位に立った。しかし、1983年、アメリカの偵察機は、ソ連が1972年の弾道弾迎撃ミサイル（ABM）条約に違反し、内陸部にレーダー施設を設置していたことを発見した。ワインバーガーはこれに勢いづき、ソ連がSALT2の合意を無視していると主張した。レーガンは1986年5月、ソ連に対抗してSALT2の合意内容を越えて巡航ミサイルを配備し、条約を事実上反故にした。パウエルは著書で、1986年に表面化したイラン・コントラ事件にシュルツとワインバーガーがともに反対したことを挙げ、2人の「意見が一致した数少ない問題の一つだった」と皮肉った。

H・W・ブッシュ政権で国務長官だったベーカーは著書で、国防長官のチェイニーとの対立を明かしている。ベーカーが1989年5月に初めてモスクワを訪問する直前、チェイニーがCNNテレビとのインタビューで、ソ連の指導者、ミハイル・ゴルバチョフ中央委員会書記長のペレストロイカ（再建）が失敗すると発言した。訪露前に水を差された形となり、ベーカーはブッシュに連絡し、チェイニーの見解にくみしないよう求めた。１９８９〜90年のパナマの軍事侵攻を巡っては、侵攻支持の国務省に対し、国防総省は侵攻反対の立場を取った。

Ｗ・ブッシュ政権では２００２年、イラク政策を巡り、国防総省のラムズフェルド長官と国務省のパウエル長官が対立した。パウエルは、軍人出身として軍事力の行使を最小限に抑えたい国際協調派として、イラク戦争開戦には国際的な合意を得るべきとの立場だった。下院議員や大統領補佐官を務めたラムズフェルドは、アメリカの国益を優先させる「一国主義」の立場で、新保守主義（neoconservative）を信奉していた。２００２年11月に、国連安全保障理事会で、フセイン政権の大量破壊兵器疑惑に査察を求める決議が採択され、パウエルの主張が通ったが、ラムズフェルドはイラク戦争に反対する独仏両国を批判し、開戦を主張した。ラムズフェルドが２００３年1月、独仏両国を「古い欧州」と呼んだ時、パウエルは激怒したと言われている。国連での独仏両国との外交交渉を台無しにする発言だとみたためだ。最終的には協調路線が崩れ、米英軍主体の「有志連合」は２００３年3月、「イラクの自由作戦」を開始した。イラク戦争の開戦は、ラムズフェルドの意見が通ったことを意味した。南部から侵攻した地上部隊は次々に主要都市を攻略し、翌4月には首都バグダッドを制圧し、フセイン政権を倒した。パウエルとラムズフェルトの力関係は、ラムズフェルドに近い共和党保守派のニュート・ギングリッチ元下院議長が4月、講演で「外交が失敗した6か月、軍事が成功した1か月」と言及したことに象徴される。

郵便はがき

料金受取人払郵便

新宿局承認

779

差出有効期限
2024年9月
30日まで

切手をはら
ずにお出し
下さい

160-8791

343

(受取人)
東京都新宿区
新宿一‐二五‐一三

株式会社 原書房
読者係 行

1608791343 7

図書注文書 (当社刊行物のご注文にご利用下さい)

書　名	本体価格	申込数
		部
		部
		部

お名前　　　　注文日　年　月

ご連絡先電話番号 (必ずご記入ください)　□自　宅　(　　)
□勤務先　(　　)

ご指定書店(地区　　) (お買つけの書店名をご記入下さい)　帳合

書店名　書店(　　店)

7270

アメリカ国務省

本間圭一 著

愛読者カード

＊より良い出版の参考のために、以下のアンケートにご協力をお願いします。＊但し、今後あなたの個人情報(住所・氏名・電話・メールなど)を使って、原書房のご案内などを送って欲しくないという方は、右の□に×印を付けてください。 □

フリガナ
お名前　　　　男・女（　　歳）

ご住所　〒　　－

市　郡　　町　村

TEL　（　　）

e-mail　＠

ご職業　1会社員　2自営業　3公務員　4教育関係
5学生　6主婦　7その他（　　）

お買い求めのポイント
1テーマに興味があった　2内容がおもしろそうだった
3タイトル　4表紙デザイン　5著者　6帯の文句
7広告を見て(新聞名・雑誌名　　)
8書評を読んで(新聞名・雑誌名　　)
9その他（　　）

お好きな本のジャンル
1ミステリー・エンターテインメント
2その他の小説・エッセイ　3ノンフィクション
4人文・歴史　その他（5天声人語　6軍事　7　　）

ご購読新聞雑誌

本書への感想、また読んでみたい作家、テーマなどございましたらお聞かせください。

戦後復興を巡っても対立は続いた。国務省は事前に占領統治のあり方を検討するグループを発足させ、報告書を作成していたが、国防総省は2003年1月、イラクの戦後復興と暫定統治を担う「イラク復興人道支援室（Office of Reconstruction and Humanitarian Assistance : ORHA）」を発足させ、ジェイ・ガーナー退役中将を室長に添えた。戦後の行政運営を主導する意図を明確にしたもので、国務省の報告書は事実上無視された。ところが、ORHAには復興に向けた具体策がなく、戦争で破壊されたインフラや公共施設の復旧は進まず、市民の不満は高まった。さらに、ガーナーが、フセイン政権の旧支配層の維持を容認したことから、ブッシュの反感を買った。こうした経緯から、連合国暫定当局（Coalition Provisional Authority : CPA）が発足し、ブッシュは5月、その代表を務める文民行政官に国務省出身のポール・ブレマーを指名した。ブレマーはオランダ大使やテロ対策調整官を務めた職業外交官であり、軍事色を薄め、文民統制を印象付ける狙いがあった。ガーナーを指揮下に置き、国務省が復興を主導することになった。軍事部門だけは、トミー・フランクス中東軍司令官がトップとなり、ラムズフェルドが指揮することになった。ただ、ブレマーはイラク侵攻を支持し、ラムズフェルドがこの人選に深く関与したと言われ、国防総省の影響力が弱まったとは言い難かった。ラムズフェルドの発言力が低下するのは、イラクで反米感情が高まり、アメリカ統治に反発するテロが続発する頃である。ブッシュは2005年12月、復興を統括する組織として国務省を指定する大統領令を出し、国防総省が前面に出ないことに腐心した。

ジェームズ・ケリー

当時、パウエルとラムズフェルドの対立は、北朝鮮問題でも鮮明となった。２００３年1月に北朝鮮が核不拡散条約（Treaty on the Non-Proliferation of Nuclear Weapons：NPT）からの脱退を宣言したため、同年4月に米中朝の3か国協議が開かれたが、国務省と国防総省は首席代表を巡り争った。交渉を優先させ、ジェームズ・ケリー国務次官補（東アジア・太平洋担当）を立てるパウエルに対し、ラムズフェルドは圧力を重視し、ボルトン国務次官（軍備管理・国際安全保障担当）を推薦した。

パウエルとラムズフェルドの対立は、国務省と国防総省の幹部クラスにも広がったようだ。ラムズフェルドがブッシュと定期的な会合を求めると、これを聞きつけたアーミテージ国務副長官が、パウエルに「長官、大統領との会合を要求すべきです」と進言した。大統領との良好な関係が、国防総省との争いを有利に展開するかぎになるとみていたためだ。この対立に「実直な仲介者」であろうとしたのが、補佐官のライスであった。ライスは、「コリン（パウエルの名前）は、国際政治に関して慎重に合意を形成するタイプで、ドン（ラムズフェルドの愛称）は挑戦的なタイプだった」とみていた。しかし、パウエルとラムズフェルドからは、ライスは他方を肩入れしているとみられていた。パウエルとラムズフェルドの対立について、ブッシュは著書で、「コリンに敬意を示している」としながら、「彼が率いた国務省が、私の哲学や政策に完全に乗って来なかった」とし、国務省を批判した。

オバマ政権時代の2013年に始まったシリア内戦では、ケリー長官が、軍事攻撃を念頭に置いた対応を助言したのに対し、マーティン・デンプシー統合参謀本部議長は攻撃に反対した。ただ、ケリーの前任のクリントン長官はゲーツ国防長官と良好な関係を保ったようだ。

ロバート・ゲーツ

国務長官は閣僚の筆頭として大きな影響力を持ってきたが、国防長官がこれに対抗していく背景には、政府内における国防総省の地位の向上が関係しているだろう。軍人出身者は政府内で要職を占め、国務省人事にも関係している。例えば、トルーマン大統領は、陸軍参謀総長だったマーシャルを国務長官に指名した。レーガン政権で国家安全保障担当補佐官となったポインデクスターとパウエルは現役将校だった。フォード政権とH・W・ブッシュ政権で、空軍将軍だったスコウクロフトが国家安全保障担当補佐官を務めた。オバマ大統領は、元海兵隊司令官のジョーンズを国家安全保障担当補佐官に招いた。トランプ政権では、国防長官、国土安全保障長官、中央情報局長官、国家情報長官は全て元制服組であり、国家安全保障担当大統領補佐官のハーバート・マクマスターは三ツ星の現役軍人だった。

情報当局

アメリカには10を超える情報機関があり、総称として、インテリジェンス・コミュニティ（Intelligence Community : IC）と呼ばれる。国務省にも情報調査局があり、外交に資する機密情報を長官らに報告している。国防総省にも、軍隊の支援を目的とした通信傍受を行う国家安全保障局（National Security Agency）がある。２００４年には、こうした情報関連機関を統括するため、国家情報長官（Director of National Intelligence）が創設された。

その中で、情報の収集能力において最も優れているとされているのが、ＣＩＡである。元々は、ルーズベルト大統領が１９４１年7月に創設した情報調整局（Office of the Coordinator of Information : OCOI）を起点にしており、１９４２年6月に戦略情報局（Office of Strategic Services : OSS）に改組された後、１９４７年12月の安全保障法に基づき、ＣＩＡとなった。独立組織として、国外での広範な諜報活動を任務とする。活動の内実は明らかにされていないが、１９６１年のキューバ侵攻によるフィデル・カストロ政権転覆計画、２００１年の米同時テロでの諜報活動など歴史的な事件で諜報活動に関わった事実が明らかにされてきた。

対外諜報活動を担うＣＩＡは、国務省と親和性を持つ。このため、人事でも交流が起こる。

連邦議会

三権分立をとるアメリカでは、大統領の権力行使を抑制するため、連邦議会に様々な権限が与えられている。行政権を持つ大統領を支える国務省も、立法権を持つ議会から様々な制約を受ける。上下両院は、専門分野に応じて様々な委員会があり、予算や法案の審議はここで行われる。連邦議会が持つ委員会の中で、外交に関わるのが外交委員会である。歳出権限法の審議、外交関連の法案審査のほか、上院の場合は高官人事などの承認を受け持つ。

連邦議会の権限をみると、合衆国憲法第2章2条2項は、大統領が条約を締結する条件として、「上院の助言と承認」を挙げている。ウィルソン大統領が主張した国際連盟創設を明記したヴェルサイユ条約は、上院の反対で調印には至らなかった。また、憲法第1章8条11項は、戦争を宣言する権限を連邦議会に与えている。1973年には、戦争権限法（War Power Resolution）が成立し、大統領が議会の承諾なしに90日間を超えて戦争を継続することを禁じた。ベトナム戦争が泥沼化した反省から生まれた法律で、大統領の大権を制約した。

ワシントンの連邦議会議事堂

予算面では、議会は歳出権限法により、連邦政府の予算支出を承認する権限を持っており、国務省予算案の可否も判断する。特定の裁量的経費については、歳出予算法で議会の承認が必要とされており、外交上の「看板政策」も議会の審議の対象となる。

人事面の圧力としては、上院は国務省高官や大使の人事を承認する権限を持ち、議会が好まない人物を指名すると承認されない。外交誌フォーリン・ポリシーによると、上院軍事委員会に所属するジョン・カイル議員（共和）は２００９年、オバマ政権の核戦略に反発し、国務省高官の承認を拒否する姿勢を示した。オバマ政権が核態勢の見直し（Nuclear Posture Review：NPR）を策定する前に、ロシアと戦略核交渉で合意を結ぼうとしたことに反発したようだ。

さらに、議会は特定の懸案に対して決議を行い、議会の意思を示すことがある。内容によっては行政運営に制約を課す場合がある。

行政府と立法府は互いに監視する機能を持ち合わせているため、緊張関係は避けられない。そもそも、官僚と議員では、利害や職務のスタイルが根本的に異なる。官僚は、匿名性の中で効率的に成果を上げ、組織内での昇進を望むものだが、議員は成果をＰＲし、有権者から支持を得ようとする。このため、議員は省庁の不備を公に攻撃することで自らの威信を高めようとする場合もある。こうした立場は外交の現場にも表れ、外交官は、国益の視点から、相手国とのパイプ作りに専念し、人権侵害といった国内事情を棚上げすることがあるが、議員の中には、人権問題を糾弾することで、世論受けを狙う者もいて、その際、外交官を攻撃することが有効な手段となり得る。

議会はこうして行政府とは別の視点で外交に関与してきた。国際連盟の創設に動いたウィルソン政権に対し、議会は１９１９年、孤立主義を主張して、加盟を拒否した。１９５０年代前半には、オハイオ州出身のジョン・ブリッカー上院議員が、大統領の条件締結を制限する憲法改正案を主張した。大統領が権威主義的な政権を支持している場合には、議員は大使館に接触し、反体制派との会合を企画することを求める。ジョンソン政権時代のベトナム戦争の泥沼化や、ニクソン政権時代のウォーターゲート事件など、政権が世論の支持を失うと、議会が発言力を強め、外交分野で主導権を握ろうとした。ミネソタ州の下院議員、ドナルド・フレイザーは１９７０年代、下院外務委員会で国際組織を管轄する小委員会の委員長の立場から、人権侵害を行う国家への支援を減らす法案制定に動いた。これはカーター政権の人権外交につながっていく。

大統領にとっては、反対党議員が議会で多数派であれば、政策遂行のため、議会に配慮せざるを得ない。国務省もその傾向を強める。１９８９年に国務長官に就任したベーカーの「最初の仕事」は、外交で超党派の理解を得る努力だった。当時は上下両院とも民主党が多数派だったためだ。ベーカーは、レーガン政権で首席補佐官を務めた際、議員から電話があれば、どんな若手議員でも必ず電話をかけ直すことを心掛けていた。カーター政権が議会との関係をぎくしゃくさせた

ウォーターゲートのビル群

ため、関係改善を図ったものだ。

長官個人の力量とは別に、国務省は組織として、議会と強力なパイプを築いていないと言われている。国防総省は議会に8つ（上院4、下院4）の連絡事務所を持つが、国務省は1つ（下院のみ）しかない。過去数十年にわたり、議会が国務省に疑いの眼を向けてきた一因とも言われている。冷戦初期には、国務省内に親ロシアの政策を実行する勢力が浸透しているとみていた。2001年の米同時テロ後には国務省は議会の信頼を得られず、オバマ大統領が登場するまで、国務省の拡大路線を拒否した。

（4）課題の克服

特使の活用

国務省の組織が拡大するにつれ、政策決定のプロセスが遅れ、機動的に対応できないとの指摘が聞かれるようになった。国際社会の懸案もめまぐるしく変わり、現状の組織では担当部署が見当たらない場合もある。また、地域の専門家は、国益よりもその地域の事情を優先するという批判も出ている。カーター政権で長官を務めたマスキーは、後任のベーカーに対し、「外交官は常に自分のお客さん（国）の反応を大げさに予想する」と語った。こうした事態を改善するため、特定の懸案を担当し、長官や大統領に直接報告し、助言することを許されたのが特使や政府特別代表である。相手国の首脳と直接交渉することもあるため、名の知れた実力者が選ばれることが多い。

例えば、クリントン政権時代の1993年には、国務省政策企画室長を勤めたデニス・ロスが中東特使となり、イスラエルとヨルダンの平和条約（1994年）や、ヨルダン川西岸でパレスチナに一定の自治権を与える暫定合意（1995年）の締結に尽力した。また、ハイチの軍事政権を打倒する軍事侵攻を回避するため、カーター元大統領が1994年9月、特使としてハイチに入り、軍事政権と交渉し、政権指導者が出国することで合意し、土壇場で軍事侵攻を回避する役回りを演じた。

ジョージ・ミッチェル

オバマ政権時代の2009年には、中東和平実現のため、北アイルランド紛争をまとめたジョージ・ミッチェル元上院議員が中東特使に起用された。また、行政組織と民間部門が協力し、地球規模の課題に対応するため、グローバル・パートナーシップ担当特別代表（Special Representative for Global Partnerships）のポストが新設された。オルブライト長官の特別補佐官やポルトガル大使を務めたエリザベス・バグリーが起用され、クリントン長官は「国務省は、公共と民間のパートナーシップの新しい世代に道を開く」と話していた。さらに、気候変動担当特使としてトッド・スターンが任命された。スターンは、ホワイトハウスのスタッフを務め、1995年の京都議定書に関する交渉に携わった。スターンの下には、環境問題を扱うワシントンの研究所「世界資源研究所（World Resources Institute : WRI)」に所属していたジョナサン・パーシングが副特使として任命された。

中東など特定の地域は、大統領や長官の意を受け、迅速な外交が求められるため、特使や特別代表が置かれやすい。その地域の一つが北朝鮮である。国務省には、朝鮮半島和平協議担当特使のポストが置かれ、クリントン政権時代にはチャールズ・カートマン、ブッシュ政権時代にはジャック・プリチャードがそれぞれ就任し、北朝鮮側と交渉にあたった。オバマ政権下では、グリーン・デイビスが政府特別代表となった。さらに、周辺国や関係省庁など利害関係者が多いため、北朝鮮政策調整官のポストもつくられた。クリントン政権時代には、ウィリアム・ペリーが調整官、シャーマンがその補佐役を務めた。クリントン長官は回顧録で、特使について、「うまく機能してきたことを見てきた」と記した。その理由として、政策を立案し決断するという長官の負担を減らすだけでなく、長官に直接報告し、ホワイトハウスとも密接に連携を取れることを挙げた。

一方で、特使や特別代表は、政治任命ポストである場合が多く、元々の担当だった職業外交官との主導権争いが起こることになる。先に紹介したクリントン政権時代のカーター特使に対しては、クリストファー副長官ら高官が反対したと伝えられている。オバマ政権では、クリントン長官が、ホルブルックをアフガニスタン・パキスタン担当の特別代表に任命した時、南・中央アジア局との間にあつれきをもたらした。ホルブルックは長官に直接報告したが、南・中央アジア担当の国務次官補は、国務次官に報告し、「二重外交」の弊害が指摘された。ホルブルックはクリントン政権時代、閣僚級の国連大使を務めたが、歯に衣着せぬ性格から、オルブライト国務長官との関係は冷ややかだった過去があり、敵を作りやすいと言われてきた。

危険地域

アメリカの在外公館は、それに対抗する勢力により危険にさらされる。安全の確保が外交官の主要な任務の一つとなる。

近年では、1983年4月、ベイルートのアメリカ大使館の敷地内に入ったワゴン車が爆発し、アメリカ人17人を含む63人が死亡した。イスラム教シーア派の武装組織・ヒズボラによる自爆テロとみられている。1982年6月にイスラエルがレバノンに侵攻し、パレスチナ解放機構(Palestine Liberation Organization : PLO)がチュニジアに去ったことを受け、米仏両軍を軸にした国際平和維持部隊がレバノンに駐留した。これに反発するテロだった。CIAは事前にテロを警告していたが、国務省がこの情報を軽視したと言われている。

大使館は、現地に赴任する民間企業の安全にも配慮する必要がある。シュルツ長官の提案により、1985年に海外安全対策協議会(Overseas Security Advisory Council : OSAC)が設立され、世界各地の犯罪や治安情報に関する情報を共有し、会員の防犯対策に役立てることになった。約4600社のアメリカ企業が加盟し、政府と民間から34人の代表が協議会を構成した。

イラクのフセイン大統領が隣国クウェートに侵攻した1990年の湾岸危機では、クウェートの各国大使館は閉鎖を命じられた。国務省は、アメリカ市民がクウェートから退去してから大使館を閉鎖するとの立場を取り、事実上、大使館を閉鎖しない方針を決めた。だが、戦争の可能性が高まったため、1990年12月には、ナタニエル・ハウエル大使と職員は大使館を離れた。

1998年8月7日には、ケニアとタンザニアのアメリカ大使館がほぼ同時刻に爆破され、合わせて224人が死亡した。このうち、213人が死亡したケニアの首都ナイロビの爆破では、爆弾を満載したトラックが大使館に突っ込み、隣接するビルも倒壊する大惨事となった。「聖地解放イスラム軍」という組織が犯行声明を出したが、国際テロ組織アル・カーイダの指導者ウサマ・ビンラーディンが指示したとの見方が支配的となった。クリントン大統領は8月20日、報復措置として、スーダンにあるアル・カーイダの化学兵器工場と、ビンラーディンが拠点を置くアフガニスタンの訓練キャンプをトマホーク巡航ミサイルで攻撃したと発表した。だが、スーダンの化学兵器工場は、ミルクの製造工場と判明し、誤爆の非難を受けることになる。

2003年のイラク戦争後の中東も危険な赴任地となった。イラクでは対米テロが相次いだため、赴任を希望する職員は少なく、外交官を強制的に赴任させていた。外交官は採用前に世界中での任務に同意することになっているが、実際にはそれぞれの希望が考慮されてきた。だが、赴任者が少ない中、イラク復興の使命を果たすため、3回の国外勤務のうち1回は仕事や生活環境の厳しい国に勤務させる制度により、イラク赴任を常態化した。しかし、テロがなくならない中で、職員の間から赴任拒否の動きが広がっていた。2007年には、交代要員の約2割にあたる約50人が不足する事態となった。ライス長官が全職員に向け志望者を募ったことで、何とか補充することができた。ライスによると、「国務省は配属を立候補制で決めているので、人気のないポストは埋まらないことが多かった」という。

2012年9月には、リビア東部ベンガジのアメリカ領事館が武装勢力により襲撃され、総領事のクリストファー・スティーブンスと情報管理官のシーン・スミスが殺害された。さらに、外交官の居住区も狙われ、CIAの職員2人も殺害された。職員が再三、本省に警備の強化を訴えたが、聞き入れられず、事件当日の警備員は3人しかいなかったと伝えられた。クリントン長官にこの要請が届いていたとの指摘もあったが、クリントンはこれを否定している。調査委員会は、安全面の欠陥など29の勧告を行い、クリントンは全て受け入れた。トマス・ナイズ副長官が実務を担当することになった。

一方、国務省は、アメリカに駐在する外国公館と折衝に当たっている。この中には、外交交渉もあれば、トラブル対応も含まれている。国務省は1993年1月、アメリカ駐在の外交官が、駐車違反の罰金を滞納した場合、その公館の専用ナンバープレートの更新を行わない方針を明らかにした。大使ら幹部外交官の車両は治外法権を認められてきたが、違法な路上駐車が横行して市民の不満が高まっていた。また、国務省は２０１３年12月、インド人家政婦のビザ申請書類を偽造したとして、ニューヨーク駐在のインド人副総領事を拘束した。報道によると、この副総領事は、裸で身体検査を受け、他の容疑者と一緒に拘禁された。保釈後は無実を訴え、当局の対応に抗議した。インド政府は、首都ニューデリーに駐在するアメリカの外交官に対し、非課税品の特権を認めないといった報復措置に出た。

ソフトパワー

外交の現場では近年、軍事や経済力によらず、親近感や価値観の共有で相手国に思い通りの行動を促す重要性が指摘されている。ここでは、広報外交とも言われるパブリック・ディプロマシーと奨学金外交を取り上げる。

①パブリック・ディプロマシー

公共外交や広報文化外交とも訳されるこの言葉は、国務省が国益実現のために活用する外交活動の一つである。軍事のハードパワーと並列するソフトパワーと呼ばれることもある。その効果は計り知れない。ここでは第3章・主要ポスト（3）国務次官・次官補の「世界広報局」で紹介した内容をさらに掘り下げていく。

アメリカ文化は重要なコンテンツだ。国務省は１９５６年以降、有名なアメリカ人のジャズ演奏者を「ジャズ大使」として、国外に派遣した。「大使」の中には、ディジー・ガレスピーやルイ・アームストロングらが含まれ、旧ソ連や東欧諸国を含む35か国を回り、軽快なサウンドを披露した。国務省によると、ジャズ・ピアニストのリチャード・ジョンソンは「ジャズには音楽以上のものがある。アメリカの国外で、一緒にジャズを楽しむと、人々は問題や争いを越えて、音楽に意味のあることを発見する」と語り、東欧における民主主義の普及に役立ったとの見解を示している。

音楽は民衆をつなぐ有力な武器となる。歌手のデイビッド・ボウイが1987年6月、ベルリンの壁に近い西ベルリンの国会議事堂前でコンサートを開いた。この時、スピーカーは東ベルリンにも向けられ、多くの若者がボウイの歌声を聞き、西側へのあこがれを強くしたようだ。これが2年後のベルリンの壁崩壊につながったと言われる。

ハードパワーだけでは奏功しないアメリカの中東政策では、パブリック・ディプロマシーが多用された。広告会社オグルビーで最高経営責任者（CEO）を務め、「広告界の女王」と呼ばれたシャーロット・ビアーズは2001～03年、パブリック・ディプロマシー・広報担当の次官となり、様々な活動を展開した。2001年9月の同時テロ後、政府系メディアのボイス・オブ・アメリカ（VOA）が、テロの首謀者を支援していた武装勢力タリバンの指導者、オマル師にインタビューした際、それを単独で放映させず、ブッシュ大統領の主張も付け加え、タリバンの宣伝にならないように配慮した。また、議会と連携して資金提供を実現し、2002年6月にアラビア語のラジオ局「ラジオ・サワ（一緒）」の放送を開始した。ビアーズの後任、タトワイラーは2004年2月、アラビア語の衛星テレビ「アルフーラ（自由）」の放送を開始した。転職したタトワイラーの後任には、テレビ記者出身でブッシュ大統領の顧問を務めた側近のカレン・ヒューズが起用された。

とはいえ、中東ではラジオもテレビも視聴率は伸びず、カタールの衛星テレビ「アルジャジーラ」に比べると、民衆に浸透しなかった。中東の若者向けに2003年に創刊された月刊誌「ハイ」も、アメリカの文化を紹介したが、評判は悪く、2005年には廃刊となった。政府会計検査院は2006年、こうした試みが成果を出していないとする報告書を公表した。

近年の政権で、パブリック・ディプロマシーを重視したのがオバマ政権である。ブッシュ時代の「一国主義」を改め、国際協調の姿勢を示すため、イメージ改善の戦略に出た。例えば、2010年には、「アメリカの映画」と題するイベントを企画し、バングラデシュ、ナイジェリア、パレスチナ自治区など世界17の国・地域から映画監督、プロデューサー、ジャーナリストら17人を招き、全米の主要都市を回り、アメリカ映画産業の歴史や最近の傾向、新たな製作技術を理解してもらった。教育・文化局が、毎年世界から約4500人の「プロ」を招く国際訪問リーダーシップ・プログラムの一環である。また、儀典長事務所はこの年、ワシントン駐在の各国外交団の幹部やその家族をオバマ大統領の故郷、シカゴに招き、地元イリノイ州政府幹部、企業家の代表らと面会するツアーを企画した。アメリカの地方を理解してもらうため、2008年に始まったツアー「アメリカ経験（Experience America）」の一環だった。

②奨学金

国務省は、学生や研究生を国外の教育・研究機関に派遣する奨学金制度「フルブライト・プログラム」を運営している。上院議員、ウィリアム・フルブライトが1945年、平和と相互理解を目指し、制度を実現させる法案を提出し、1946年に創設された。フルブライトは長く、上院外交委員長を務め、ケネディ大統領らから評価されていた。制度は、国務省の教育・文化局が連邦議会から必要な予算を受けて運用しており、これにより、毎年1800人以上の学生がアメリカで学んでいる。制度を活性化させるため、様々な試みが行われており、西半球で複数の人による高度研究を促すプログラム「応用研究地域ネットワーク（Regional Network for Applied Research : NEXUS）」では、毎年優れた功績を残したリーダーを表彰している。また、制度を利用して、アメリカで学び、研究を行う学生や研究員をワシントンに集め、セミナーを開催し、国務省職員のほか、ワシントンで活動する各種団体の職員らと交流を深めてもらっている。

第5章
政策

(1) 歴史的な潮流

理想主義と現実主義

国務省の外交政策は大統領、ホワイトハウス、国防総省、情報機関、議会、世論の意向に大きく左右される状況をみてきた。特に、憲法の規定上、行政権を行使する大統領の意向や方針に大きな影響を受ける。また、国際情勢によっても、国務省が取り組む課題も変わってくる。そうした現実を踏まえ、国務省がこれまで主導的に外交政策を展開できた時期を中心に、その地域政策を概観する。その前提として、ここではアメリカの外交の流れを総括する。

アメリカの外交は歴史的に、理想主義と現実主義の間で揺れ動いてきた。17世紀にイギリスからアメリカを目指した清教徒(ピューリタン)の指導者ジョン・ウィンスロップは、到着前に教徒

2次世界大戦後の戦後秩序構築では、ウィルソンの理想主義を体現するとともに、個別の外交では国益重視の観点から、権威主義国家や圧制国家とも手を握った。理想主義と現実主義を組み合わせた外交は、その双方ともアメリカの有力な武器であることを意味する。安全保障はハードパワーによって実現される一方で、人権の軽視はアメリカのソフトパワーを低減させる。

理想軸に現実対応

こうした潮流の中で、国務省の政策は、どちらかと言えば、理想主義に近かった。そもそも外交という仕事は国際協調を目指す方向性を持つとともに、前述したように、20世紀に入って導入された競争試験制度によって、自由と民主主義を重視する東部のエリートが多数入省したためだろう。例えば、大恐慌時代の国務省で経済問題を担当したのが、フランシス・セイヤーとハーバート・ファイスだった。セイヤーは、ハーバード大学法学部を卒業し、ウィルソン大統領の娘ジェシーと結婚し、母校で教鞭をとった。輸出産業の発展が国力を左右するとして自由貿易を訴え、ルーズベルトやハル長官の知己を得て、1933年、国務次官補として入省した。ファイスは、ハーバード大学大学院で博士号を取得後、シンシナティ大学で教授（経済学）を務めた後、1931年、国務省の経済顧問となった。高関税政策が他国の報復関税を招き、アメリカが市場を失うことを恐れ、通商の自由化を主張した。2人の政策は、1934年に高関税政策を撤廃する互恵通商協定法の成立につながっていく。第2次世界大戦後には、国務省の国際協調派が、対ソ封じ込め・巻き返し政策のための国際包囲網の構築を主導した。ダレス長官は、資本主義陣営に加わらなければアメリカの敵とみなすとも発言した。「アメリカ第一主義」のトランプ大統領が、イスラム教徒を標的に移民規制の大統領令を出した際、これに反対する署名者が国務省で史上最多となったのは、省内における国際協調派の存在感を示している。

ただ、世論が国務省官僚と同じ見方をするわけではない。孤立主義や一国主義は、固い岩盤のようにアメリカ市民の底流を形成する。ハーバード大学教授のアーネスト・R・メイ名誉教授は、アメリカ人が他国に関心を示さない理由として、移民2世としてアメリカ化を志向し、母国を否定する傾向が強い点に加え、アメリカの政治・経済生活が地方分散的である点に言及している。第2次世界大戦後の国際秩序の構築に貢献したケナンも「国内の利益は、軍事的な安全、政治組織の一貫性、民衆の幸福であり、道徳的な資質は問題とならない。（中略）それらは、国家の存続には避けられない必要物であり、善か悪かの問題ではない」と語っている。ロナン・ファローは、2010年代に入り、ポピュリズムの高まりや電子メールといった国外との通信革命により、「外交局の権威と権力は落ちている」とみる。

この世論を体現して最高権力を手にするのが大統領である。そして国務省は大統領のために機能する。国務省の理想は現実の民意に直面し、そのたびに修正を迫られ、外交は迷走を繰り返す一因となる。

（2）地域政策

欧州

アメリカにとって、欧州列強は歴史的に戦略的な競争相手だった。特に、イギリスとフランスは、アメリカ大陸に植民地を持ち、戦争を繰り返し、そのたびにアメリカの敵や味方となった。19世紀の外交政策は、欧州諸国との相互不干渉を訴えたモンロー主義に集約されるが、この主張は、ジョン・クインシー・アダムズ長官の欧州観を反映していた。イギリスやフランスはこの世紀、覇権国家として世界各地に進出しており、アメリカは基本的に静観するだけだった。

状況が変わるのは、20世紀に入る頃だ。西部開拓を終えたアメリカが、技術革新を軸に経済成長を遂げ、対外的に膨張する時期である。欧州では、ドイツが台頭し、英仏の覇権に挑戦する姿勢を見せた。第1次世界大戦はドイツの敗北に終わったが、戦後賠償への不満をきっかけに、ナチス・ドイツが支持を広げ、政権を握った１９３３年以降、欧州の緊張が高まった。超大国となったアメリカの欧州政策が問われることになった。

ルーズベルト大統領は１９３３年、ウェルズを国務次官補に抜擢し、37年には国務次官に昇進させた。ウェルズは、ルーズベルトと同じグロトン高校、ハーバード大学の出身で、ルーズベルトの結婚式にも出席した。国務省入りできたのは、海軍次官だったルーズベルトの推薦があったためと言われた。１９３２年の大統領選で、ルーズベルトに資金援助し、その当選に貢献した。

ルーズベルトが1933年3月に大統領に就任すると、翌4月に国務次官補に任命された。ウェルズは、アメリカの介入により、欧州で不戦を実現すべきとの立場で、ルーズベルトに対し、独伊も含めた欧州各国首脳と会談し、軍縮を柱にした合意を得る構想を進言した。ルーズベルトもこれを承認したが、ハル長官は、独伊の侵略行為は悪化するため、会議は幻想を与えるに過ぎないと反対し、ルーズベルトは最終的にハルの進言を受け入れた。

1939年9月にドイツがポーランドに侵攻し、第2次世界大戦が始まった。アメリカは中立を宣言した。ウェルズは1940年2月に欧州諸国を歴訪し、全面戦争を回避する案を模索した。ルーズベルトはこの訪問を承認し、ウェルズは、ベニート・ムッソリーニ、アドルフ・ヒトラー、エドゥアール・ダラディエ、ネヴィル・チェンバレンらと会談した。だが、ハルは英仏の決意を損ねる可能性があるとして、ウェルズの歴訪に反対した。結局、ウェルズはいずれの国も戦争の決意が固いことを知り、独伊との平和的解決は不可能とルーズベルトに報告した。ただ、ウェルズの関与姿勢は、アメリカの孤立主義を変え、1941年の武器貸与法といった関与拡大に向かうことになる。こうしたウェルズの外交をハルは快く思っていなかった。ハルによると、ウェルズは「私の承認を得ないで大統領の所に行き、私の知らないうちに政策を決定しようとさえしている」のだった。特に、1942年にソ連のヴェチェスラフ・モロトフ外相が訪米した際、ウェルズがアメリカの戦後処理政策に関する演説を承諾なしに行ったことに激怒した。

欧州では1945年5月、ナチスが無条件降伏した。欧州の戦後は、経済不況が吹き荒れた。

このため、共産主義勢力が台頭し、アメリカは欧州復興と反共対策に追われた。マーシャル長官は１９４７年３〜４月、モスクワで米ソ英仏の４か国の外相会談に出席したが、ドイツの戦後処理問題は紛糾した。マーシャルは帰路、欧州に立ち寄り、壊滅的な被害を受けた現実を目の当たりにした。同時に、ソ連が混乱に乗じて影響力を拡大しようとしているとの思いを強くした。トルーマンは１９４７年３月、ソ連の共産主義にさらされている民衆への支援を外交政策の基本とする「トルーマン・ドクトリン」を発表していた。マーシャルはこれを受け、１９４７年５月、新設した国務省の政策企画室長にケナンを就任させ、欧州復興に取り掛かった。ケナンは、西欧の経済情勢を回復させることを最優先課題とし、この原則の下にアメリカの省庁が結束することを訴えた。マーシャルは６月、名誉博士号（法学）を授与されたハーバード大学で講演し、欧州復興のため、アメリカの支援を強調した。「マーシャル・プラン」の始動だった。さらに、１９４９年４月には、ソ連を仮想敵国に北大西洋条約機構（ＮＡＴＯ）が設立され、アメリカと西欧の間で軍事同盟が成立した。国務省にとって、経済復興と軍事同盟は欧州政策の根幹となった。

ブリュッセルの NATO 本部

アメリカにとって、同盟・友好の基軸は、イギリス、フランス、西ドイツだった。特に、イギリスとは、「特別な関係（Special Relationship）」を構築し、ＮＡＴＯ創設に際し、アチソン長官は、オリバー・フランクス駐米大使を通じ、アーネスト・ベビン英外相と緊密に連絡を取った。対仏関係は若干の温度差があった。ルーズベルトとシャルル・ド・ゴールの不信感が根底にあるが、ハル長官も１９４１年12月、ド・ゴールの自由フランス軍が、ニューファウンドランド沖のサンピエールとミクロン諸島を占領したことを批判する声明を発表した。

ソ連・ロシア

アメリカがソ連を承認したのはルーズベルト政権となった１９３３年だった。通商関係の拡大とともに、日本の極東進出を牽制する狙いがあった。第２次世界大戦中に米ソが協力したのは、共通の敵である日本を敗北させるためだったが、そうした中でも、国務省の外交官はモスクワで秘密警察の監視下に置かれており、ソビエト市民との接触は容易ではなかった。

日本の無条件降伏で第２次世界大戦は終戦となり、米ソは対立を深めていく。アメリカの対ソ政策の青写真を描いたのは、在モスクワ大使館に勤務していたケナンである。１９４５年９月、国務省に向け、「ソ連が強力な破壊力を持てばアメリカの安全は危険になる」とし、「ソ連が人道上の立場から自己抑制すると考えるのは誤りである」と断じ、「アメリカの防衛に致命的な知識をソ連に漏らせば、アメリカの重要な利益は損なわれる」と打電した。

ケナンは政策企画室長に就任後の1947年7月、「X」という名前で、外交誌「フォーリン・アフェアーズ」に「ソ連の行動の源泉（The Sources of Soviet Conduct）」と題する論文を寄稿した。膨張志向が強く覇権化するソ連を封じ込める政策を提唱したもので、これが後の「封じ込め政策」の根幹となる。ケナンが日本の再軍備を主張し、制裁的な講和条約に反対したのも、日本を西側に迎える対ソ封じ込めの一環だった。

ケナンのスターリン像は、「平和な世界に価値を認めず、自らの権力の利益になる世界だけに関心を持っている」というものだった。さらに、スターリンには西側との協力を進言する側近がいないことを挙げ、ソ連の対外政策は敵対的になると予測した。欧州でソ連と西側が勢力圏争いを演じるとの見立てから、ドイツを4か国で共同管理するポツダム宣言には批判的だった。ケナンは、ソ連が戦後、西欧の復興に積極的ではなかった理由として、経済混乱が増せば、共産主義勢力が台頭し、資本主義陣営が崩れるとの読みがある、とみていた。

ケナンの後任の政策企画室長、ニッツェは、対ソ政策を盛り込んだ機密文書「NSC68（国家安全保障会議文書）」を作成し、1950年4月にトルーマン大統領に提出した。ケナンの外交重視路線を修正し、封じ込めのためには軍事行動も辞さない姿勢を打ち出した。だが、アイゼンハワー政権で採用されなかった。

1961年にベルリンの壁の建設が始まると、東西の分断は決定的となった。1969年に発足したニクソン政権は緊張緩和路線を採り、その方針はフォード、カーター政権に受け継がれたが、現場の緊張は変わらなかった。例えば、海兵隊は１９８５年1月、在モスクワ大使館の警備要員の1人が機密文書をロシア人女性に渡したことを明らかにした。同じ年の8月には、新たな大使館ビルの建設で、ソ連の諜報機関がコンクリートの中に無数の盗聴器を仕掛けたことが明らかになり、国務省はビルの建設を終了させた。外交官の追放合戦は続き、１９８６年には、アメリカがスパイ活動を理由にソ連国連代表部の25人を追放すると、ソ連側はアメリカ人外交官10人を追放して報復し、その数は増えていった。こうしたことから、アメリカの外交官は、ロシア人との接触を厳しく制限された。

１９９１年12月のソ連崩壊後も、対立関係は残った。共産党による一党独裁体制が崩れても、民主主義や資本主義経済が機能するかは不透明であり、戦略的な競争関係が続いたからである。国務省は１９９２年2月、ロシア人との接触を大幅に緩和したが、ロシア人との恋愛や結婚は引き続き禁止された。ブレジンスキーは１９９７年に出版した著書で、「ロシアの未来は見えづらく、確実に発展する可能性は低い。そのため、アメリカがヨーロッパの協力の枠組みの中にロシアを組み込むことは不可欠となっている」と書き、不安定なロシアを早急に欧州安保の枠組みに取り込む必要性に言及した。

アメリカの政策担当者による杞憂は、２０００年のウラジーミル・プーチンの大統領就任で現実味を帯びることになる。プーチンは、チェチェン紛争の対応で国民の支持を集める中、権力の集中を進めた。かつてのロシア帝国を称賛し、対外的には膨張路線を選んだ。連続3選を禁じた憲法の規定により、大統領を退任し、大統領府長官の部下だったドミートリー・メドベージェフが２００８年５月に大統領に就任した後も、首相として実権を握っていた。２００８年８月のジョージアとの戦闘もプーチンが指揮を執ったとみられた。２００９年に発足したオバマ政権のクリントン長官は、プーチンが最高権力者であることが、「米ロ両国の協力を困難にしている」とみていた。クリントンは２００９年３月、ジュネーブでセルゲイ・ラブロフ露外相と会談し、「リセット（関係再構築）」を呼びかけたが、ラブロフは上司に忠実で英語に堪能な外交官に過ぎず、全てはプーチン次第とみていた。オバマとメドベージェフは２００９年４月、プラハで、戦略核弾頭の配備数を縮小した新戦略兵器削減条約（ＮｅｗＳＴＡＲＴ）に署名し、核軍縮に協調姿勢を見せた。前職が駐露大使だったウィリアム・バーンズ次官は２０１０年４月、ワシントンで演説し、イランの核問題やイスラム過激派への対策での協力を挙げ、「両国関係の雰囲気は改善している。（中略）我々の将来は様々な問題を乗り越える」と自信を見せた。しかし、プーチンが２０１２年５月に大統領に復帰すると、徐々に関係は悪化し、２０１６年のアメリカ大統領選で、サ

ジュネーブでラブロフ露外相（左）と記者会見を行うクリントン長官（2009 年 3 月 6 日）

イバー攻撃を仕掛けたとして、オバマ政権が、ロシア外交官35人を追放し、ロシア5機関6個人のアメリカ国内の資産を凍結する手段に出たことで完全に冷却化した。

2017年のトランプ政権発足後もその基調は変わらず、国務省は同年8月、ロシアの在サンフランシスコ総領事館、在ワシントンの大使館別館、在ニューヨーク総領事館別館の3か所を閉鎖すると発表した。

ロシアが2022年2月にウクライナに侵攻した戦争では、国務省も対露制裁の先頭に立った。

中東・北アフリカ

米国の中東政策は、国益を重視し、人権を軽視していると言われる。歴代政権は、温度差があるものの基本的にはイスラエルを擁護し、イスラエル軍の攻撃を受けるパレスチナ人の苦難に目をそむけた。また、石油を生産するサウジアラビアなど湾岸諸国と友好関係を築き、民主化要求や女性差別の現実を看過した。自由や民主主義といったアメリカの価値観は、この地域では有効な外交手段とならなかった。

主要課題を歴代政権ごとにみてみる。イスラエルとパレスチナの中東和平について、アイゼンハワー大統領は、ダレス長官と協議し、トルーマン政権時代の親イスラエル路線を修正し、「アルファ計画」を打ち出し、イスラエルに領土の譲歩を求めた。国務省は基本的に、和平推進の立場である。アラブ民族主義の高まりにも配慮し、第2次中東戦争では、イスラエルと英仏軍にシナイ半島などからの撤退を求めた。

ケネディはイスラエルとパレスチナに平等に接する姿勢を継続したが、ジョンソンは親イスラエルを鮮明にし、第3次中東戦争で、イスラエルの軍事攻撃を容認した。両時代とも国務省はホワイトハウスの方針から逸脱することはなかった。しかし、ニクソン政権になると、不協和音が目立つようになる。ロジャーズ長官は1969年、国連安保理決議242号を根拠にした包括和平案を提示したが、イスラエルとエジプトはこれを拒否した。このため、以後は親イスラエルのキッシンジャーがホワイトハウスから中東政策を取り仕切り、国務省は蚊帳の外に置かれた。

カーター政権時代の1978年9月、大統領の別荘キャンプ・デービッドで、カーターの仲介の下、エジプトのアンワル・アッ・サダト大統領とイスラエルのメナヘム・ベギン大統領が会談し、エジプトがイスラエルを承認した上で国交を開き、その見返りにイスラエルが第3次中東戦争で制圧したシナイ半島を返還することで合意した。キャンプ・デービッド合意と呼ばれるこの交渉では、バンス長官が、イスラエルの入植問題を批判し、双方に対等な立場で接し、両首脳から信頼を得たと言われている。

クリントン政権下の1994年には、ヨルダンとイスラエルの和平合意が締結された。ヨルダンのフセイン国王とイスラエルのイツハク・ラビン首相との間を取りもったのは、クリストファー長官だった。クリントン大統領は回顧録で、「調停役として尽力した」とクリストファーを評価している。

クリントン政権で副大統領を務めたアル・ゴアは2000年の大統領選に出馬した。この時、副大統領候補に指名されたのは、ジョー・リーバーマン上院議員だった。リーバーマンはユダヤ教徒で、ユダヤ教徒が正副大統領候補となったのは初めてだった。

W・ブッシュ政権では、イスラエル寄りの姿勢が鮮明となる。2006年には、イスラム原理主義組織ハマスを軸にしたパレスチナ自治政府が発足したことを受け、国務省は自治政府内の職員との接触を禁じた。国務省は元々、職員に対し、敵対する勢力との接触を禁じていた。

ジョー・リーバーマン

このように、政権によって中東和平政策には温度差があるが、国務省幹部は基本的にイスラエルへの配慮を欠かさない。彼らの多くが政治任命者であり、ユダヤ票が大統領選を左右する政治力学を考慮せざるを得ないためだ。その象徴的な舞台として、ロビー団体「アメリカ・イスラエル公共問題委員会（American Israel Public Affairs Committee : AIPAC）」がある。アメリカとイスラエルの友好を確認する組織で、会員数は10万人を超え、政治的影響力は大きい。このため、毎年の政策委員会（policy conference）には、党派によらず長官ら多くの国務省幹部が演説を行う。政治的圧力もかかる。例えば、２００７年3月、ライス長官は中東を訪問し、イスラエルとパレスチナの直接対話によって、中東和平交渉を再開する考えを持っていた。しかし、ＡＩＰＡＣはライスに対し、パレスチナ解放機構主流派ファタハとイスラム武装勢力ハマスの「統一政府」がイスラエルを承認しない限り、パレスチナ政府と接触しないことを求める書簡を渡した。書簡には、79人の上院議員の名前が書かれていた。ライスはイスラエルを訪問し、エフード・オルメルト首相やパレスチナ自治政府のマフムード・アッバス議長と会談したが、オルメルトはライスの仲介の受け入れに難色を示し、記者会見なしで訪問は終わった。

ワシントンで開かれたAIPACで演説するジョン・ケリー上院議員（2009年5月5日）

国務省にとって、中東で省史に残る事件といえば、１９７９年11月4日に起こった在テヘランのアメリカ大使館占拠人質事件である。アメリカは翌80年にイランと断交した。大使館を管轄する国務省は、対イラン制裁を主導し、例えば、外交や安全保障に重大な脅威を与える国に金融制裁を科すため、１９７７年に制定された国際緊急経済権限法（International Emergency Economic Powers Act : IEEPA）を適用し、イランをその対象国とした。国務省は同時に、人質の解放交渉に動いた。クリストファー副長官は、イランの前国王パフラヴィーに対するイラン政府のアメリカでの資産返還訴訟について、交渉に影響を与えないように裁判所に働きかけた。最高指導者のホメイニ師自身が解放条件を提示し、交渉に前向きとなった。経済制裁が効いてきたためだった。両国の秘密交渉は、アメリカ側がクリストファー、イラン側がホメイニ師と遠戚関係のあるサデク・タバタバイがそれぞれ責任者となり、1980年9月以降に本格化した。交渉は結実し、カーター政権とレーガン政権が入れ替わる1981年1月20日に人質は444日ぶりに解放された。

レーガン政権は、ソ連とイランの拡大を阻止し、湾岸の産油国を防衛することに主眼を置いた。国務省の対イラン政策に沿うものだったが、その一方で、1986年にホワイトハウス主導で、イラン・コントラ事件が発覚し、シュルツ長官は激怒した。結局、対イラン制裁は継続した。

クリントン政権下の1996年には、エネルギー部門の生産能力を減少させ、テロ組織への資金援助を目指すイラン制裁法（Iran Sanctions Act : ISA）が制定された。2000年の修正法は、イラン革命防衛隊や関連企業と取引する企業への制裁規定が盛り込まれ、包括的イラン制裁・責任・はく奪法（Comprehensive Iran Sanctions, Accountability and Divestment Act : CISADA）となった。

イランを「悪の枢軸」と位置付けたW・ブッシュ政権下では、2006年に国務省近東局にイラン部が発足し、対イラン政策を担当した。アラブ首長国連邦（UAE）の中心都市ドバイには、対イラン駐在事務所が設置された。

オバマ政権では、前政権の圧力重視のイラン政策を修正し、対話も掲げた。２０１０年9月、スタインバーグ副長官はＣＩＳＡＤＡの成果として、フランスの大手トタルエナジーズなど国際エネルギー企業４社が、イランのエネルギー部門への投資終了を表明した点を挙げ、「国際社会はイランに対する通常のビジネス関係を結束して放棄すべきだ」と述べ、国際包囲網を強化する考えを示した。その一方で、クリントン長官は２０１０年12月、バーレーンで開かれた、ペルシャ湾の安全保障に関する国際会議に出席した。会議には、イランのマヌーチェフル・モッタキ外相も出席しており、クリントンは席上、イランについて、「オバマ大統領は2年前、誠実な対話を提案した。そしてその提案はまだ有効だ」と呼び掛けた。その後の夕食会で、クリントンはモッタキに「こんにちは」と声をかけ、ほとんど無視された。だが、対話路線は少しずつ功を奏した。２０１５年7月、米英仏独露中の6か国とイランは「包括的共同行動計画（Joint Comprehensive Plan of Action : JCPOA）」を結び、イランが濃縮ウラン生産を大幅に削減する見返りに、経済制裁を段階的に解除することになった。

ところが、トランプ政権は２０１８年5月、この核合意からの離脱を表明し、イランも対決姿勢を強めた。

イランとともに、１９９０年代以降、アメリカの懸案となったのはイラクだった。直接の発端は、1990年8月のイラクによるクウェート侵攻である。クウェート市のアメリカ大使館では、水道と電気を止められ、ハウエル大使と館員の10人以上が籠城を強いられた。国務省は対抗措置として、アメリカのイラク大使館の外交官55人のうち、36人に対し、3日以内の国外退去を求めるとともに、駐在を認められた残る外交官19人の活動範囲をワシントンの中心部から25マイル（約40キロ）に制限した。19人は、イラクとクウェートで滞在している米外交官の人数と同数だった。湾岸危機は、1991年1月にアメリカ軍を主体とする多国籍軍がクウェートに侵攻してイラク軍を撤退させ、クウェートを解放した。その後も、国務省はフセイン政権を敵視し、イラク制裁に関与し続けた。

その後のイラク政策で、国務省の存在意義が問われたのは、2003年のイラク戦争である。2001年の同時テロ後、W・ブッシュ政権が、イラクを「悪の枢軸国」と位置付け、大量破壊兵器の保有を理由にフセイン政権の打倒に動いた戦いだった。前述したように、パウエル長官は、戦争遂行に否定的で、これに積極的なラムズフェルド国防長官と激しく対立した。この争いは、イラクの戦後統治を巡っても続き、イラク復興人道支援室の運営は迷走し、連合国暫定当局の発足につながる。その代表を務めるブレマーは国務省出身であり、戦争遂行の局面で脇に追いやられた国務省が戦後統治で中心的な役割を果たすとみられたが、連合国暫定当局は国防総省に依拠していたため、ブレマーは、ラムズフェルドに報告していた。

2004年6月に主権がイラク側に移譲され、湾岸戦争で閉鎖されていた在イラク大使館が13

年ぶりに再開した。年間予算は6億5500万ドルで、イラク人スタッフも含め、約1700人の巨大組織となった。ジョン・ネグロポンテ国連大使がイラク大使に転じ、国務、国防、財務など主要省庁からスタッフが集められた。パウエル長官に報告するネグロポンテは、レーガン政権時代に国家安全保障担当補佐官に抜擢されたパウエルを側近として支え、パウエルとは緊密な関係だった。大使館は外交官らの安全を守るため、ブラックウォーターなど民間警備会社と契約した。ただ、こうした会社の職員による市民への銃撃事件が相次ぎ、その権限について批判が集まるようになった。このため、国務省は2007年10月、同社への監督を強化し、警備車両にカメラを搭載し、通信の記録を保存する対策を発表した。

このほかの国や地域では、アイゼンハワーとダレスは、対ソ政策で「北層計画」を進め、ソ連と国境を接するトルコ、イラン、パキスタンと軍事同盟を発足させた。1955年には、イラクとトルコの相互協力条約にイギリス、パキスタン、イランが加わり、5か国によるバグダッド条約機構（中東条約機構）を成立させた。ソ連の中東への進出を防ぐため、ダレス長官が中心になって進めた政策だった。イラクでは対米協力は不評だったが、ヌーリ・アッサイード首相には、対米協力の姿勢を示すことで、アメリカの親イスラエル姿勢に歯止めをかける狙いがあった。

リビアも制裁の対象となった。アメリカはリビアをテロ支援国家とみなし、断交状態となった。しかし、最高指導者のムアンマル・アル・カダフィー大佐は２００３年末、大量破壊兵器の開発計画を破棄すると宣言した。この年のイラク戦争で大量破壊兵器の保有を理由にフセイン政権が崩壊したことを受け、アメリカに歩み寄ったとみられる。武装解除の方針により、雪解けは進み、アメリカとリビアは相互に利益代表部を設置することで合意した。

中南米・カリブ海

アメリカの初期の中南米・カリブ海政策は、１８２３年の「モンロー・ドクトリン」に象徴される。欧州列強による進出への警戒心が強く、欧州とアメリカ大陸の相互不干渉を呼び掛けたものだった。しかし、実際には、19世紀前半に、このモンロー宣言が適用されなかったり、国益によって骨抜きにされたりした。例えば、イギリスが１８３２年、フォークランド諸島を占領した際、アメリカは抗議しなかった。このほか、ジョン・クレイトン国務長官とブルワー・ワシントン英領事は１８５０年、アメリカとイギリスがパナマ運河の建設を促進することで合意し、クレイトン・ブルワー条約を締結した。理想を掲げつつ、イギリスなど欧州列強の力を直視せざるを得なかった。

南北戦争を経て、アメリカは対外的に膨張していく。１８６５年、ハプスブルク家のマクシミリアンを擁立してメキシコに出兵していたフランスのナポレオン３世に圧力をかけ、撤兵に追い込んだのは、その好例だろう。イギリスの覇権に陰りがみえると、中南米ではアメリカの影響力が増していく。1889〜90年に、ジェームズ・ブレイン長官の提唱で、第1回米州国家国際会議（International Conference of American States＝通称・汎アメリカ会議）が開催された。中南米はやがて、アメリカ製品の輸出先で、アメリカの経済的利益を確保する地域として、内政干渉を受けることになる。アメリカは1898年の米西戦争で勝利し、中南米ではプエルトリコを領有し、キューバを保護国とした。ジョン・ヘイ国務長官とジュリアン・ポンスフォート駐米英大使は、前述したクレイトン・ブルワー条約を破棄し、1901年にヘイ・ポンスフォート条約を結び、アメリカはパナマ運河の建設権を独占した。

こうした動きを強力に進めたのが、セオドア・ルーズベルト大統領である。1904年の年次教書演説で、アメリカが中南米で「警察権」を行使する権利を持つと主張した。ルーズベルト・コロラリー（Roosevelt Corollary）と呼ばれる宣言である。アメリカはその後、ニカラグア、ハイチ、ドミニカ共和国に介入した。国際協調を訴えた民主党のウィルソン政権も、中南米政策で変わりはなかった。その後のハーディング、クーリッジ政権でも「力による行使」が目立った。

このため、1920年代になると、アメリカと中南米諸国との関係は悪化した。これを改善しようとしたのが、フランクリン・ルーズベルト政権の善隣政策（Good neighbor policy）であり、国務省がそれに重要な役割を果たした。国務省はそれまで大統領の政策を実行し、目立った中南米政策はみられなかった。しかし、ハル長官は、自由貿易主義者として、ルーズベルトに対し、敵対的な中南米政策がアメリカ製品の輸出を損ねていると訴えた。1933年2月にウルグアイの首都モンテビデオで開かれた汎アメリカ会議で首席代表を務め、参加国の法的平等や内政不干渉を柱にしたモンテビデオ協定を締結した。その結果、1934年にキューバとの間の「プラット修正条項」は放棄され、ハイチやドミニカからも撤兵した。ハルはまた、共和党の高関税政策に反対し、1934年に互恵通商協定法を成立させ、大統領が一定の関税率を設定することを可能にした。この法律は中南米諸国に適用された。

1936年12月にブエノスアイレスで行われた汎アメリカ会議には、ルーズベルト本人も出席した。現職大統領が南半球の国を訪問したのは初めてだった。アメリカに不信感を持つアルゼンチンでの開催により、善隣外交を印象付けようとしたのだ。ハルや次官補のウェルズも同行した。ルーズベルトは、会議の冒頭、「相互依存の素晴らしさを理解しよう」と呼びかけた。会議では、各国の主権の承認や他国への内政不干渉などが採択された。

1937年に次官となったウェルズは、さらに善隣政策を推進した。1938年にリマ、1939年にパナマでそれぞれ開かれた汎アメリカ会議に出席し、集団安全保障を協議した。ウェルズは元々、国務省の外交官で、ブエノスアイレスに赴任し、西半球の専門家としてのキャリアを積んだが、共和党のクーリッジ政権の強硬な中南米政策に反発し、1925年に国務省を去っていた。ルーズベルトの大統領選を支援したことで、国務省に復帰し、駐キューバ大使を務めたこともある。ウェルズは、国際協調がアメリカの力の源泉という考えの持ち主で、中南米はその重要な舞台となった。ただ、次官は国務省のナンバー2として、世界全体の政策立案を担い、西半球に専念できなくなったため、側近で中南米部長のローレンス・デューガンに仕事を委ねた。デューガンは若い頃から中南米諸国を旅し、スペイン語とポルトガル語を操る専門家だった。アメリカの権益を強く主張せず、自由貿易の理念を訴え、中南米諸国で協調路線を採った。また、メキシコの石油国有化に伴い、アメリカの石油大手との補償問題に対応し、メキシコとの関係改善に努めた。

こうした関係が功を奏したのは第2次世界大戦である。1941年12月の真珠湾攻撃後、中立を表明したチリとアルゼンチン以外の中南米諸国は連合国側に参戦した。1945年2〜3月、メキシコ市のチャプルテペク城で、汎アメリカ会議が開催され、ドイツに近かったアルゼンチンを除く19か国が出席し、チャプルテペク決議が採択され、米州1か国への攻撃は米州全ての国への攻撃とみなすことで合意した。この決議は、アメリカと中南米諸国が軍事侵略に対して相互援助を行う1947年のリオ条約（米州相互防衛条約）に発展し、アメリカにとっては非戦闘時における初の軍事同盟となった。また、アメリカ大陸の協力の枠組みとして、1951年に米州機構が発足した。

ちなみに、ウェルズは1942年、戦後の国際機構の設立を検討した。ところが、ハルには何の相談もなかったため、ハルはこれを非難し、ルーズベルトに辞職を示唆した。このため、ルーズベルトは1943年9月、ウェルズを辞職させた。部下のデューガンも、ウェルズの後を追った。

戦後の冷戦の余波は中南米をも覆った。アメリカにとっては、「裏庭」とする中南米で、共産主義勢力の浸透を阻止する必要があった。ダレス長官は、中南米におけるソ連の影響力拡大を「モンロー主義への挑戦」と呼んだ。グアテマラでは、左派のハコボ・アルベンス・グスマン大統領が、アメリカのユナイテッド・フルーツ社の土地を没収し、共産主義陣営のチェコスロバキアから武器を購入し、左翼色を強めていた。CIAは1954年、隣国ホンジュラスに亡命していた反対派を支援し、グアテマラに侵攻させ、アルベンス政権を崩壊させた。キューバでは1959年、カストロによる革命政権が成立した。カストロはアメリカ企業の資産を没収して国営化し、ソ連に接近したため、ケネディ政権がカストロ政権の転覆に動いた。1961年1月に断交し、その3か月後の4月、亡命キューバ人をキューバに侵攻させたが、失敗した。キューバからの「革命の輸出」を阻止したいケネディは1961年8月、中南米で「進歩のための同盟」を提唱し、米州機構経済社会理事会で採択された。アメリカからの経済支援や民間投資を通じ、中南米諸国で経済安定、生活向上、教育普及を実現し、共産主義の広がりを抑える狙いがあった。その一方で、反米的な政権に対しては、CIAが転覆に関与したとされ、ブラジルのジョアン・ゴラール政権への軍事クーデター（1964年）や、チリのサルバドール・アジェンデ政権への軍事クーデター（1973年）がその実例である。

中南米は1960～70年代にかけて、力で秩序を維持する軍政が広がり、アメリカは反共のため、これを容認した。人権や民主主義を尊重する国務省も、軍政には目をつぶった。変化が起こるのは1990年代の冷戦終結後である。ハイパー・インフレにより、軍政への信任も低下し、民政移管の波が起こった。冷戦終結で共産勢力への警戒心が薄らいだアメリカは、民主化を通じて、自らの影響力を温存しようとした。外交の出番となり、国務省の役割も高まった。ハイチで1991年、軍事クーデターが起こり、ジャン＝ベルトラン・アリスティド大統領がアメリカに亡命した際、国務省は国連に働きかけて、軍政への経済制裁を強めるとともに、軍政と関連する人物のビザ発給を無効とする方針を表明した。経済面では、債務危機とハイパー・インフレの再燃を抑えるため、自由貿易、緊縮財政、規制緩和を軸にした新自由主義（ネオ・リベラリズム）的な政策を呼び掛けた。1994年にマイアミで初の汎アメリカ首脳会議が開催されて以来、南北アメリカ大陸に自由貿易圏を創設する汎アメリカ自由貿易地域（Free Trade Area of the Americas : FTAA）構想の旗振り役となった。

ところが、緊縮財政下での自由貿易は格差拡大をもたらし、文民政権の汚職も相次ぎ、1990年代末から2000年代にかけて、こうした政権不信への受け皿として、ベネズエラ、アルゼンチン、ボリビアなどで左派政権が誕生した。中道色が強く、共産主義ほど赤色ではないという意味で、「ピンクの潮流（Pink Tide）」と呼ばれた。その特徴は、経済不振の原因として、アメリカが主導するネオ・リベラリズムを目の敵にし、貧困層の救済を掲げた。アメリカは、左派政権が独裁色を強めていると批判したが、かつてのような強硬な政権転覆工作は行わなかった。

2010年代に入ると、「ピンクの潮流」は経済低迷から勢いを失う。資源価格の下落が、財政収支を悪化させ、高インフレを招いた。こうして、民衆の支持は左派から右派に流れる。右派政権は、左派政権のポピュリズム的な積極財政を修正し、財政規律を重視して支出を削減し、規制緩和を進めた。外交では、対米関係を重視し、自由貿易を支持した。しかし、これも格差拡大を阻止できず、民衆の不満は解消されなかった。結局、2010年代後半になると、「ピンクの潮流」が復活していく。左派政権は再び、反米で結束し始め、2022年6月、ロサンゼルスで行われた汎アメリカ首脳会議では、主催国のアメリカが反米のキューバ、ベネズエラ、ニカラグアの首脳を招かなかったことに反発し、メキシコ、ホンジュラス、ボリビアなど8か国首脳が会議を欠席した。

2010年代以降の外交的成果としては、オバマ政権によるキューバとの関係正常化が挙げられる。オバマ大統領とラウル・カストロ国家評議会議長の首脳会談の実現に向け、準備を進めたのが国務省である。2015年1月以降、ロバータ・ジェイコブソン次官補（西半球担当）が交渉団を率い、4月にはケリー長官とブルーノ・ロドリゲス・キューバ外相が、外相級としては1958年以来となる会談を行った。これにより、2015年6月に大使館の相互開設で合意した。8月、ケリー長官が、長官として1945年以来となるキューバ訪問を行い、大使館の開設式に出席した。

中国

アメリカが中国と関わるのは、西部開拓が終わり、太平洋へと膨張する19世紀末以降である。中国は既に欧州列強により不平等条約の締結を強いられ、特にイギリスは貿易上の特権的な地位を享受していた。後進のアメリカはその利益に割って入る必要があった。

19世紀末の政策として、ジョン・ヘイ長官が1899年に発表した門戸開放・機会均等・領土保全の3原則がある。ヘイが駐独アメリカ大使にあてた書簡によると、その内容は、列強諸国は他国が中国で持つ権益に干渉しない、列強の利害関係地で取引される商品には中国の条約関税率を適用する、といった内容だった。アメリカが欧州列強に配慮しつつ、中国での利権を獲得することを狙ったとされる原則で、1903年の米華通商条約はこれを確認する内容となった。

1920～30年代に入ると、宣言が中国の権利を尊重する内容だけに、日本の中国進出の動きを阻む効果を持ち始めた。クーリッジ政権は1928年、中華民国の国民政府を承認し、関税自主権を中国に返還した。

日本の中国進出に対し、国務省は反対の姿勢を鮮明にした。フーバー政権のスティムソン長官は1932年、満州事変を受け、武力による領土変更を承認しないと発表した。ルーズベルト政権発足後も、国務省は日本の対中政策を批判した。太平洋戦争開戦後は、中国に対する武器貸与が実施された。アメリカ国内では、ルーズベルトが1943年12月、中国人に対する差別待遇を撤廃する法律に署名した。

第2次世界大戦後、アメリカは、日本と戦った中国・国民党の指導者、蔣介石を承認することにし、国連安全保障理事会で拒否権を持つ五大国に迎えた。しかし、中国国内では、国民党と共産党の内戦が激しくなった。その後のトルーマン政権は、両党が協力した体制を模索し、駐中国アメリカ大使のパトリック・ハーレイは1945年9月、蔣介石と毛沢東（共産党指導者）の会談を重慶で仲介したが、内戦は収まらなかった。トルーマンはその一方で、マーシャル長官の助言を受け、アルバート・ウェデマイヤー中将に中国の政治情勢を現地調査させ、国民党軍への援助継続を決めた。1949年になると、都市部を拠点としていた国民党は、農村部に依拠した共産党に軍事的に敗北し、台湾への退却を余儀なくされた。中国で共産主義革命が起こり、国務省は「中国を失った」として批判を浴びた。アチソン長官の指示で、国務省は1949年8月、国民党政権が機能していないとする報告書を発表した。アメリカ政府は第2次世界大戦後、国民党政権に対し、約20億ドルを支援してきたが、腐敗が進行してその一部は使途不明となった。共産党はその2か月後、中華人民共和国を樹立した。

中華人民共和国の成立を受け、アチソン長官は1950年1月、国民党軍司令官の無能ぶりを批判した。後に国務長官となるラスク国務次官補（極東担当）は1951年、「北京の政権は中国の政権ではない」と承認しなかった。ただ、政策企画室長だったケナンは既に、中国が共産主義政権になっても、ソ連に負担がかかるだけで、「アメリカの安全保障に対し、耐え難い脅威にはならない」と分析していた。ケナンはそれよりも、日本の民主化がアメリカの安全保障にとって重要との立場を取っていた。共産党政権を承認しないが、それほどの脅威とみなさないというのが基本姿勢である。中国に近い台湾領の金門島などの島々が、北京と台北の係争地となった時、ダレス長官は島々を「岩の集まり」と表現し、争いから距離を置いた。1954年9月に始まった第1次台湾海峡危機を受け、ダレスは2か月後の11月、駐ワシントン台湾大使との間で、防衛条約文書に仮調印した。しかし、この条約は、台湾本島と澎湖諸島に言及し、金門島や馬祖島に触れていなかった。

米中両国はこの危機の後、軍事的衝突を避けるため、対話を始めた。ジョン・F・ケネディ上院議員は1957年、「フォーリン・アフェアーズ」誌に寄稿した論文で、アメリカの対アジア政策の「硬直化」を批判し、中国を承認しないまでも、対中政策を再検討すべきだと訴えた。こうした中で、1958年8月、中国は沖合の島々に対して新たな砲撃を加え、第2次台湾海峡危機が起こった。国務省内部では、1949年の内戦終結後、中国専門家が去っており、大局的な視点で対中政策を論じることができなくなっていた。

米中接近が実現したのは、ニクソン政権である。ニクソンは1967年10月に「フォーリン・アフェアーズ」誌に寄稿し、「中国を国際社会の外に置く余裕はない」と主張した。大統領就任後の1969年8月の国家安全保障会議では、中ソ戦争で中国が敗れれば、アメリカの国益に反するとまで踏み込んだ。ソ連を最も敵視する戦略の中で、中国との関係改善を模索したのである。ホワイトハウスから在外大使館にも具体的な指示があった。ワルシャワのウォルター・ストッセル大使は、ワルシャワの中国大使に接近し、中国大使館での会談が実現した。それ以降、様々な大使館を通じて、米中間の接触が行われた。毛沢東・中国共産党中央委員会主席も、アメリカ人記者へのインタビューなどを通じて、関係改善のメッセージを送った。1971年4月には、アメリカ人の卓球選手を北京に招待し、「ピンポン外交」も展開した。ニクソンは、交渉の窓口をホワイトハウスに限定し、国務省を除外した。周恩来首相がニクソンの訪中を要請し、キッシンジャーがその準備に取り掛かった時、ロジャーズ長官は中国批判を続けていた。キッシンジャーはニクソン訪中のため、アジア歴訪の最中に極秘に訪中し、周恩来と会談した。ニクソンは1972年2月、北京を訪問した。

米中両国は1979年1月に国交を樹立した。台湾とは断交し、駐留部隊を引き上げた。国務省はこの年、断交した台湾の窓口機関として、アメリカ在台協会を開き、その台北事務所が実務を担ってきた。台湾問題では、「一つの中国」を掲げ、台湾を不可分の領土とみる中国に配慮してきた。例えば、台湾総統が訪米するためのビザ発給を原則認めなかったが、1995年には、議会の決議案を受け、李登輝総統のコーネル大学同窓会出席を容認したことがある。しかし、この後、国防総省の中国駐在武官2人が、ミサイル関連のスパイ容疑で中国当局から国外退去処分を受けた。李に対するビザ発給の対抗措置と言って間違いない。

米中間でも外交官の追放は行われてきた。1987年には、ワシントンの中国大使館の中国人外交官2人を国外追放したが、このうち1人は、アメリカの国家安全保障に関する書類を入手した疑いで逮捕されていた。翌88年にも、同様の理由で中国人外交官2人を追放した。

1990年代に入り、中国が大国の道を歩むにつれ、アメリカの警戒感も高まってきた。ブレジンスキーは1997年の段階で、「中国は世界をかなり不安定化させ、日米関係に大きな緊張をもたらし、東南アジアの安定を危険にさらす」と予測した。W・ブッシュ政権時代の2006年から「米中戦略・経済対話（US-China Strategic Economic Dialogue）」が、ワシントンと北京で相互に開かれた。当初は、アメリカの対中貿易赤字の是正が焦点で、財務省が主導した経済対話が中心だったが、後に外交分野も議題とし、国務省も関与の度合いを強めた。一時停滞したが、胡錦濤《こきんとう》国家主席が率いる中国を「パートナー」と位置付けるオバマ政権下で活発化し、クリントン国務長官とティモシー・ガイトナー財務長官は2009年4月、相互の首都で年1回行うと発表した。7月にワシントンで行われた対話では、王岐山副首相、戴秉国《たいへいこく》・国務委員が訪米し、クリントンと戴が戦略分野、ガイトナーと王が経済分野を議論した。クリントンは2009年2月、初のアジア歴訪を前に、ニューヨークのアジア・ソサイエティーで、アジア政策に関する演説を行った。その前に準備のため、国務省8階のトマス・ジェファーソン応接室にアジア専門家を招き、意

アジア歴訪を前に演説するクリントン長官（2009 年 2 月 13 日）

見を聞いた。演説の後半では、中国の格言から援用し、「同じ舟に乗っていれば、仲良く川を渡ろう」と呼びかけた。人権や軍事面で対立点は多いが、国益で重なる部分が少なくなく、協力して対処する意向を示したものだ。そもそも国務省は中国に対して融和的な姿勢を示し、対抗的な国防総省とは異なる傾向がある。

一方で、米中両国では情報戦が演じられた。国務省は2006年、中国のパソコンメーカー、レノボ社から1万6000台のパソコンを購入した際、機密情報を扱わないことを決めた。国連でも例外ではなかった。ニューヨーク・マンハッタンにある高級ホテル「ウォルドルフ・アストリア・ニューヨーク」の42階は、アメリカの国連大使の公邸となってきた。しかし、中国の金融大手・安邦保険が2015年にこのホテルを買収すると、情報漏洩への懸念から、大使公邸は、近くにある高層階の高級居住ビル「50国連プラザ」に引っ越した。

トランプ政権以降は、協調よりも対立が目立つ局面となっている。トランプは著書で、「はっきり言っておこう。中国はアメリカの友人ではない。彼らはアメリカを敵と見ている。ワシントンはいい加減に気付くべきだ。中国は我々の仕事を盗み、アメリカ市場を解体用の鉄球でぶち壊している。アメリカのテクノロジーを盗み、マッハの速度で軍隊を拡張している。アメリカが賢く行動しなければ、取り返しのつかない損失を受けるだろう」と強烈に批判した。アメリカ政府は各省庁で様々な中国対応を行ったが、国務省は2019年、中国人外交官がアメリカ国内で活動する際、届け出を求める方針を示した。アメリカ人外交官が中国国内での活動を制限されていることへの対抗措置だが、アメリカの研究機関から機密情報が流出していることへの警戒感もあるようだ。

バイデン政権では、国務省が2022年12月、省内の対中政策を調整する「中国調整室（Office of China Coordination＝通称チャイナ・ハウス）」を設置すると発表した。これまで、東アジア・太平洋局中国・台湾部に代わり、経済、技術、安全保障など省内の中国専門家を集め、機能的な中国政策を実施するための組織だ。ダニエル・クリテンブリンク国務次官補とリック・ウォーターズ国務次官補代理（中国・台湾部長）が統括する。香港や台湾問題やウクライナ戦争への対応を巡り、米中両国の対立は深まっており、「チャイナ・ハウス」の開設には、省内の人的・物的資源を集約させ、対中外交に本腰を入れる考えが込められている。

朝鮮半島

アメリカと朝鮮の関係史は19世紀後半にさかのぼる。アメリカの帆船ジェネラル・シャーマン号が1866年、李氏朝鮮に通商を求め、現在の平壌に来航した。交渉の過程で朝鮮側の帆船が転覆されたことを受け、双方で交戦が発生し、ジェネラル・シャーマン号の乗組員が殺害された。このため、アメリカのアジア艦隊が1871年、漢江に侵入し、朝鮮側と一時的な交戦に発展した。米朝は1882年に貿易関係を正常化させた。日本が朝鮮半島に進出し、日清戦争、日露戦争での勝利を経て、1910年に併合した。アメリカはこの間、事実上、日本の進出を静観する姿勢を見せ、日本の支配に対抗する朝鮮側の勢力からの支援要請に積極的に応じなかった。

朝鮮半島は第2次世界大戦後、38度線を境として、資本主義陣営の韓国と共産主義陣営の北朝鮮に分断された。互いに統一の機会をうかがう中、均衡が崩れるきっかけを与えたのは、トルーマン政権のアチソン長官が1950年1月に、ワシントンのナショナル・プレス・クラブで行ったアジアに関する演説だった。アチソンは「アメリカの防衛境界線は、アリューシャン列島から、日本、琉球諸島（沖縄）に及ぶ。さらに、フィリピン諸島につながる」と述べた。有名な「アチソン・ライン」である。これに朝鮮半島が言及されなかったことから、北朝鮮の指導者、金日成は半島統一に向け、ソ連や中国との協議に入る。この年に、国務省顧問に就任したダレスは6月17日、韓国の国会を訪れ、「アメリカは人類の自由の原則とそれを支持する人々を裏切らない」と演説し、韓国への支援を訴えたが、北朝鮮の戦闘準備を止める効果はなかった。その8日後の6月25日、朝鮮戦争が起こった。

開戦後、北朝鮮が38度線を越えて、韓国側に侵攻すると、国務省ではその対応について見解が分かれた。1950年1月に政策企画室長に就任したニッツェは、前任者のケナンの影響を受け、国連軍が38度線を越えて北上すべきではないとの考えを示したが、極東局のディーン・ラスクやジョン・アリソンは、北朝鮮軍を壊滅するため、38度線を越えるのはやむを得ないとの意見だった。国防総省が38度線を越えるべきとの見解を示し、その方向となった。

戦争は一進一退の攻防を続け、1953年7月27日に休戦協定が結ばれた。

国務省はその後、自国の外交官に対し、公共の場で北朝鮮外交官と会話しないよう求めてきた。対話機運が高まる場面もあり、1983年には北朝鮮外交官との会話を容認する姿勢を示したが、この年に、ミャンマーの旧首都ラングーン（現ヤンゴン）で、北朝鮮による爆破テロが発生し、会話は引き続き禁止された。南北の離散家族問題を打開するため、南北が直接対話を再開したり、北朝鮮がソウル五輪に参加したりするといった融和的な雰囲気が出たことから、1987年になり、ようやく外交官の会話を容認する方針が出された。だが、この年に起こった大韓航空機爆破事件で、北朝鮮の工作員によるテロと判明したことから、またしても両国外交官の接触は立ち消えとなった。

この時期、後に米朝関係を緊迫させる国際問題が明らかになる。北朝鮮の核開発疑惑である。衛星写真などから徐々に疑惑が深まる中、北朝鮮は1993年3月、核不拡散条約からの脱退を宣言し、核兵器開発を目指す姿勢を示した。クリントン政権はこれを阻止するため、対話による解決を模索した。国務省はアメリカ代表として交渉に臨んだ。北朝鮮はこの年の11月、米朝協議の場で、対立解消のための包括案を提示した。それによると、北朝鮮が黒鉛炉関連施設を破棄し、国際原子力機関（International Atomic Energy Agency：IAEA）による査察を認める代わりに、アメリカが北朝鮮に武力行使を行わず、軍事演習を中止することを確約するという内容だった。交渉は進むかに見えたが、北朝鮮は1994年3月、IAEAによる査察作業を中止させ、核兵器製造疑惑が高まった。ウィリアム・ペリー国防長官は、核開発阻止のため戦争を厭わないと発言し、緊張が高まったが、クリストファー国務長官は、「平和的な解決を望む」との声明を発表し、外交的解決を目指す方向となった。

ジュネーブでの交渉の末、１９９４年10月に米朝枠組み合意が実現した。北朝鮮が、アメリカ、日本、韓国から軽水炉２基の建設と、それが完成するまで毎年50万トンの重油の提供を受ける見返りに、北西部・寧辺の黒鉛減速炉を軸とするプルトニウムの核開発を凍結するという内容だった。軽水炉の事業費は46億ドルに上り、その後、ワシントンの国務省やニューヨークで合意実現のための協議が開かれた。翌95年3月には、朝鮮半島エネルギー開発機構（Korean Peninsula Energy Development Organization：KEDO）が組織され、ステファン・ボズワースが初代事務局長を務めた。

米朝協議で交渉役となったのは、アメリカ側が国務省の北朝鮮担当官や韓国課長、北朝鮮側が外務省の外務次官や米州局長だった。クリントン時代には、米朝協議が頻繁に行われ、米側の主張を一本化する狙いとして、日米韓の３か国による高官級協議が開かれた。１９９２～97年に国務省で北朝鮮担当官を務めたケネス・キノネスは、１９９３年から始まった米朝高官協議に臨み、１９９４年にアメリカ代表団として初めて寧辺の核施設・放射化学研究所を訪れた。キノネ

38度線に近く、朝鮮戦争の休戦会議が開かれた板門店

スは著書で「(北朝鮮が)私たちを憎み、私たちも彼らを憎悪していた」関係を「北朝鮮の人々からの信頼を獲得しつつ、米朝両政府間の信頼関係を維持」したと振り返っている。

だが、軽水炉建設は進まず、北朝鮮は1998年8月、通告なしに弾道ミサイル・テポドン1号の発射実験を行い、太平洋に落下させ、アメリカを刺激した。クリントンは、ペリー前国防長官を北朝鮮政策調整官に任命し、交渉にあたらせた。ペリーは1999年9月、日米韓3か国の協調の下、軍事力を維持しながら、北朝鮮の核・ミサイル開発を阻止するという内容の報告書を大統領と議会に提出した。これが翌2000年10月、金正日総書記の特使として、趙明録・国防委員会第一副委員長の訪米とクリントンとの会談につながった。これを受け、米朝は「共同コミュニケ」を発表し、双方が敵対的態度を取らず、1994年の枠組み合意を再確認した。オルブライト長官はこの月に訪朝し、金正日総書記と会談し、クリントンの訪朝を議論した。ただ、合意事項ですり合わせができず、大統領の訪問は実現しなかった。

北朝鮮の核危機が再び表面化するのは、W・ブッシュ政権下の2002年10月である。国務省のケリー次官補が訪朝し、濃縮ウラン型の核開発計画を指摘すると、北朝鮮がこれを認めた。これにより、枠組み合意は崩壊したことになる。ケリー次官補は、核問題解決のため、米中朝3か国協議を開くという中国提案に同意し、この枠組みが、日韓露も加えた6か国協議に拡大し、2003年に北京で始まった。2005年以降は、ケリーの後任のクリストファー・ヒル次官補が協議に参加したが、具体的な成果を得られなかった。

オバマ政権下では、国務長官が人事に関与する政府特別代表が対北交渉役を務め、ボズワース、グリン・デイビス、ソン・キム、ジョセフ・ユンがその任に就いた。しかし、トランプ政権下の2018年、ユンは辞任した。トランプとの不仲が原因とされる。後任は、ポンペオ長官に近く、国家安全保障会議の事務局長を務めたステファン・ビーガンとなったが、政府特別代表の役割は低下した。ホワイトハウスが対北交渉を取り仕切ったためで、2018年にシンガポールで行われた米朝首脳会談は、国務省ではなく、ホワイトハウスとCIAが調整を行ったと言われる。

日本

近代の日米関係は、「黒船来航」によって始まる。マシュー・ペリー総督が率いるフリゲート艦4隻は1853年、浦賀に到着し、ミラード・フィルモア大統領の親書を渡し、江戸幕府に通商交渉を要求した。ペリーは翌54年に再び来航し、下田と函館の2港を開港させる日米和親条約を結んだ。1858年には、初代駐日領事のタウンゼント・ハリスが14代将軍徳川家茂との間で、日米修好通商条約を結んだ。この条約は後に改訂されて日本の関税自主権は認められず、不平等条約となった。このため、明治維新後は、平等条約に向けた外交交渉が断続的に行われ、日本は1911年に関税自主権を回復した。

その後は、アジア進出を巡り、日米の国益がぶつかるようになる。ルート長官は1908年11月、駐米大使の高平小五郎と協議し、太平洋地域における双方の領土尊重や中国での門戸開放で一致した。現状変更への懸念を相互に牽制するものだった。ブライアン長官は1915年3月、2か月前の日本の「対華21か条の要求」に対し、駐米大使の珍田捨巳あてに、日本の要求は中国主権に関する従来の諸宣言に反すると抗議した。

日米の対立が深刻化するのは、1930年代以降である。1931年に満州事変が起こり、翌32年2月に軍部が「満州国」の建国を宣言すると、この年の6月に駐日大使として東京に赴任したグルーは著書で、「住民自らが満州国という喜劇的な国家を建設したのだと平気でいうに至っては、日本人は3歳の児童にも劣り、人間の知性を侮辱するものだ」と厳しく批判した。グルーはこの年の10月、スティムソン長官に対し、「満州国」建国を主導した軍部について、「日本をどんな破滅にでも陥れる能力を完全に持っている」と報告し、スティムソンは「あなたが描写される情勢は本質的に我々と一致する」と返答した。アメリカは「満州国」を承認せず、反日政策が形成されていく。グルーは主に日本の外相を交渉相手とし、両国関係を維持しようとしたが、軍部の台頭により奏功せず、最終的には日本を「掠奪国家の一員」とみるようになった。

ハルの回顧録によると、グルーは1941年1月、日本軍によるハワイ・真珠湾への奇襲攻撃の可能性を報告してきた。グルーがペルー公使から聞いた情報で、ハルは陸軍と海軍に伝えた。ハルは1941年3月以降、実際に真珠湾攻撃が起こるまで、野村吉三郎駐米大使と40〜50回会談した。野村はハルの私邸を訪れることが多く、通常は早朝に話し合った。ハルは野村との会談前に、国務省内の日本通、ジョセフ・バランタインと打ち合わせを行った。この時期、アメリカの陸軍と海軍は、東京からワシントンに送られる日本政府の暗号を解読しており、野村への訓令は事前に察知されていた。ハルは対日交渉について、１９４１年７月に日本軍が南部仏印に進駐した時点で、「我々の交渉は終わった。これから日本に対する目的は、国防の準備のために時間を稼ぐことだ」と語った。このため、野村との会談は、もはや開戦を防ぐためではなくなった。

１９４１年10月に東条英樹内閣が成立し、東郷茂徳外相から野村あての電報も傍受され、ハルは日米交渉の妥結期限を11月25日に設定していたことも知っていた。つまり、日米開戦の方針を事実上把握していた。ハルは11月７日の閣議で、ルーズベルトを前に、「いつどこに日本の軍事攻撃が加えられるか分からない」と警告した。ハルは11月26日、野村とその補佐役として訪米した特命全権大使、来栖三郎に10か条の平和的解決の提案を手渡した。いわゆる「ハル・ノート」である。ハルはこの後、元国務長官のスティムソン陸軍長官に対し、「あとは軍に任せる」と伝えており、日本が10か条を受け入れるとは毛頭考えていなかった。ハルが日本の対米攻撃をあおったとする見方の根拠になっている。

ハルの回顧録によると、真珠湾攻撃当日の12月７日、野村と来栖はハルに会談を求め、午後１時に国務省に来る予定だったが、実際には遅れ、２時５分に到着した。開戦を通告する覚書は、東京から12月６〜７日に暗号電報で送られており、大使館員が解読し、タイプライターで清書する段取りだったが、この作業が大幅に遅れてしまったようだ。この間、ルーズベルトがハルに電話し、「日本が真珠湾を攻撃したという報告が来た」と告げた。ハルは２時20分に執務室に野村と来栖を通すと、冷ややかな態度を見せ、椅子に座ることも勧めなかった。野村から「解読に手間取って遅くなった」と言われ、宣戦の通告を渡されたハルは、それを読み終えると、「私は50年の公職生活を通じて、これほど恥知らずな偽りとこじつけだらけの文書を見たことがない。こんなに大掛かりなうそとこじつけを言い出す国がこの世にあろうとは、今の今まで夢にも思わなかった」と激怒した。そして、あごでドアの方を指し、2人に退室を促した。

太平洋戦争の開戦後、国務省は戦後統治の骨格作りに動き出した。1942年2月に議論を開始した各省庁横断の「戦後外交諮問委員会」で、個別案件を議論する「安全保障小委員会」は、沖縄が日本領になった場合、安全保障上の懸念が生じるかを協議した。結論として、日本の制空・制海権を阻止するため、日本に北緯30度以南の南西諸島（沖縄）の支配権を認めず、その帰属はさらに検討されることになった。その後の組織再編で、1942年に省内に極東班が結成され、日本通でクラーク大学教授のジョージ・ブレイクスリが主任となり、コロンビア大学准教授の日本専門家ヒュー・ボートンらがこれに加わった。ブレイクスリが1944年に作成した「対日戦後目的」は、ハル長官ら幹部が参加する省内の「戦後計画委員会」で議論され、修正案が完成した。それによると、戦後の日本政策は占領段階、民主化段階、国際社会への復帰段階の3段階に分かれ、占領政策の原型となった。ブレイクスリの実務能力の高さから、極東班の案が受け入れられたとみられている。ちなみに、1943年のカイロ会議で、中国の蔣介石総統はルーズベルトに対し、米中両国が国際機関の下で沖縄を信託統治するべきだと伝えたが、ブレイクスリは、沖縄が歴史的に日本領だったことを否定しなかった。ボートンも、中国が沖縄を支配した場合、75万人の日本人を抱える「少数民族問題」が発生し、日本が沖縄を維持しても、アメリカの安全保障上の脅威にならないとの見解から、日本が沖縄の潜在的主権を持っていると主張した。

1944年11月に国務省と軍の政策調整機関として、「国務・陸軍・海軍調整委員会（State-War-Navy Coordinating Committee：SWNCC）が設置され、その下部組織として、「極東小委員会（Sub-committee on the Far East：SFE）」が対日政策を担当することになった。国務省からは、ブレイクスリとボートンが出席した。

国立アメリカ歴史博物館にある戦前の日本に関する展示物

占領政策の準備を巡っては、穏健派と強硬派の間で対立があった。穏健派の筆頭格は、1932～41年に駐日大使を務めたグルーだった。日米開戦後、ワシントンに戻って国務次官に昇進すると、グルーは天皇を「女王蜂」にたとえ、日本を存続させるために天皇の存在が重要と訴えた。1945年5月には、トルーマン大統領に対し、天皇制を維持した上での無条件降伏を提案した。しかし、グルーの希望はかなわず、日本が受諾したポツダム宣言に天皇制に関する言及はなかった。グルーは天皇による玉音放送の日、国務省を辞職した。その後、対日占領政策の中枢から知日派は遠ざけられていく。

終戦後の日本政策に大きな権限を持ったのは、連合国軍最高司令官のダグラス・マッカーサーだった。ケナンによると、マッカーサーは国務省の助言を採用せず、占領初期には、非軍事化と民主化の推進が中心だった。だが、ケナンは1948年3月、東京でマッカーサーと会談し、そうした占領による共産主義勢力の浸透を訴え、経済復興や共産主義への防波堤とすべきだと提言した。マッカーサーはケナンの意見に賛同し、その後、政策はそうした方向となる。国務省顧問を務め、後に長官となるダレスは1950年6月に来日し、吉田首相と会談した際、暗に再軍備の必要性を説いた。その直後に朝鮮戦争が起こった。ダレスは1951年1月に大統領特使として再び来日した際も、吉田に対し、改めて再軍備を求めた。

1951年9月にサンフランシスコ平和条約が調印され、日本は独立を回復した。賠償請求権の放棄など懲罰的な内容とならなかったが、戦略的な重要性を持つ沖縄については、アメリカが引き続き施政権を持った。軍の一部からは沖縄を日本から分離するべきという主張もあったが、平和条約第3条は、沖縄を国連の信託統治下に置くというアメリカの提案に日本は同意するが、その提案がない場合、アメリカの行政・立法・司法権が沖縄に及ぶとし、沖縄分離は回避されることになった。マッカーサーのおいで、1957〜61年に駐日大使を務めたダグラス・マッカーサー2世は在職中、日本が東西どの陣営にも属さない中立国になる可能性があるとして、外交・軍事・経済上の対日関係の強化を訴えた。国務省は、日中対立の火種となる尖閣諸島について、

「潜在的な主権」が日本にあるとしつつ、「対立は当事国で解決すべき」との立場を取った。「潜在的な主権」はダレスが言い始めた言葉とされる。

国務省の知日派が目指したように、アメリカは冷戦期を通じて、日本をアジアにおける防共拠点にしようと考えた。このため、経済成長のみならず、資本主義陣営の拠点として政治的影響力を持つことを期待した。ソ連と対峙したレーガン政権で、ベーカー長官は日本について、「我々の目的は、内向きの重商主義の経済大国から、アメリカと強い結束を持った外向きの経済・政治大国に変えることだった」と振り返った。そのための対日政策が国務省の課題となった。

国務省で近年の日本政策は、東アジア・太平洋局の日本部が担当する。時代によって異なるが、職員数は10人前後とみられる。日本語は英語とは系統の違う特別な言語と位置づけられ、職員はワシントンの本庁と在日大使館・領事館との間を行き来する「日本通《つう》」が目立つ。1989年、国務省出身の職業外交官、マイケル・アマコストが駐日大使に就任することに伴い、ナンバー2の在日アメリカ大使館の筆頭公使には、国務省生え抜きの外交官で、日本駐在が10年を超えるウィリアム・ブリア日本部長が起用された。ブリアの後任は、在大阪アメリカ総領事を務めたジョン・マロットとなった。

日米関係を考える上では、国務省幹部に親日派が起用されるかが大きな焦点となる。レーガン政権時代に日米関係が良好だったのは、中曾根康弘首相との個人的な「ロンヤス関係」がうまくいったためだが、別の要因としては、国務省と国防総省で日本通が主要ポストを務めたことがあった。アマコスト国務次官（政治担当）、アーミテージ国防次官補がその代表格だ。アマコストは、日本の国際基督大学で教鞭を執り、1972〜74年に在日大使館でアメリカ大使特別補佐官として勤務した知日派だった。アーミテージは、ベトナム戦争に従軍した元軍人で、国防次官補時代に東アジアを担当して以来、日本通となった。日米の安全保障政策で、日本政府の意見を聞いてそれを政策に反映させ、日本の政治家や官僚の信頼を得た。国務省だけでなく、ホワイトハウスでも知日派が重職を担うと日米関係に好材料となる。大学で日本政治を教えていたシンクタンク研究員、マイケル・グリーンは、ブッシュ政権下の2001〜04年、ホワイトハウスの国家安全保障会議（NSC）アジア部の日本・韓国担当部長となり、アフガニスタン戦争やイラク戦争を巡る対応で日米の共同歩調を実現させた。

マイケル・グリーン（左）

こうしてみると、日米関係は個人的な信頼関係の構築に大きく左右されることが分かる。例えば、松永信雄・駐米大使とシュルツ長官の親交が挙げられる。2人はワシントン郊外にある会員制の名門ゴルフ場、バーニングトリーで、政治を語らず、ラウンドを回り、気さくに語り合える関係を築いた。そんな中、1988年、全米精米業者協会（Rice Millers' Association：RMA）が、日本のコメ市場開放を求め、アメリカ通商代表部に提訴した。松永はシュルツを訪ね、提訴を却下するように要請したが、シュルツはその後の閣議で、この問題を多国間協議で解決するため、提訴の却下を主張したと言われている。1995年に赴任した斉藤邦彦・駐米大使は、オルブライト長官とやり取りした。

一方で、日米関係がこじれることもある。日本人の妻を持ち、日本語が堪能なケビン・メアの発言が一例である。国務省東アジア・太平洋局の日本部長だった2010年末、アメリカの大学生に対する講義で、「(沖縄県民は)ごまかしとゆすりの名人だ」と語ったとされ、日本政府や沖縄県などから反発を招いた。上司のキャンベル次官補は、来日して日本政府に謝罪し、メアの更迭を発表した。

国務省は、対米関係への功績をたたえる賞として、「国務長官特別功労賞」を贈っているが、2003年には、日米安保に通じた参院議員の椎名素夫を表彰した。

駐日大使

歴代駐日大使の経歴と活動からその関係をみていく。戦後の駐日大使は、日本や日本語に詳しい知日派から始まり、日本の国際的な影響力が高まるのに伴い、政界の有力者、さらに最近は大統領が個人的に親しい人物の指名が目立つ。

知日派大使の筆頭格に挙げられるのが、エドウィン・ライシャワーだ。宣教師の父親が明治学院大学で教えていたことから、1910年に東京で生まれた。17歳で帰国し、オハイオ州のオーバリン大学を卒業後、ハーバード大学で博士課程を修了した。第2次世界大戦では国務省極東課に勤務し、対日情報を提供した。夫人が死去した翌年の1956年、松方正義の孫、ハル夫人と再婚した。ハーバード大教授だった1961年、ケネディ大統領から駐日大使に指名された。日本で高まっていた反米感情を和らげる狙いがあったようだ。5年間の在任中、日米の「対等な協力関係」を掲げ、沖縄の返還問題の解決を訴えた。また、日韓関係の改善がアメリカの国益につながるとの見立てから、池田勇人首相と朴正熙《ぼくせいき》・韓国最高会議議長との会談を設定し、後の日韓基本条約の締結に道筋をつけた。1964年、東京のアメリカ大使館前で、19歳の日本人少年にナイフで刺され、負傷した。日本全国から寄せられた輸血用の血液の献血を受けたため、慢性肝炎にかかってしまった。しかし、それを批判せず、「日本人の血をもらったので、ハーフになったようだ」と冗談を飛ばし、その人柄が親しまれた。日本では大使の感染によって、売血が社会問題となった。1966年に帰国し、ハーバード大学教授に復職した後も、日本研究を続け、数々の著書を残し、日米の政治・文化交流の礎を築いた。しかし、肝炎に伴う合併症により、1990年に79歳で死去した。

ライシャワーの後任が、アレクシス・ジョンソンだった。1935年に国務省に入り、在京大使館に赴任し、満州国の奉天《ほうてん》（現・瀋陽）に勤務していた当時、太平洋戦争の開戦となった。終戦後は横浜の総領事館で勤務し、ワシントンの国務省では極東局で日本や韓国を担当した。1966年に駐日大使に指名され、沖縄返還交渉の先頭に立った。

戦後の歴代駐日大使

着任年	指名大統領	大　使	主な前歴	終了年
1952	トルーマン	ロバート・マーフィー	ベルギー大使	1953
1953	アイゼンハワー	ジョン・アリソン	国務省北東アジア部長	1957
1957	アイゼンハワー	ダグラス・マッカーサー2世	欧州連合軍最高司令部外交顧問	1961
1961	ケネディ	エドウィン・ライシャワー	ハーバード大学教授	1966
1966	ジョンソン	アレクシス・ジョンソン	国務次官代理	1969
1969	ニクソン	アミン・マイヤー	イラン大使	1972
1972	ニクソン	ロバート・インガソル	実業家	1973
1974	ニクソン	ジェームズ・ホッジソン	労働長官	1977
1977	カーター	マイケル・マンスフィールド	民主党上院院内総務	1988
1989	H·W·ブッシュ	マイケル・アマコスト	国務次官	1993
1993	クリントン	ウォルター・モンデール	副大統領	1996
1997	クリントン	トーマス・フォーリー	下院議長	2001
2001	W·ブッシュ	ハワード・ベーカー	上院院内総務	2005
2005	W·ブッシュ	トーマス・シーファー	オーストラリア大使	2009
2009	オバマ	ジョン・ルース	法律事務所経営	2013
2013	オバマ	キャロライン・ケネディ	弁護士	2017
2017	トランプ	ウィリアム・ハガティ	実業家	2019
2021	バイデン	ラーム・エマニュエル	大統領首席補佐官	

政界出身の大物大使と言われたのが、カーター大統領から指名されたマイケル・マンスフィールド大使だ。民主党上院院内総務として議員団をたばね、議会の重鎮として知られた。レーガン政権下でも在職し、大統領に直接電話できる関係で、1977〜88年の11年間にわたり大使を務めた。この時期は冷戦後期にあたり、国務省の中では日本は共産主義陣営に対する前線という認識があった。リチャード・ソロモン政策企画室長は1986年、「アメリカはアジアで第二戦線を開く」と述べ、第一戦線の欧州に続き、ソ連の極東進出に対抗する姿勢を示した。マンスフィールドの任務は、防共の砦として日米同盟を強化することにあっ

た。
H・W・ブッシュ政権では、政治担当の国務次官だった知日派のアマコストが大使に起用された。日米貿易摩擦の解決が最大の懸案で、アメリカ政府の顔として、対日交渉の最前線に立つ役回りを期待され、日本への圧力を強める「ミスター・ガイアツ」とも呼ばれた。国務省時代にイーグルバーガーの信頼を得たことから、イーグルバーガーが副長官に抜擢されたことを受け、その人脈から、重職の駐日大使に白羽の矢が立ったとみられる。大使就任後は、日米両国の貿易不均衡を是正するための日米構造協議を進展させるため、1990年3月、ブッシュが海部俊樹首相に首脳会談開催を働きかけた舞台裏の役回りを演じた。

この後、カーター政権で副大統領だったウォルター・モンデール（任1993～96年）、下院議長を務めたトーマス・フォーリー（任1997～2001年）、上院院内総務だったハワード・ベーカー（任2001～05年）といった政界の実力者が駐日大使に起用されるケースが相次いだ。モンデールは、貿易不均衡の是正という大きな政治的課題があり、対日経済交渉を担うミッキー・カンター通商代表部（United States Trade Representative：USTR）代表が強く推したと言われている。国務省は、東アジア・太平洋担当の国務次官補を務めたホルブルックを推薦したとされるが、最後はホワイトハウスに押し切られた。ホルブルックはドイツ大使に回った。フォーリーも、アメリカの対日輸出を増やし、貿易の不均衡を是正することが優先課題となった。

W・ブッシュ政権以降は、大統領と個人的に親しい人物の登用が目立つ。ブッシュ大統領に駐日大使に指名されたトーマス・シーファーは、ブッシュと同じテキサス州出身で、ＣＢＳイブニングニュースでアンカーを務めたボブ・シーファーの弟である。地元選出の下院議員を務めた後、ブッシュとともに、大リーグのテキサス・レンジャーズの球団経営に参画した。ブッシュの大統領選当選を受け、２００１年に駐オーストラリア大使となり、２００５年に駐日大使に転じた。

オバマ大統領が自らの1期目の駐日大使に指名したジョン・ルースは元々、ＩＴ企業の合併や買収を手掛ける弁護士事務所の最高経営責任者（ＣＥＯ）だった。日本との関わりはそれほど強くなかったが、大統領選でオバマへの資金提供に貢献した。ケネディ大統領の長女で、2期目の駐日大使となったキャロライン・ケネディは、大統領選でオバマへの支持を表明し、知名度の低かった黒人候補を勝利に導く役割を演じた。日本との関わりは、20歳の時に叔父エドワード・ケネディ上院議員と広島を訪れ、その後に新婚旅行で京都や奈良を訪問したことである。オバマの２０１６年の広島訪問には、共和党の保守層に反発もあったが、ケネディが訪問の実現に奔走したと言われる。

トランプ大統領が指名したウィリアム・ハガティは、大統領選の当初からトランプ支持を表明し、政権移行チームでも大統領が指名する政府高官の身元調査を行った。

日本には、国務省関連の施設として、在京大使館、横浜の日本語研修所のほか、札幌、名古屋、大阪・神戸、福岡、沖縄の5か所に総領事館がある。総領事館は管内に住むアメリカ市民への情報提供、アメリカのパスポートや査証（ビザ）の発給、刑事事件に関与したアメリカ市民への対応だけでなく、日本国民向けにアメリカを紹介するイベントの開催やアメリカ留学のPRなどを行っている。2019～2022年に札幌総領事を勤めたアンドリュー・リーは「日本の皆さんに、アメリカに興味と関心を持ってもらうことが私たちの目標だ」と話していた。

第二部　国務長官プロフィール

歴代	就任	離任	氏　名	大統領
37	1898	1905	ジョン・ヘイ	ウィリアム・マッキンリー
38	1905	1909	エリフ・ルート	セオドア・ルーズベルト
39	1909	1909	ロバート・ベイコン	
40	1909	1913	フィランダ・ノックス	ウィリアム・タフト
41	1913	1915	ウィリアム・ブライアン	ウッドロウ・ウィルソン
42	1915	1920	ロバート・ランシング	
43	1920	1921	ベインブリッジ・コルビー	
44	1921	1925	チャールズ・ヒューズ	ウォレン・ハーディング カルビン・クーリッジ
45	1925	1929	フランク・ケロッグ	
46	1929	1933	ヘンリー・スティムソン	ハーバート・フーバー
47	1933	1944	コーデル・ハル	フランクリン・ルーズベルト
48	1944	1945	エドワード・ステティニアス	
49	1945	1947	ジェームズ・バーンズ	ハリー・トルーマン
50	1947	1949	ジョージ・マーシャル	
51	1949	1953	ディーン・アチソン	
52	1953	1959	ジョン・ダレス	ドワイト・アイゼンハワー
53	1959	1961	クリスティアン・ハーター	
54	1961	1969	ディーン・ラスク	ジョン・F・ケネディ リンドン・ジョンソン
55	1969	1973	ウィリアム・ロジャーズ	リチャード・ニクソン
56	1973	1977	ヘンリー・キッシンジャー	ジェラルド・フォード
57	1977	1980	サイラス・バンス	ジミー・カーター
58	1980	1981	エドマンド・マスキー	
59	1981	1982	アレクサンダー・ヘイグ	ロナルド・レーガン
60	1982	1989	ジョージ・シュルツ	
61	1989	1992	ジェームズ・ベイカー	ジョージ・H・W・ブッシュ
62	1992	1993	ローレンス・イーグルバーガー	
63	1993	1997	ウォーレン・クリストファー	ビル・クリントン
64	1997	2001	マデレーン・オルブライト	
65	2001	2005	コリン・パウエル	ジョージ・W・ブッシュ
66	2005	2009	コンドリーザ・ライス	
67	2009	2013	ヒラリー・クリントン	バラク・オバマ
68	2013	2017	ジョン・ケリー	
69	2017	2018	レックス・ティラーソン	ドナルド・トランプ
70	2018	2021	マイケル・ポンペオ	
71	2021		アントニー・ブリンケン	ジョー・バイデン

歴代国務長官一覧

歴代	就任	離任	氏　名	大 統 領
1	1790	1793	トマス・ジェファーソン	ジョージ・ワシントン
2	1794	1795	エドムンド・ランドルフ	
3	1795	1800	ティモシー・ピカリング	
4	1800	1801	ジョン・マーシャル	ジョン・アダムズ
5	1801	1809	ジェームズ・マディソン	トマス・ジェファーソン
6	1809	1811	ロバート・スミス	ジェームズ・マディソン
7	1811	1817	ジェームズ・モンロー	
8	1817	1825	ジョン・クインシー・アダムズ	ジェームズ・モンロー
9	1825	1829	ヘンリー・クレイ	ジョン・クインシー・アダムズ
10	1829	1831	マーティン・バン・ビューレン	アンドリュー・ジャクソン
11	1831	1833	エドワード・リビングストン	
12	1833	1834	ルイス・マクレーン	
13	1834	1841	ジョン・フォーサイス	マーティン・ヴァン・ビューレン
14	1841	1843	ダニエル・ウェブスター	ウィリアム・ハリソン
15	1843	1844	エイブル・アップシャー	ジョン・タイラー
16	1844	1845	ジョン・カルフーン	
17	1845	1849	ジェームズ・ブキャナン	ジェームズ・ポーク
18	1849	1850	ジョン・クレイトン	ザカリー・テイラー
19	1850	1852	ダニエル・ウェブスター	ミラード・フィルモア
20	1852	1853	エドワード・エバレット	
21	1853	1857	ウィリアム・マーシー	フランクリン・ピアース
22	1857	1860	ルイス・カス	ジェームズ・ブキャナン
23	1860	1861	ジェレマイア・ブラック	
24	1861	1869	ウィリアム・スワード	エイブラハム・リンカーン アンドリュー・ジョンソン
25	1869	1869	エリフ・ウォッシュバーン	ユリシーズ・グラント
26	1869	1877	ハミルトン・フィッシュ	
27	1877	1881	ウィリアム・エバーツ	ラザフォード・ヘイズ
28	1881	1881	ジェームズ・ブレイン	ジェームズ・ガーフィールド
29	1881	1885	フレデリック・フリーリングハイゼン	チェスター・アーサー
30	1885	1889	トマス・バイヤード	グローバー・クリーブランド
31	1889	1892	ジェームズ・ブレイン	ベンジャミン・ハリソン
32	1892	1893	ジョン・フォスター	
33	1893	1895	ウォルター・グレシャム	グローバー・クリーブランド
34	1895	1897	リチャード・オルニー	
35	1897	1898	ジョン・シャーマン	ウィリアム・マッキンリー
36	1898	1898	ウィリアム・デイ	

※　以下長官の顔写真は国務省提供

初代　トマス・ジェファーソン（1743〜1826年、任1790〜93年）

33歳で独立宣言を起草した名文家は、アメリカ建国に主導的な役割を果たした。言論、出版、信仰の自由を掲げ、「小さな政府」を目指した理念は、「ジェファソニアン・デモクラシー」と呼ばれ、その後のアメリカ外交に大きな影響を与えた。

バージニアの入植者の大地主ピーター・ジェファーソンの長男として生まれた。奴隷を所有する豪邸で、歴史と旅行記を読み漁ったというエピソードが残されている。9歳でフランス語を学び始め、親仏派の下地を築いた。身長は190センチあった。1762年にウィリアム・メアリ大学を卒業し、1767年にバージニア法廷弁護士の加盟を許された。1769年にバージニア州下院議員に選ばれ、1774年にイギリスが下院を解散するまで務めた。私生活では、青年時代に人妻に恋することもあった。28歳の時、未亡人のマーサ・スケルトンと結婚し、後に3人の娘に恵まれた。

1773年、反英的な思想を広めたバージニア通信委員会の創設メンバーとなり、1774年には、『*A Summary View of the Rights of British America*（邦題：イギリス領アメリカの権利に関する要約）』を出版した。1773年のボストン茶会事件に対し、イギリス本国が、事件で東インド会社が被った損害が弁償されるまで、ボストン港を封鎖する法案を制定すると、反英闘争の急先鋒となった。

1775年、フィラデルフィアの州議事堂で6年間開かれる第2回大陸会議で、バージニア代表として参加した。1776年には、独立宣言の起草委員会「五人委員会」のメンバーとして最初に草案を起草した。この時、33歳だった。この間、イギリス軍は革命派の白人に対抗した奴隷に自由を与えると布告し、革命派に揺さぶりをかけた。多くの奴隷を所有していたジェファーソンも、バージニア州モンティチェロの邸宅で対応に追われた。革命戦争（Revolutionary War）の間、バージニアに戻り、1776〜79年に代議員、79〜80年に知事を務めた。その後、パリでフランス政府と交渉するアメリカ代表の任務を打診されたが、妻マーサが病弱で渡航できなかったため、やむなく断った。1777年には、信教の自由を守るため、政教分離を定めた「バージニア信教自由法」を起草し、79年にバージニア州議

モンティチェロの邸宅

会で可決された。この法律は、表現や報道の自由を定めた憲法修正第1条の基本理念となった。1783〜84年に連邦会議の代議員を務め、連邦の土地政策で重要な役割を果たした。1782年にマーサが死去した。悲嘆の生活を変えるため、フランス行きを決断した。フランクリンの後継として、フランス担当相（1785〜89年）となり、1788年には、フランスと領事協定を交渉した。

国務長官の任期中、ワシントン大統領が英仏間の戦争に対し中立を志向する中、革命戦争で支援を受けたフランスとの緊密な関係を望んだ。また、独立戦争の費用を各州に負担させることに腐心した。アメリカの外交については、「継続と変化のバランスをとることが重要だ」と語っていた。政権における緊張と激務から、1793年末に辞任した。政権から離れた背景として、ハミルトン財務長官との確執を指摘する見方もある。ジェファーソンは、自らをフランス革命を支持する共和主義者とみなしたが、ハミルトンはフランス革命に反対する君主制支持者とみられていた。フランス革命でルイ16世が処刑される争乱の中でも、ジェファーソンはフランスを支持したが、ハミルトンは革命の進行を阻止しようとするイギリスを支持した。ワシントンはハミルトンの考えに近かったと伝えられる。ジェファーソンはハミルトンとの関係を「二羽の闘鶏のようだった」と述懐している。

モンティチェロに退いた後、連邦政府の権限強化に反対するリパブリカン党(注)を1791年に創設し、1796年の大統領選に出馬した。連邦政府の強化を目指す連邦党（フェデラリスト党）

のジョン・アダムズに敗れたが、得票率第2位のポストとして副大統領に就任した。1800年の大統領選で再びアダムズと対決して勝利し、1801〜09年に大統領を務めた。自らの政治信条に従い、「小さな政府」を標ぼうした。功績としては、フランスのナポレオン・ボナパルトから1803年、ルイジアナを1500万ドルで購入したことがある。それにより、ミシシッピ川の航行権という長年の論争が解決し、国の大きさは2倍になった。1807年には、アメリカの艦船がイギリスに攻撃され死傷者が出たことを受け、アメリカの対欧貿易を禁止する禁輸法を制定した。しかし、禁輸は自国経済をまひさせた。

1809年の大統領退任後は、教育の普及に努めた。1815年には、自ら所有する6700冊の書籍を連邦政府に寄贈し、後の議会図書館の礎となった。また、1819年には、バージニア大学を創設した。

私生活では、自然と農作業を愛し、モンティチェロの広大な敷地では、野菜を育てて食材にした。また、外国食ではパ

（注）トマス・ジェファーソンが結成した政党で、農民を支持層とし、反連邦派（アンチ・フェデラリスト）の立場をとる。国土の拡大に伴い、連邦制を容認する国民共和党（National Republican Party）と、反連邦を維持する民主共和党（Democratic Republican Party）に分裂した。このうち、国民共和党は後に、ホイッグ党を経て、北部の奴隷制反対派が主体の共和党に合流する。民主共和党は1832年、民主党となる。ジェファーソンと対立したハミルトンは連邦派（フェデラリスト）の立場で、都市部の資本家を支持層とし、連邦党となった。これが後の共和党の源流となる。

スタを好み、訪問客にはマカロニとチーズでもてなしたと伝えられている。生涯で600人以上の奴隷を所有していたという。その雄大で豪壮な邸宅には、今なお多くの観光客が訪れる。

5代　ジェームズ・マディソン（1751～1836年、任1801～09年）

憲法を執筆したことから、「アメリカ合衆国憲法の父」と呼ばれる。連邦政府の発足に大きく貢献し、長官時代には、ジェファーソン大統領とともに、ルイジアナ買収を手掛けた。

バージニアのポート・コンウェイで、12人きょうだいの長男として生まれた。父親は、約100人の奴隷を所有し、たばこ栽培の大農場を営んだ。1771年、ニュージャージー大学（現プリンストン大学）を卒業した。その後はバージニアに戻り、弁護士となり、州議会議員にも選ばれた。第2回大陸会議のメンバーとして、中央政界での知己を得た。ポトマック川の航行権を巡るメリーランド州とバージニア州の対立を収拾するために開催された1786年のアナポリス会議に出席し、バージニア代議員として、各州の結束を強めるために憲法制定を主張した。1787年にフィラデルフィアで憲法制定会議が開かれ、憲法草案が作成されたが、連邦政府の概要に関する議論の基礎となったのが、マディソンの提案した「バージニア計画」だった。この間、マディソンは、ハミルトンやジョン・ジェイとともに、憲法の可決を確実にするため、「連邦主義者の文書」を執筆し、1788年に憲法を批准したメンバーとなった。1789～97年に、議会下院議員を務めた際には、権利法（Bill of Rights）を発案した。

外交的には親仏の立場を取り、親英的なハミルトンに幻滅し、ジェファーソンの民主共和党創設に参加した。1800年の大統領選に勝利したジェファーソンは、マディソンを国務長官に指名した。大統領の2回の任期中に長官として在職し続けたのはマディソンが初めてだった。政治的には、共和主義を理想視する政治信条と、アメリカ経済を拡大しようとする意思があった。ジェファーソン大統領とともに、フランスとの交渉を指揮し、1803年のルイジアナ買収を実現した。一方で、スペインから西フロリダを売却させる交渉は結実しなかった。ナポレオン戦争を受け、1807年の禁輸法制定に尽力した。1809年の通商禁止法を含め、イギリスやフランスとの交易を禁じた一連の通商制限は、アメリカに依存している欧州経済の弱点を示したが、一方において、アメリカの商人による密輸を促し、実効性には疑問符がついた。

1808年の大統領選に当選し、1809年に就任した。対外的な出来事としては、1810年の西フロリダ併合がある。また、1812年に始まったイギリスとの戦争では、大きな敗北を喫し、カナダの領土を得ようとするマディソンの野望はくじかれた。

「専制政治とは、立法、行政、司法の全権力を、1つであろうと多数であろうと、同じ手の中に入れることだ」と公言してきたマディソンは、2期で退任した後、バージニアの農場に戻った。バージニア大学学長や、バージニア州憲法の改訂作業に携わった。

7代 ジェームズ・モンロー（1758〜1831、任1811〜17）

イギリスからの独立戦争に加わり、独立に貢献した。戦後は上院議員、フランス担当相、イギリス担当相、国務長官、大統領と要職を歴任し、欧州諸国のアメリカ大陸への干渉を退けた「モンロー宣言」で歴史に名をとどめることになった。
モンローは、バージニア・ウェストモアランド郡の農場主の家に生まれた。16歳で、ウィリアム・メアリ大学に進学した。在学中の1775年、第3バージニア歩兵部隊に入隊し、独立戦争中、ワシントンの指揮下で戦った。トレントンの戦いで負傷した。戦後、

ジェファーソンの提案で、法律を学ぶため、母校へ復学した。

政界への転身は1782年にバージニア州下院議員に選ばれたことだ。その後は、連邦議会議員（1783～86年）、上院議員（1790～94年）と中央政界で人脈を築いた。こうした中で、ワシントン大統領は1794年、モンローをフランス担当相に指名した。1796年に帰国後は、バージニア州知事（1799～1802年）を経て、1803年のルイジアナ買収交渉の交渉団としてフランスに戻った。買収成功後は、イギリス担当相（1803～07年）となり、1805年には、西フロリダの買収交渉でスペインに渡航した。西フロリダはルイジアナ買収の一部と主張したが、スペイン政府から同意を得られなかった。1799年には、バージニア州中部アシュ・ローン・ハイランドの土地を購入し、拠点を構えた。

アシュ・ローン・ハイランドの邸宅

モンローは1811年、再び務めていたバージニア州知事を辞し、マディソン大統領からの国務長官就任の要請を受け入れた。懸案は、海上封鎖を続けるイギリスへの対応であり、モンローは、イギリスへの宣戦布告が、高圧的な政策を変えさせるための選択肢であると確信した。マディソンとともに、議会に対し、イギリスに宣戦布告を出すよう働きかけ、1812年6月17日に実現した。戦局を好転させるため、国務長官を一時辞して戦争長官（1814～15年）となった。

ジェファーソンやマディソンに近かったモンローは１８１６年、民主共和党の正式な大統領候補となった。大統領選では、連邦党のルーファス・キングを大差で下し、翌17年３月４日に大統領に就任した。外交上の懸案は、フロリダからのスペイン駆逐と西海岸からのロシア勢力の一掃だった。モンローは信頼を置くジョン・クインシー・アダムズを国務長官に指名し、これに対応した。モンローは１８２３年12月２日、議会への年次教書の中で、「欧州列強が、その制度を西半球に広げようとする試みを我々の平和と安全に対する脅威とみなす」と訴えた。「モンロー主義」と言われるこの文書は、欧州列強が南北アメリカ大陸に介入しないように警告した。この主張を補強するため、モンローは中南米の新たな国家に外交的承認を与えた。

8代　ジョン・クインシー・アダムズ（1767～1848、任1817～25）

フランス、オランダ、ポルトガル、ロシア、イギリスと外国経験が長く、卓越した交渉能力から、アメリカで最も優秀な外交官の一人と言われる。親子で大統領を経験した初のケースにもなった。

2代目大統領、ジョン・アダムズの息子としてマサチューセッツで生まれた。1778年に、アメリカ代表（commissioner）となった父とともにフランスに渡った。1783年に締結したパリ条約の交渉役だった父親の秘書となった。1787年には、20歳でハーバード大学を卒業した。法律を学んだ後、1790年に弁護士となり、ボストンで実務に携わった。

26歳でオランダ大使に指名された。ワシントン大統領の時代には、アメリカの孤立政策を支持する記事を多数執筆し、ポルトガル公使にも指名された。1802年にマサチューセッツ州選出の上院議員となり、1808年まで務めた。1809年には、ロシア公使となり、ベルギー北部ゲントで1814年、米英戦争前の国境を確認し、戦争を終わらせたガン条約（Treaty of Ghent）の交渉を率いた。1815年に駐イギリス公使となり、1815年の商業協定（Commercial Convention）の締結に尽力した。

1817年にモンロー大統領から国務長官に指名された。在任中の功績は領土拡大に貢献したことである。アダムズは、20世紀初頭に南米でスペインからの独立戦争が相次ぎ、スペインにとってフロリダ領の維持が重しになるとみていた。1819年にスペインのルイス・オニス外相と交渉し、アダムズ・オニス条約（Adams-Onis Treaty）を結び、アメリカ市民がスペインに反乱を起こして与えた損害500万ドルを肩代わりする対価として、フロリダを割譲させた。条約が締結されるまで、中南米の新たな共和国に対するアメリカの承認を遅らせる巧みな外交戦術も駆使した。1823年のモンロー宣言は、アダムズの見方が反映されたものでもある。1824年にはロシアと協定を結び、西海岸のオレゴン地域に対する領土要求を撤回させた。

アダムズが出馬した1824年の大統領選は、4人が出馬する混戦となった。上院議員のアンドリュー・ジャクソンが最多の票を得たが、過半数に達しなかったため、憲法修正第12条の規定により、下院の投票でアダムズが選出された。ヘンリー・クレイ下院議長がアダムズから国務長官に任命されたため、「闇の取引」があったと批判された。アダムズは大統領として、インフラ整備や教育改革を掲げたが、「闇の取引」を批判し、民主党という新党を結成したジャクソン派の反対に直面し、多くの政策を実現できず、1828年の大統領選でジャクソンに敗れた。

マサチューセッツ州選出の下院議員に転じたアダムズは、1848年に死去するまで在任し続けた。この17年間の功績として指摘されているのが、奴隷制反対への姿勢だ。議会で、奴隷制への討論や議論を抑える「ギャグ・ルール」が議題になると、アダムズはそれに反対した。1844年には、このルールに反対する動議の採決に持ち込み、賛成多数を得た。

24代　ウィリアム・スワード（1801～72年、任1861～69年）

奴隷制に反対する弁護士として全国的に知られるようになり、政敵リンカーンの下で南北戦争の終結に動いた。アラスカ購入では「スワードの愚行」と批判されたが、今日ではその決断が称賛されている。

　ニューヨーク州フロリダで生まれ育ち、15歳の時、ユニオン・カレッジに入学した。17歳になると、父と対立してジョージア州に家出し、そこで奴隷制の現実を垣間見た。2年後、大学に戻り、法律を学び、弁護士資格を得た。地元の有力政治家サーロウ・ウィードと知り合い、政治に興味を持ち、1830年にニューヨーク州上院議員選に当選した。1837年には、ウィードの支援を得て、ニューヨーク州知事選で勝利した。

　1842年まで2期の知事任期中、自由を求めて南部から北部にわたった奴隷の送還を拒み、南部州の知事と対立し、奴隷制に反対する政治家として知名度を上げた。南部アラバマ州で1846年、精神疾患を持つ黒人2人が殺人罪で起訴された事件があり、スワードは2人を弁護する主張を展開し、人種的少数派に理解のある政治姿勢が全国に知られるようになった。1849年には上院議員選に当選し、メキシコと戦った米墨戦争（1846〜48年）で得た領土から奴隷を得ることに反対した。

　1860年の大統領選に出馬したが、共和党予備選でリンカーンに敗れた。本選で当選したリンカーンは、スワードを国務長官で処遇した。スワードは南北戦争（1861年〜65年）で、巧みな外交手腕を発揮した。開戦まもない1861年11月、北軍（アメリカ合衆国）はイギリスの郵便船トレント号を拿捕し、南軍（アメリカ連合国）の外交官2人を拘束するトレント号事件が起こった。2人は、イギリスに渡り、アメリカ連合国の独立を認めてもらう途中だった。イギリスは拿捕に抗議し、合衆国との開戦をにおわせたが、スワードはリンカーンに働きかけ、イギリスの抗議を受け入れて2人を釈放した。英仏両国が連合国を承認しなかったのは、この事件での北軍の態度が影響したと言われる。

南北戦争が終結する間近の1865年4月14日、リンカーンが暗殺された。この夜、スワードも自宅に押し入った男に切り付けられた。馬車の事故で顔を負傷し、あごに添え木をつけていたため、一命をとりとめたと言われている。息子のフレドリック・スワード国務次官補も、負傷しただけで逃れた。

スワードは襲撃後も、長官職を続け、リンカーンの後任として副大統領から昇格したアンドリュー・ジョンソン大統領の下、アメリカの領土拡大に貢献した。中でも、有名なのが、1867年にロシアからアラスカを購入したことだった。約1・5億ヘクタールの広大な土地を破格の安さで取得したが、人跡未踏の土地だったため、購入は「スワードの愚行」と揶揄《やゆ》された。カリブ海の西インド諸島もオランダから購入しようとしたが、上院がこれを認めなかった。また、スワードは1866年にオランダ領バージン諸島、ドミニカ共和国、ハイチ、キューバを訪問したが、国務長官の在任中の初の外国訪問となった。1869年3月にジョンソンが任期満了で退任すると、スワードも長官を辞任した。その後は、海外旅行に出かけ、横浜にも寄港し、明治天皇に謁見した。最後はニューヨーク州の自宅で死去した。

南北戦争でアメリカ分裂の危機を回避した政治家の一人として、ニューヨーク市のマディソン公園には銅像が建てられている。また、アラスカでは毎年3月、「スワードの日」としてアメリカによる購入を祝っている。

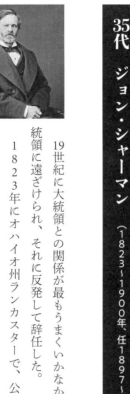

35代　ジョン・シャーマン（1823〜1900年、任1897〜98年）

19世紀に大統領との関係が最もうまくいかなかった長官と呼ばれる。大統領に遠ざけられ、それに反発して辞任した。

1823年にオハイオ州ランカスターで、公務員の家庭に生まれた。シャーマンを含め11人のきょうだいは、親戚や友人宅で育てられた。裁判官だったおじに刺激されて法律を学び、1844年にオハイオの弁護士となった。その10年後に下院議員となり、共和党員として、1860〜77年にオハイオ州選出の上院議員を務めた。1877年にラザフォード・ヘイズ大統領の財務長官に指名され、企業独占を防ぐための「シャーマン反トラスト法」の成立に尽力した。その後、上院議員に戻り、16年間在職した。

大統領を目指し、共和党の指名を3度狙ったが、いずれも獲得できなかった。1897年に国務長官に指名された。在任中、マッキンリー大統領、ウィリアム・デイ国務次官補との関係は緊張に満ちたものだった。シャーマンは元々、大統領の支持者だったが、就任後は大統領の外交政策に異を唱えるようになった。その結果、大統領はシャーマンを遠ざけ、デイがシャーマンの代わりに閣議に出ることが多くなった。デイは、1898年のハワイ併合の交渉に臨んだ。一方のシャーマンは、国際経済にあたり、門戸開放政策に取り組んだ。しかし、スペイン戦争に反対の姿勢を貫き、閣議で意見を通すことができなかった。最終的には、1898年米西戦争が開戦となり、その4日後に辞任し、抗議の意思を示した。

47代 コーデル・ハル（1871～1955年、任1933～44年）

ウィルソン大統領の自由貿易と国際協調路線を継承し、国連創設に尽力し、ノーベル平和賞を受賞した。フランクリン・ルーズベルト大統領に忠誠を尽くし、国務長官の在職期間として最長となった。

１８７１年10月にテネシー州バイルズタウンの農村で生まれた。１８９２年にテネシー法曹協会に登録し、１９０３年には判事となった。民主党執行委員会の地元支部やテネシー州議会で勤務した後、１９０６年に下院議員に選ばれた。１９２０年に落選したが、中央政界で実績を挙げた経歴から、翌21年に民主党全国委員会議長となった。１９２３年に下院議員に返り咲いた後、１９３１年から上院議員となり、１９３２年の大統領選では、ルーズベルト大統領を支援した。ルーズベルトは当選後、南部の民主党票を集めたとして、ハルを国務長官に指名した。

ルーズベルトは連合国指導者との外交交渉で存在感を示したが、ハルはルーズベルトの「善隣外交」を推進する形で、自由貿易を軸に中南米諸国との密接な関係や、平和と安全を進める戦後の多国間組織の構築に尽力した。汎アメリカ会議に出席した初の国務長官であり、ウルグアイの首都モンテビデオで開かれた１９３３年12月の会議では、アメリカ政府が今後、西半球の国々の問題には「不介入政策」を採ると表明した。この会議は後に米州機構となった。また、ハルは、ウィルソン大統領の国際協調路線を信奉しており、自由貿易が国際的な平和と繁栄に資すると信じていた。大恐慌とファシズムを乗り越えるため、１９３４年、二国間の関税削減交渉の権限を大統領に与える互恵通商協定法の可決に尽力した。

第2次世界大戦が始まると、連合国の結束に努めた。モスクワで1943年10月に開かれた米英ソの3か国外相会談に出席し、「私が思い通りにできるなら、ヒトラー、ムッソリーニ、東条と彼らの側近をつかまえて臨時軍法会議に引っ張り出したい」と述べ、枢軸国への敵意をあらわにした。

ハルはまた、国連の創設にも尽力した。モンテビデオ会議など西半球における団結を世界に広げたものと言える。1944年11月に健康上の理由から長官を辞職したが、国連への尽力によって、1945年にノーベル平和賞を受賞した。

仕事は非常に慎重で、時に批判された。演説の草稿に数週間かけたこともあり、重要な演説はホワイトハウスに持参し、大統領に直接読んでもらった。閉所恐怖症の傾向が強く、飛行機による外遊を好まなかった。仕事の合間にクロッケーを競技するのを好んだ。1955年7月、ワシントンで死去した。

50代 ジョージ・マーシャル（1880〜1959、任1947〜49）

陸軍参謀長として第2次世界大戦の勝利に貢献したエリート軍人であり、戦後は外交官トップとして、共産主義の封じ込めに奔走した。「マーシャル・プラン」の名称で、欧州への大規模支援を行い、米欧同盟の構築にあたった。

ペンシルバニア州ユニオンタウンで生まれ育った。父は石炭産業に従事していた。17歳でバージニア軍事学校（Virginia Military Institute）に入学し、21歳で卒業した。国内のほか、フィリピンに赴任した。第1次世界大戦では、フランスで第1歩兵師団を指揮し、アメリカが初めて参戦した仏北部カンティニーの戦いでドイツ軍に勝利した。その後、降格される不遇時代を過ごしたが、中国駐在などを経て再び出世街道を歩み、少将だった1939年には、ルーズベルト大統領から参謀総長に起用され、大将となった。第2次世界大戦では、前線で戦うことはなかったが、アメリカ史上最大の陸軍を組織し、1944年には、5つ星の元帥となった。1945年の終戦とともに参謀総長を辞任した。

トルーマン大統領から1947年に国務長官に指名されると、欧州復興で主導権を握った。復興計画「マーシャル・プラン」のたたき台になったのが、1947年6月にハーバード大学の卒業式で行った演説だ。重要な演説になるとは、事前にメディアには知らされなかった。約1万5000人の聴衆を前に、欧州の経済疲弊について、「悪循環を断ち、経済の将来に対する欧州人の自信を回復させる必要がある」と強調し、「世界の経済状態を通常に回帰させるため、アメリカが支援することは避けられない」と訴えた。この演説の骨格となったのが、ケナン政策企画室長やウィリアム・クレイトン国務次官（経済担当）が残したメモで、欧州主要国で戦後の窮乏により革命が起こる可能性に言及していた。この演説を受け、英仏両国の外相はパリで会談し、支援の受け皿に関する検討に入った。アメリカでは、支援を実行に移すため、1948年に経済協力法が成立し、初年度に総額53億ドルの支出が決まった。後に長官となったオルブライトは「マーシャル・プラン」について、「善行によって成功する歴史的な一例」と称賛している。

マーシャルは1949年に国務省を辞め、アメリカ赤十字社総裁を経て、1950年に国防長官に起用されたが、翌51年に辞任した。1953年には、マーシャル・プランの功績により、ノーベル平和賞を受賞した。

私生活では2度結婚した。厳格な人間関係を好み、トルーマン大統領が、「ジョージ」とファーストネームで呼ぶことを断り、「マーシャル将軍」と呼ばれることを求めたとの逸話も残る。1959年にワシントンの病院で死去した。

51代　ディーン・アチソン（1893～1971、任1949～53年）

生涯外交官として、「トルーマン・ドクトリン」や「マーシャル・プラン」の実行に奔走した。

コネチカット州ミドルタウンで生まれ、ハーバード大学ロースクールで法律を学んだ。卒業後は、進歩派の最高裁判事ルイス・ブランダイスの法務書記を務め、ワシントンの法律事務所でも働いた。首都で政治家とのつながりを深め、1933年には、ルーズベルト政権で、財務次官に抜擢された。1941年には、国務省に入り、次官補や次官を歴任した。

戦後はソ連の脅威を見抜き、反共政策の急先鋒として活動し、国防次官として、トルーマン大統領に対し、ギリシャやトルコを支援する反共政策を提言し、ソ連の拡張路線を防ぐ「トルーマン・ドクトリン」につながった。このドクトリンは、1947年3月にトルーマン大統領が連邦議会あての教書で表明したもので、ヨーロッパに関与しないという政策を放棄し、民主主義の維持を図る狙いから積極的に介入するという内容だった。アチソンはその一環として、欧州諸国に大規模な経済支援を行う「マーシャル・プラン」を継続させた。

1949年に国務長官に指名されると、反共の軍事組織として、NATOの結成を実現させた。公職や要職から共産党員らを排除する「赤狩り（マッカーシズム）」の風潮が強まる中、国務省高官だったアルジャ・ヒスがスパイ容疑で偽証罪の判決を受けた際、「アルジャ・ヒスを見捨てることはしない」と発言し、物議を醸した。長官として部下を守る意図があったようだが、その後は、議会共和党から辞任圧力にさらされた。

退任後は、ケネディ大統領に対し、キューバ問題に深入りせず、外交政策全般に関心を広げるようにアドバイスするなど、政治に関わった。一方で、回顧録を出版し、１９７０年にピューリッツァー賞を受賞した。当時、イェール大学で外交史を教えるガディス・スミスのインタビューを受け、今後の活動について、「南アフリカを訪問する。アフリカのポルトガル語圏やローデシア（現ジンバブエ）との関係も重要だと確信している」と話していた。１９７１年にメリーランド州で死去するまで、外交問題に関わり続けた。

52代　ジョン・ダレス（１８８８～１９５９年、任１９５３～59年）

アチソンとともに、対ソ封じ込め政策の中心的存在だった。アイゼンハワー大統領からの信頼が厚く、重要な政策の立案に関与し、冷戦初期のアメリカ外交で大きな影響力を発揮した。

１８８８年2月、首都ワシントンで生まれた。32代のジョン・フォスター長官の孫であり、

ウィルソン政権で42代長官を務めたランシングのおいだった。少年時代の1年間をパリで過ごすなど、外国の空気を吸って育った。

プリンストン大学を卒業後、ジョージ・ワシントン大学の法科大学院（ロー・スクール）を修了し、弁護士資格を取った。第1次世界大戦の従軍を志願したが、視力が悪く却下された。1918年には、パリ講和会議のアメリカ政府法律顧問に任命され、翌19年には、戦後の補償委員会経済評議会（Reparations Commission and Economic Council）に出席した。おじのランシングから、ウィルソン大統領の知己を得たようだ。ダレスはこの間、ドイツに戦争賠償の責任を負わせる問題点を訴えた。この時代の経験から、後に大統領特使として、対日講和条約をまとめる任務を受けた際、制裁的な内容にならないように配慮したと言われる。

ウィルソン大統領が国際連盟に対してアメリカ国民の支持を得られなかったことから、外交政策には国内世論の強い支持が必要だと考えるに至った。第2次世界大戦の間、ダレスは弁護士として、戦争貿易委員会（War Trade Board）に従事した。戦後、ダレスは民間部門に入ったが、1949年に、ニューヨーク州選出の民主党の上院議員が体調不良で辞任したことから、共和党のトマス・デウェイ州知事から上院議員に指名され、残る任期4か月を務めた。ただ、再選を果たせなかった。1950年に書籍『*War Or Peace*（邦題：戦争か平和か）』を出版し、トルーマン政権の封じ込め政策を批判し、自由化政策の必要性を訴えた。トルーマンは、ダレスをあえて国務省顧問に起用し、大統領特使として対日講和交渉にあたらせた。

アイゼンハワー大統領から国務長官に指名されると、大統領と強い友情関係を構築し、それにより、ダレスはアイゼンハワーに頻繁に接することができた。さらに、ダレスの任期中には、共産主義の封じ込めだけでなく、より積極的に共産主義の駆逐を目指す「巻き返し政策（Rollback Policy）」を掲げた。これによって、ダレスとアイゼンハワーは、二国間の安全保障協定を結ぼうとするとともに、米軍の兵員数と通常兵器の生産を減らそうとした。ダレスは、弟のアレン・ダレスが指揮していたCIAと緊密な関係を築いた。ダレスはその任期中、欧州統合、インドシナ危機、ハンガリー革命、スエズ運河危機など安全保障上、様々な懸案に直面した。スエズ危機の直後、がんが進行していると診断されたが、職務を継続した。

ダレスは1954年1月、国家安全保障政策の基本として、「大規模報復戦略」を発表した。朝鮮戦争での教訓を生かし、攻撃を受けたら即座に大規模反撃を行うもので、大統領が承認し、国家安全保障会議で正式に決定された。ダレスは、2度にわたる大戦や朝鮮戦争で、侵略者が激しい報復を受けることを知っていれば、戦争は起こらなかったという考えを持っていた。ダレスは、スエズ危機に際し、1957年1月の「アイゼンハワー・ドクトリン」の策定を手掛けた。大統領の信頼を得ながら、外交政策を統括した。

ダレスは、国務省で初めて記者会見を開き、メディアに直接接した初の国務長官となった。一方で、国務省の運営では、独善的だったとの評価がある。健康状態が悪化したため、1959年

4月に長官を辞任し、翌5月に死去した。

54代　ディーン・ラスク（1909〜94、任1961〜69）

ラスクは、大学や国務省でキャリアを積んだ後、第2次世界大戦後の国務長官としては最長の8年間務めた。敵をつくらず、独自色を出さない性格から、結果的に2人の大統領から「重用」されたようだ。

ジョージア州チェロキー郡で生まれ、中心都市アトランタの男子高校に通った。弁護士事務所で働き、自ら学費を稼いで、ノースカロライナ州のデイビッドソン大学を卒業後、イギリスのオックスフォード大学に留学し、修士号を取得した。帰国後は、カリフォルニア州のミルズ大学で教員となったが、アメリカが第2次世界大戦に参戦すると、陸軍に入り、第3歩兵師団の所属となった。諜報部門にも配属され、大佐の階級で戦後除隊となった。

1947年に国務省に入り、国家安全保障問題局（当時）の首席補佐官を務め、国連や極東担当の次官補を歴任した。1952年に慈善団体・ロックフェラー財団の代表に転じ、約8年間在任した。

ケネディ大統領に国務長官に指名され、1961年に就任した。ケネディが1963年に暗殺された際、辞任の意向を固めたが、副大統領から昇格したジョンソン大統領に慰留され、計8年間を在任した。この間、キューバのミサイル危機、ベトナム戦争の泥沼化、ベルリンの壁の建設といった難題に追われた。ラスクはケネディやジョンソンが外交で主導権を発揮したいことを理解し、政策決定への関与よりも助言役に徹した。在任中は、日曜日にもスポーツシャツを着て出勤した。

政権交代により、長官を辞任すると、1970年にジョージア大学で国際法の教授となった。私生活では、バージニア夫人と結婚し、2男1女に恵まれた。1994年に死去した。

55代　ウィリアム・ロジャーズ（1913〜2001、任1969〜73）

検事を経て、司法長官も経験した法律家で、ニクソン大統領の友人という関係から国務長官

に抜擢された。だが、国家安全保障担当大統領補佐官を務めたキッシンジャーに外交政策で主導権を握られ、重要な政策決定に関与できない苦渋の日々を過ごした。

　ニューヨーク州北部ノーフォークで生まれた。父親は保険の販売で生計を立てた。13歳の時、母親が死去したため、祖父母の家で育てられた。奨学金を得て、州内のコルゲート大学に進学したが、苦学生だったため、皿洗いのアルバイトをして生活費の足しにした。コーネル大学のロー・スクールを卒業した後、１９３７年に弁護士となり、翌38年には、ニューヨークで検事となった。第2次世界大戦中の１９４２年に海軍に入り、少佐として空母イントレピッドに乗艦した。太平洋戦線に派遣され、日本軍の特攻機の攻撃を受けた。

　戦後は、ニューヨークで検察官として働き、ワシントンの連邦議会にも勤務した。下院議員だったニクソンとは、ここで親交を深めた。アイゼンハワー政権下では、１９５３年に司法次官となり、１９５７年に44歳で司法長官に抜擢された。アイゼンハワーが共和党の公認候補に指名されるのに貢献した恩賞とみられている。黒人が投票権を確実に行使できるようにするために連邦裁判所に提訴できることを定めた１９５７年の公民権法の起草を主導した。

　ニクソンとは20年来の友人関係だったことから、国務長官に指名された時は、外交能力よりも信頼関係を優先させたとの見方があった。外交的に素人とみられたせいか、ベトナム戦争を収拾するため、即時停戦を提案するというロジャーズの提案は、ニクソンに採用されなかった。ニクソンは、外交上の知識が豊富なキッシンジャーの助言を重視するようになった。キッシンジャーは、ニクソンの意を受けて、1971年に極秘訪中したり、北ベトナムとの和平交渉を行ったりしたが、ロジャーズは詳細を知らされていなかった。キッシンジャーは、この件について、著書で「ニクソンは自分が外交政策の発信源であることを望み、主要な国際政策をホワイトハウスから発信しようとした。だから、無慈悲にも侮辱的にも国務省とロジャーズ国務長官を排除した」と説明している。

ロジャーズは中東和平に力を注ぐようになったが、成果を出せなかった。ニクソンは、ハリー・ハルデマン首席補佐官を通じて、ロジャーズに解任を伝えたが、その際、ロジャーズは大きな衝撃を受けたという。ロジャーズは1973年9月に辞任した。後任は、関係が悪化していたキッシンジャーだった。

退任後は、共同弁護士事務所で働いていたが、1986年にスペースシャトル・チャレンジャー号が空中で爆発した際には、事故調査委員会の委員長となり、原因究明に努めた。一方、ニクソンは、民主党本部で起こった盗聴事件「ウォーターゲート事件」の責任を取り、1974年8月に辞職した。ロジャーズはこの事件には関与していなかった。1994年にニクソンが死去した際、ロジャーズは「偉大な世界の指導者」とたたえた。

私生活では、ロー・スクール時代に知り合ったアデルと結婚し、64年間、寄り添い、息子3人と娘1人に恵まれた。うっ血性心不全で体調を崩し、2001年、ワシントンに近いメリーランド州ベセスダで死去した。87歳だった。

56代 ヘンリー・キッシンジャー（1923〜、任1973〜77年）

国務長官と国家安全保障担当大統領補佐官の両方を務めた初の人物となった。紛争や対立の関係国を行き来する「シャトル外交」を行うとともに、国益のため、理念の違う相手に接近する現実外交を展開し、米中接近など劇的な展開を演出した。

ドイツ南部フュルトで生まれ、ハインズ・アルフレッドと名付けられた。キッシンジャー家はユダヤ系で、ナチスが政権を取ると、家族の生活は苦しくなった。1938年、一家はアメリカに移住し、ニューヨークに居を構え、名前をヘンリーに変えた。第2次世界大戦中の1943年、アメリカ市民となり、ドイツ語の通訳としてアメリカ軍に従軍した。戦後、ハーバード大学に進学し、1954年に博士号を取得した。その後も大学にとどまり、1957年には『*Nuclear weapons and foreign policy*（邦題：核兵器と外交政策）』を出版した。この中で、ソ連の核兵器攻撃に対し、核兵器で反撃するダレス国務長官の「大規模報復戦略」を批判し、戦術核兵器と通常兵器を連動した「機動的反撃」を主張した。また、米ソ間のミサイル戦力の格差を告発し、ケネディ政権に衝撃を与えた。その能力は早くから認められ、1950年代から60年代にかけて、国家安全保障会議の作戦調整会議、国務省、武器管理武装解除局（Arms Control and Disarmament Agency, 1999年に国務省に吸収）といった政府機関でコンサルタントを務めた。

1968年、ニクソン次期大統領は、自らに批判的だったキッシンジャーを国家安全保障担当大統領補佐官に選んだ。アメリカの覇権に限界を感じ、ソ連と中国を国際秩序の維持に取り込み、「力の均衡」による平和を実現するという考え方が一致したようだ。2人は緊密に連携し、1971年の極秘訪中、翌72年の米中国交正常化を実現した。ソ連との間では戦略兵器制限交渉（SALT）を進め、1972年に合意に達した。メディアはキッシンジャーをアメリカ外交の主役と持ち上げており、キッシンジャーはニクソンがこれを嫌うことを考え、1期目での辞任を考えていた。しかし、ニクソンは2期目でキッシンジャーを留任させた。キッシンジャーによると、ニクソンは、ウォーターゲート事件の対応に追われ、キッシンジャーが辞任すれば、政権の混迷ぶりが増すと判断したためだった。ニクソンは、キッシンジャーにベトナム戦争を収拾させようとした。キッシンジャーは1973年1月、パリで、北ベトナムと南ベトナム間の戦争終結協定を締結させ、この年のノーベル平和賞を受賞することになった。ニクソンは1973年9月、キッシンジャーと対立していたロジャーズを事実上解任し、キッシンジャーを後任とした。国家安全保障担当大統領補佐官を兼務したままだった。

キッシンジャーが長官に就任したのは、エジプトとシリアがイスラエルを電撃攻撃する第4次中東戦争（10月戦争）の約2週間前だった。戦争が始まると、キッシンジャーはイスラエルがアメリカ軍から空中給油を受けられるようにし、イスラエルが反転攻勢するのを助けた。しかし、それを理由に、石油輸出国機構（Organization of the Petroleum Exporting Countries : OPEC）はアメリカへの石油禁輸を実施した。国連主導の停戦実現後、キッシンジャーは、「シャトル外交」を開始し、戦闘国の間で撤退の合意を得るため、中東諸国を歴訪した。これにより、1974年1月にエジプトとイスラエル間、5月にシリアとイスラエル間でそれぞれ停戦合意が成立した。さらに、キッシンジャーは交渉の末、OPECから禁輸措置解除の決定を導いた。1974年8月9日、ウォーターゲート疑惑により、ニクソンは辞職に追い込まれたが、キッシンジャーは、副大統領から昇格したフォード大統領の下で職務を継続した。キッシンジャーは、フォードが国際環境に慣れることを助け、2人は、ソ連との緊張緩和（デタント）、中華人民共和国との関係強化など、ニクソンの外交政策を継続した。1975年9月、エジプトとイスラエル間の2度目の停戦合意締結を支援し、これによって、両国は和平合意に動き出した。フォード大統領は1975年11月、キッシンジャーから補佐官の役職を外し、国務長官に専念させた。

1977年の退任後は、コンサルタント業務のかたわら、講演や執筆で多忙な日々を過ごした。党派を問わず、外交アドバイスの役割を求められた。カーター大統領とは不定期に連絡を取り、バンス長官、ブレジンスキー国家安全保障担当大統領補佐官らと夕食をともにし、外交問題について議論した。レーガン政権は1983年、中米問題に対処する超党派委員会の設置を決め、委員長にキッシンジャーを指名した。

外交誌フォーリン・ポリシーなどは2014年、全米の大学に勤める国際関係専門の学者1615人に対し、過去半世紀で最も貢献した学者を尋ねたところ、キッシンジャーが32％に上り、トップとなった。

57代 サイラス・バンス（1917～2002年、任1977～80年）

物腰が柔らかく、国際法に関する幅広い経験を持つ法律家で、第2次世界大戦にも従軍した。イランのアメリカ大使館占拠人質事件で、アメリカ人人質を軍事的に解放しようと決断したカーター大統領の決断に抗議し、辞任した。

ウェスト・バージニア州出身で、イェール大学に進学し、ロー・スクールを修了した。第2次世界大戦が始まると、1946年まで海軍に砲術士官として従軍した。戦後の10年間は、ニューヨーク市の法律事務所で働き、後に大統領となるジョンソン上院議員の推薦で、1957年に上院軍事委員会で働いた。その後、1961年にマクナマラ国防長官に抜擢され、法務統括責任者となり、陸軍長官に昇進した。

1964年、大統領となったジョンソンは、バンスを国防副長官に起用した。バンスは当初、ベトナム戦争でアメリカの軍事行動を支援していたが、後に反対に転じ、ジョンソンに対し、ベトナムからの撤退を進言した。1967年に退官したが、翌68年、ジョンソンによってパリ和平会議の特使に指名され、1969年1月には、大統領自由勲章（Presidential Medal of Freedom）を受け取った。1970年代初頭、法律の世界に戻り、米州、欧州、アジアの協力推進のため、1973年に創設された私的組織「三極委員会（Trilateral Commission）」のメンバーとなった。1976年、この三極委員会の会員だったカーター次期大統領から国務長官のポストを打診され、翌77年1月に就任した。

国務長官の任期中、カーター大統領との間で、人権がアメリカ外交の中心にあるべきとの信念を共有していた。女性や人種的少数派の登用も積極的に進めた。長官就任から最初の数か月で、ソ連との間で武器管理問題に取り組み、イスラエルとアラブ諸国との間で包括的な和平合意を模索した。実現できた政策としては、アメリカの管轄権を放棄するパナマ運河条約の締結、イスラエルとエジプトの平和条約締結、中国との完全な外交関係の回復があった。地道に問題点を一つ一つ解消していく交渉スタイルで、国際合意を取り付けた。

最大の懸案は、1979年にイランで起こったアメリカ大使館占拠人質事件だ。いくつかの懸案で、カーターへの助言が受け入れられず、カーターへの不満を強めた。カーターが1980年春に人質救出作戦を命じた際、作戦は失敗すると考え、人質解放のために自ら行っていた交渉が無に帰すとして、辞任を決断した。

作戦は1980年4月25〜26日に行われて失敗し、バンスは2日後の28日に辞任した。大統領の決断に反発して辞任する長官は、第1次世界大戦への方針を巡り、ウィルソン大統領と対立したブライアン以来だった。カーターからは「あなたは自らの信念に従ったもので、私はそれを尊重する」と伝えられた。

長官辞任後、ニューヨークの法律事務所に戻ったが、アゼルバイジャンとアルメニア間のナゴルノ・カラバフ紛争の調停や、1993年のボスニア国連特使などの任務を求められた。後年、人質救出作戦について、「不快で悲しい出来事」と語り、イランとの関係改善を訴えた。

アルツハイマー病を患い、仕事から離れ、2002年1月にニューヨークの病院で死去した。肺炎とそれに伴う合併症が死因となった。ワシントンのアーリントン国立墓地に埋葬された。バンスの下で副長官を務め、後に長官となったクリストファーは葬儀後、「昔気質の愛国者だった」

とたたえた。

58代　エドマンド・マスキー（1914〜96年、任1980〜81年）

長くメイン州選出の上院議員を務め、任期途中で辞任した長官の後任となった。8か月余の在任で、イランのアメリカ大使館で拘束された人質の解放を実現した。

1914年3月、メイン州ラムフォードで生まれた。1936年にベイツ大学を卒業し、39年にコーネル大学のロー・スクールを修了した。1940年にメイン州の法曹協会に登録し、州内で個人の法律事務所を開設した。第2次世界大戦中には海軍に従軍し、1942〜45年、大西洋と太平洋の戦場で戦った。戦後は地元に戻り、1946、48、50年に州議会議員に選出された。1955年にはメイン州知事に選ばれた。1958年に上院議員に選出され、64、70、76年に再選された。上院議員時代、予算委員会委員長と外交委員会委員を務めた。1968年には、民主党の副大統領候補となり、全国的に知名度

を上げた。

バンスの辞任を受け、カーター大統領はブラウン国防長官と協議し、マスキーに後任を依頼した。カーターは、国務省の日常業務は、クリストファー副長官に任せ、マスキーには、重鎮の政治家として、重要問題の解決を期待した。長官在任中、イランのアメリカ大使館で拘束されたアメリカ人人質の解放交渉にあたった。1979年12月のソ連によるアフガニスタン侵攻後、ソ連と高レベルの会合を持った。さらに、中東地域でソ連の拡張を制限する「カーター・ドクトリン」の実現に奔走した。長官退任直前の1981年1月、カーターから大統領自由勲章を贈られた。

公務を終えた後、マスキーはワシントンの個人事務所に戻った。1986年のイラン・コントラ疑惑を調査した「タワー委員会」のメンバーとなった。死去までワシントンで暮らした。

59代　アレクサンダー・ヘイグ（1924～2010年、任1981～82年）

軍人として欧州軍司令官を務め、安全保障対応で高い能力を示したが、政権内で外交プロセスを掌握できず、辞任に追い込まれた。

フィラデルフィアで生まれ育ち、ノートルダム大学に進学し、ニューヨーク州ウェスト・ポイントの陸軍士官学校（Military Academy）に入校し、1947年に卒業した。その後、朝鮮半島とベトナムで従軍し、ジョージタウン大学大学院での研究生活を経て、後に国務長官となるバンス陸軍長官と、マクナマラ国防長官の下で働いた。1969年、キッシンジャーの軍事顧問となり、1971年には、国家安全保障担当大統領副補佐官となった。1973〜74年には、ニクソン、フォード政権下で首席補佐官を務め、その後は1979年まで、欧州の連合国最高司令官を務めた。2年間、民間部門にいた後、レーガン大統領から国務長官に指名され、公務に戻った。

長官の任期中、アメリカは、ソ連のアフガニスタン駐留、ポーランドの連帯運動、中国と台湾の貿易摩擦、イギリスとアルゼンチンの緊張、中東紛争といった問題に直面した。こうした中で、中国と安定的な関係を維持するとともに、台湾への武器売却も行った。NATOとの同盟も強化し、外交政策の重心を再びソ連に向けることに尽力した。一方で、フォークランド紛争や中東紛争で外交的な解決を目指す試みはうまくいかなかった。

60代 ジョージ・シュルツ（1920～2021、任1982～89年）

穏やかな性格と強い信念で要職を歴任し、冷戦の崩壊に道筋を開いた。外交官を「庭師」にたとえ、外交で常に気配りを欠かさないというメッセージは、後進に受け継がれている。

ニューヨーク市で生まれ育ち、1942年にプリンストン大学を卒業し、第2次世界大戦では海兵隊予備兵として太平洋地域に従軍した。戦後は、マサチューセッツ工科大学で産業経済の博士号を取得した。以来、母校とシカゴ大学で経済学を教えた。

公職に就いたのは、1969年にニクソン大統領から労働長官（1969～70年）に指名された時だった。それから、行政管理予算局長（1970～72年）、財務長官（1972～74年）になった。民間に戻った後、スタンフォード大学で管理と公共政策を専門とする教職に就いた。

ヘイグの辞任後、レーガン大統領によって、1982年6月に長官に指名され、上院の承認を経て、翌7月に就任した。在任中は、中東紛争、日本との貿易摩擦、中南米諸国との緊張、ソ連との冷戦対応に直面した。レーガンや他の政府高官と良好な関係を築いたことで、懸案の解決に影響力を発揮することができた。例えば、イスラエルとレバノン間の紛争を仲介し、1985年1月にイスラエルの撤退開始を実現させた。1985年11月には、ジュネーブで、レーガンとゴルバチョフの米ソ首脳会談を実現させるとともに、ソ連のエドゥアルド・シェワルナゼ外相と緊密に連絡を取り、敵対関係を和らげる役割を果たした。成果として、1987年12月、レーガンとゴルバチョフは、中距離核戦力全廃条約に署名した。イラン・コントラ事件には関与しなかったが、親米の民兵組織コントラが拠点を置くニカラグアでの内戦収拾に努めた。一方で、米ソ首脳会談の開催では、議会保守派から辞任要求を突き付けられるなど、外交面で議会との対立は深まった。

退任後は、共和党の政治顧問的な役割を果たし、ブッシュ親子2代にわたり政権運営のアドバイスを行った。政治信条には、保守政治がアメリカの国力を引き上げるという確信があった。2012年7月にウォール・ストリート・ジャーナル紙とインタビューした際、レーガン政権で国務長官を務めていた時よりも、「アメリカは弱体化している」としたが、レーガン政権が経済を回復させた例を挙げ、「指導者が正しく政策を実行すれば、アメリカは復活する」と語った。

シュルツの外交哲学は、外交官は「庭師」であるというものである。友好国とともに雑草を除去し、敵対国とともに種をまき、「平和の庭」を作る作業は、少しでも怠ると、荒れ果ててしまうという意味がある。国務省の勤務歴を持つ著名な国際政治学者ウィリアム・インボーデンは、シュルツについて、「組織の運営と政治的手腕の発揮という両立困難な仕事を成し遂げた極めて卓越した長官」として評価している。

61代　ジェームズ・ベーカー（1930〜、任1989〜92年）

同郷のＨ・Ｗ・ブッシュの出世とともに、一介の法律家から大統領首席補佐官、財務長官、国務長官と栄転した。国務長官在任中は、冷戦終結への対応や湾岸戦争でアメリカの外交政策を統括した。

テキサス州ヒューストンで生まれ、１９５２年にプリンストン大学を卒業した。海兵隊勤務を経て、テキサス大学オースティン校のロー・スクールに入り、博士号（法学）を取得した。その後、法律事務所に勤務する中で、Ｈ・Ｗ・ブッシュと知り合い、選挙運動を手伝った。１９７６年にフォード大統領から商務次官に起用され、中央官僚としても実績を積んだ。

１９８０年の大統領選・共和党予備選で、Ｈ・Ｗ・ブッシュの選対本部長となったが、レーガンに敗れた。しかし、レーガンが副大統領候補にＨ・Ｗ・ブッシュを指名し、本選挙でカーターに勝利して当選すると、レーガンはベーカーを首席補佐官に抜擢した。H・W・ブッシュの推薦があったとみられる。レーガン政権の2期目に、財務長官に指名されると、財政赤字と貿易赤字の「双子の赤字」への対応が急務となり、赤字削減のため主要国が協調してドル安を容認する1985年の「プラザ合意」を主導した。

1988年の大統領選では、H・W・ブッシュの選対本部長を務め、当選に導いた。その論功から国務長官に指名された。就任後には、議会との関係改善に取り組み、上下両院の外交委員会委員と直接会って政策協議を行った。一方で、国務省内では、ゼーリック国務次官（経済・農業担当）やロス政策企画局長ら「インナー・サークル」と呼ばれる人脈を重用したため、地域担当者の主張を軽視していると批判された。

外交方針は、「集団的関与（collective engagement）」を重視した。超大国といえども、アメリカ一国で世界の懸案に対処できないとの認識から、同盟国や友好国に相応の責任分担を求めるという考えだ。この発想は、冷戦後もアメリカ外交の基調となる。この考えは、ソ連にも適用された。前任者のシュルツから「一緒に仕事をできる人物だ」と伝えられたシュワルナゼ外相とは信頼関係を築き、その故郷ジョージアにシェワルナゼを訪ねたこともある。

功績の一つは、イラクのクウェート侵攻を受け、1990年11月、国連安全保障理事会決議678を得たことだろう。イラクに無条件の撤退を求め、順守しない場合に国連加盟国に武力行使を認める内容で、賛成12、反対2、棄権1で採択された。ベーカーはこの決議採択のため地球規模で各国を訪問した。これに関し、ベーカーは著書で、「私は熟議を重ねるよりも、行動を起こす方が性に合っていた」と記した。

世論調査でブッシュの再選が危うくなり始めた1992年8月、国務省からホワイトハウスに移った。大統領支持率を好転できない選対をてこ入れするためで、側近のゼーリックやロスを引き連れた。ベーカーは著書で「国務省を去りたくなかった。我々は多くを成し遂げ、まだ多くの仕事が残されていた。しかし、私は今まで（辞令を）拒否したことはなく、その時もそうするつもりはなかった」と振り返った。ディーン・アチソン講堂での演説で、長官を辞任すると表明し、「我々は歴史を作った。皆さんとともに国に奉仕できて名誉だった」と感謝の意を伝えた。公務を退いた後はバージニア州のウィリアム・アンド・メアリ大学で評議員を務めた。

私生活では、スーザン夫人との間に8人の子供に恵まれた。著書では、夫人に対し「励ましと賢明な判断に特に支えられた」と伝え、「非公式の大使」として、諸外国の要人と向き合ったことに感謝を示した。また、長官時代には、午前7時に執務室で仕事に取り掛かったことで知られた。

62代 ローレンス・イーグルバーガー

（1930～2011年、任1992～93年）

国務省のキャリア外交官は、キッシンジャーから重用されて頭角を現し、政府の要職を務めた。人のやりたがらない仕事も引き受ける姿勢が評価を高めた。

ウィスコンシン州ミルウォーキーで生まれた。ウィスコンシン大学を卒業後、一時陸軍に入ったが、大学に戻って政治学の修士号を取得し、1957年に国務省に入省した。在ユーゴスラビア大使館勤務などの経験を積み、東欧の専門家と呼ばれるようになった。

キャリアの転機は、キッシンジャーとの出会いだ。ニクソン政権で国家安全保障担当大統領補佐官となったキッシンジャーの側近となり、キッシンジャーが国務長官に転じると、自らも国務省で要職を歴任した。ニクソンが辞任すると、国務省を離れたが、カーター政権で駐ユーゴスラビア大使、レーガン政権で国務次官（政治担当）、H・W・ブッシュ政権で国務副長官となり、昇進を重ねた。副長官時代の上司、ベーカー長官は著書で、「無欲で厄介な問題に取り組むことに、彼ほど適した人材はいない」と評価した。ベーカーによると、イーグルバーガーは、誰もやりたがらない「汚れた仕事」を引き受け、キッシンジャーやニクソンの信頼を得たという。

H・W・ブッシュ大統領の再選本部に入ったベーカーの後任として、国務副長官から昇格した。H・W・ブッシュが再選しても、「（1期目が任期満了となる）1993年1月には辞職する」と語っていた。ブッシュが敗北し、長官を辞任した。

国務省を離れた後は、ナチス・ドイツに弾圧されたユダヤ人を救済する団体代表などを務めた。2011年、肺炎のため、バージニア州で死去した。

63代 ウォーレン・クリストファー（1925～2011年、任1993～97年）

辣腕《らつわん》弁護士として知名度を上げ、国務副長官時代には、イランで占拠されたアメリカ大使館の人質の解放交渉に尽力した。だが、長官就任後は、ホワイトハウスや特使に外交政策で主導権を握られ、実績を示すことに苦労した。
ノースダコタ州スクラントンで生まれ、南カリフォルニア大学を卒業した。第2次世界大戦で太平洋地域に従軍し、戦後はスタンフォード大学のロー・スクールを修了した。ロサンゼルスで大手法律事務所の共同責任者となり、著名な弁護士となった。その名声から、ジョンソン政権で、司法副長官に抜擢された。カーター政権で国務副長官に就任し、人権外

交を進めるとともに、パナマ運河条約を実現させた。

副長官時代の仕事で有名になったのは、在テヘランのアメリカ大使館占拠人質事件で、イラン側と人質交渉を続けたことだった。結果的に人質解放につながり、クリントン大統領からは「有能で思慮深い人物」という評価を得た。

クリントンが大統領選で当選すると、政権移行委員会の事務局長を務めた。1992年12月に次期国務長官に指名された際には、強い存在感を示したシュルツやベーカーと比較され、「地味な長官」と揶揄された。実際、ホワイトハウスの国家安全保障会議（NSC）に外交の主導権を握られ、政権内で存在感を低下させる場面が目立った。ボスニアやソマリアの政情不安で成果を上げられなかった際には更迭論も浮上した。ハイチの軍事政権に対し、アメリカ軍が侵攻を計画したハイチ危機では、カーター元大統領が特使となり、クリストファーの影は薄かった。一方で、クリントンが内政重視だったため、国務省主導で行われる外交も少なくなかった。クリントン政権の1期目で退任し、職員向けの演説で、「私は楽観している。なぜなら、アメリカ国民はアメリカが世界を率いる国家であり、その指導力には責任が伴うことを知っているからだ」と述べた。

退任後は、ワシントンの政策研究機関、近東政策ワシントン研究所（Washington Institute for Near East Policy : WINEP）の理事を務めるなど、外交に関わり続けた。腎臓がんを患い、2011年、ロサンゼルスの自宅で死去した。

64代　マデレーン・オルブライト（1937〜2022年、任1997〜2001年）

ナチス・ドイツや共産主義から逃れ、アメリカに渡った少女が、父親の影響を受けて外交を学んだ。ブレジンスキーやビル・クリントンの知己を得て、アメリカ初の女性国務長官に就任した。

1937年5月、プラハで生まれた。ユダヤ人の父親ジョセフ・コルベルは外交官で、ベオグラードのチェコ大使館などに勤務していた。ナチス・ドイツが1939年にチェコに侵攻すると、一家3人はベオグラードを経てイギリスに亡命した。祖父母は、ポーランドにあるアウシュビッツ・ビルケナウ強制収容所で最期を迎えた。

ナチス政権が崩壊し、第2次世界大戦が終結すると、一家はプラハに戻った。やがてジョセフは駐ユーゴスラビアのチェコ大使となり、ベオグラードに赴任した。しかし、1948年にチェコが共産主義化されると、反共だったジョセフはアメリカに亡命することを決め、一家はニューヨークに移住した。オルブライトが11歳の時だった。後にその時の心境を「英語を勉強してアメリカ市民になることしか考えていなかった」と振り返っている。

ジョセフがコロラド州デンバー大学政治学部で教職に就いたことから、一家はさらにデンバーに移住した。ジョセフは国際関係学部長を務め、後に国務長官を務めるライスを教えることになる。ジョセフの死後、国際関係学部は、ジョセフ・コルベル国際学校と命名された。国務省とも関係が深く、後にヒル国務次官補が学校長を務めた。

オルブライトは、デンバーの高校を卒業後、マサチューセッツ州の名門女子大、ウェルズリー・カレッジへ奨学金を得て進学し、政治学を専攻した。大学で、ジョセフ・オルブライトと出会い、卒業後に結婚した。

3人の子供を育てながら、コロンビア大学で政治や国際関係を学び、英語やチェコ語のほか、ロシア語やフランス語も堪能となり、ソ連の研究を進めた。運命的な出会いとなったのが、博士課程での恩師ブレジンスキーだった。カーター政権で国家安全保障担当大統領補佐官に起用されたブレジンスキーから、国家安全保障会議（NSC）のスタッフに招かれた。政治に興味を持ち始め、理想の政治家は、ウィルソン大統領だった。チェコのような小国の権利にも配慮したためであろう。

カーター大統領が大統領選で敗北すると、ホワイトハウスを去り、ワシントンのジョージタウン大学で教鞭を執った。教員のかたわら、1988年の大統領選の民主党候補マイケル・デュカキスの政策アドバイザーを務めた時、クリントンと出会い、好印象を与えた。1992年の大統領選では、ホルブルックとともに、クリントンの外交顧問となり、当選後は国連大使に起用された。

クリントン2期目での国務長官起用は、ヒラリー・クリントン夫人の推薦があったようだ。ヒラリーとはウェルズリー・カレッジの同窓生であり、1995年に北京で開かれた国連世界女性会議で同席し、以来、プラハへの外遊をともにするなど親交を深めていた。フランクリン・ルーズベルト大統領は1933年、フランシス・パーキンズを労働長官に指名し、これが初の女性閣僚となった。その後、女性閣僚は少なかったが、1975年以降は、閣僚に少なくとも女性が1人入った。しかし、重要閣僚である国務長官で女性の就任は初めてとなった。

長官に就任後、初の外国訪問は、欧州とアジアの9か国歴訪だった。欧州を主舞台とした冷戦が終わり、アジアの時代を予感させる選択だった。1997年2月の訪日はその一環であり、池田行彦外相と会談し、日米同盟の重要性をアピールした。オルブライトは著書で、国家がモラルよりも自国や自国民の利益のために動くとするケナンの現実主義外交に対し、「こうした利益を確保するための我々の行動は、モラルの視線にさらされることになる」とし、自らを「現実主義と理想主義のハイブリッド」にたとえた。紛争解決で力を入れたのが、北朝鮮の核問題と中東和平である。2000年10月に訪朝したのは、アメリカ本土を射程に入れる北朝鮮によるミサイル開発を防ぐとともに、任期終盤を迎えたクリントン大統領が、米朝和平の成果を得るためだった。平壌で趙明録・国防委員会第一副委員長との昼食会に出席し、「我々は正しい方向に向かっている」と述べ、緊張緩和に期待感を示した。中東和平では、クリントン、ロスらとともに、イスラエルとパレスチナの和平実現に取り組んだが、具体的な成果は乏しかった。

長官在任期間中で、「最悪の日は１９９８年8月7日だった」と振り返る。ケニアとタンザニアのアメリカ大使館でほぼ同時に爆発があり、計２２４人が死亡したテロである。大使館の警備の甘さを指摘され、国外施設のテロ対策に乗り出した。

外交問題以外では、閣議での実直な物言いが注目を集めた。クリントン大統領がホワイトハウスの元実習生との不倫関係を否定した偽証罪を立証するため、ケネス・スター独立検査官が報告書を議会に提出した際、オルブライトは閣議で、クリントンに対し、過ちを批判し、失望したと発言したが、仕事に戻ることが重要だとも語った。

長官として4年間を過ごし、退任する２００1年1月19日、職員を前に、「明日から新たな人生が始まる。運転の仕方や電話のかけ方を再び学ぶ必要があるし(笑い)、自分で1日を計画する必要がある。皆さんにとって外交は常勤の仕事であり続ける。私はそれがうらやましいが、今日皆さんに感謝する」と述べた。

私生活では、少女時代にユダヤ教徒からカトリック教徒に改宗した。働き盛りの頃の日課は、早朝、台所で新聞を読むことだった。１９８３年に夫と離婚したのは、夫から「好きな人ができた」と打ち明けられたことが原因だった。離婚して精神的なショックを受けた。教え子に多くの外交官が生まれ、「オルブライト先生」との愛称で呼ばれるようになったことが心の救いになっていたようだ。

65代　コリン・パウエル（1937〜2021年、任2001〜05年）

ジャマイカ移民の子で、ニューヨークの貧民街から世界最強の軍隊のトップに上り詰めた後、外交官を率いる国務長官にもなった。自らの戦争体験から、戦争を外交の最後の手段とする穏健派で知られた。

１９３７年4月、ジャマイカからの移民の子として、ニューヨーク・ハーレムで生まれた。父ルーサーは、パウエルが生まれる17年前に移住し、庭師として働き、最後は婦人服メーカーの出荷部主任となった。母モードは主婦をしながら、衣料品街でボタン付けの仕事をしていた。サウスブロンクスの貧困地区で育った。小学校時代には勉強せず、落第すれすれの成績で両親を困らせた。高校時代の成績は平凡だったが、優秀な姉に触発され大学進学を目指し、授業料が年間10ドルのニューヨーク市立大学に入学した。

大学での大きな転機は、たまたまキャンパスを歩いていた軍服姿の学生にあこがれ、予備役将校訓練課程（Reserve Officers' Training Corps：ROTC）に入会したことだった。ＲＯＴＣは軍の予備役制度で、大学に設置され、学生を教育し、卒業後に将校として採用する組織だった。

大学卒業後に少尉として陸軍に入り、南部ジョージア州の赴任地で人種差別も経験したが、

「競技場の片隅でしかプレーできないのなら、そこでスターになるのだ」という心意気だったという。厳しい訓練に耐え、西ドイツの第3機甲師団に派遣され、40人の部下を持つ小隊長となった。西ドイツに赴任した後、マサチューセッツ州の部隊に駐留した。1962年に南ベトナムに入り、ベトナム共和国軍とともに北進する野戦部隊に加わった。待ち伏せ攻撃を受け、報復として、農村の家屋を破壊する対ゲリラ戦略に自問自答しながら進んだ。帰国し、歩兵科の指導教官となり、カンザス州にある陸軍幹部養成学校に入った。

1968年7月に再びベトナムに入り、規模の大きい師団で少佐の参謀将校として勤務した。ヘリの墜落事故で救助にあたったとして勲章も受けた。翌69年7月に帰国し、ワシントンのジョージ・ワシントン大学の大学院に2年間通い、MBA（経営学修士）を取得した。その後、国防総省に勤務した。

転機となったのは、1972年春、上司から、ホワイトハウスのフェローに応募するよう「命令」を受けたことだった。各界の若手に政策決定過程を勉強してもらう狙いで、ジョンソン大統領が力を入れた制度だ。軍関係者の応募が少ないことを憂うメルビン・レアード国防長官の指示で、有望な若手将校を推薦することになった。1500人の応募者の中から選ばれた。行政管理予算局に籍を置き、予算と権限の関係を学んだ。局長は、ワインバーガーで、パウエルの運命を変えることになる。

ホワイトハウス・フェローの後は駐韓米軍の勤務となり、700人の歩兵大隊を指揮した。帰国後は、ワシントンの国防大学への就学を経て、ケンタッキー州のフォート・キャンベルで、大佐として、3個歩兵大隊計約2500人の指揮をとった。カーター政権下では、ワシントンの国防総省で、長官付軍事副補佐官として勤務し、42歳で最年少の准将に昇進した。

1980年の大統領選で勝利したレーガンは、国防長官にワインバーガーを指名した。ホワイトハウス・フェロー時代の元上司であり、パウエルはその関係から、ワインバーガーの案内役を依頼された。結果として、フランク・カールリッチ副長官の軍事顧問となった。ちなみに、ワインバーガーの移行チームを支えた1人が、アーミテージであり、後に親友と呼ぶ仲となる。

一時、コロラド州フォート・カーソンの第4歩兵師団の師団長補佐に就任したが、国防総省に呼び戻され、ワインバーガーの軍事顧問となった。軍事戦略の助言から身の回りの雑用まで、「かばん持ち」としての仕事を務めた。午前6時半に出勤し、午後9時に帰宅する毎日だった。ワインバーガーのお供でホワイトハウスに行くことも多く、レーガン大統領と言葉を交わすこともあった。

1986年7月、西ドイツの第5軍団の指揮官に栄転した。ワインバーガーはその際、国務省の外交用レセプション・ルームで送別会を開いたほか、レーガン大統領の外遊に同行させ、大統領専用機の大統領の個室で大統領とツーショットの写真を撮らせた。ワインバーガーからの寵愛ぶりがうかがえる。

その5か月後、かつての上司、カールリッチが、イラン・コントラ事件を受け、国家安全保障担当大統領補佐官に就任したことに伴い、副補佐官を打診された。第5軍団指揮官という希望ポストへの赴任直後だけに渋ったが、レーガンから直接電話で要請され、受諾した。1987年1月からホワイトハウスのウェスト・ウィングで、カールリッチの隣で勤務することになった。その10か月後、ワインバーガーが国防長官を辞任すると、カールリッチがその後任となり、パウエルが玉突きで国家安全保障担当大統領補佐官に就任した。このポストで黒人は初めてだった。ただ、現役の将校がNSC議長になることには文民統制の観点から反対論が上がり、ヘイグやスコウクロフトらがその名を連ねた。しかし、結果的に補佐官就任は議会で承認された。任期中には、ゴルバチョフとの米ソ首脳会談などの重要政策に関与した。

H・W・ブッシュ政権が発足すると、陸軍に戻り、ジョージア州フォート・マクファーソンの陸軍総軍司令部(FORSCOM)を指揮した。1989年8月、チェイニー国防長官は、パウエルを統合参謀本部議長に推薦し、H・W・ブッシュ大統領が受諾した。チェイニーは、パウエルが西ドイツで第5軍団を指揮している時に訪問し、面識があった。議長になる資格を持つ大将15人のうち、パウエルは最年少であり、ブッシュは他の大将の反応が心配だと語ったようだ。

統合参謀本部議長時代には、パナマのノリエガ将軍拘束、イラクによるクウェート侵攻、湾岸戦争の指揮、米ソ軍縮交渉、50万人削減の軍の再編成を手掛けた。H・W・ブッシュ大統領は再選できずに敗北した後、パウエル一家をキャンプ・デービッドに招き、両家で一晩をともにした。信頼の厚さを物語る。クリントン政権が発足したことを受け、パウエルは1993年9月に退役した。

レーガン、H・W・ブッシュの両共和党政権で高官を務めたのは、ベーカーとパウエルだけだ。ベーカーはパウエルを「彼の世代で最も優秀な将校」と称賛し、「機転が利き、穏やかで、人間的な雰囲気を醸し出し、政治を本能的に察知する能力がある」と評価した。

パウエルが政府要職に復帰するのは、H・W・ブッシュの息子、W・ブッシュが2000年の大統領選に勝利し、大統領に就任する時である。W・ブッシュは、パウエルが統合参謀本部議長時代、父親のH・W・ブッシュ大統領に軍備状況を説明するため、キャンプ・デービッドを訪れた際に言葉を交わし、気さくな人柄に好印象を持った。さらに、これまでの実績と経験から、国務長官起用を即決したようだ。

2001年1月に長官就任後、最初の試練は8か月後に起こった。9月11日、ペルーに外遊し、アレハンドロ・トレド大統領と朝食を取っている最中、同時テロが発生したとの一報が入った。テロリストをかくまっていたとして、アフガニスタンのタリバン政権に対する軍事攻撃に主要国の理解を求めた。ブッシュ政権は、タリバン政権を崩壊させた後、大量破壊兵器の開発・保有を理由に、イラクのフセイン政権打倒の準備に入った。これが長官在任中の最大の試練となる。チェイニーやラムズフェルドら一国主義（ユニラテラリズム）の信奉者が軍事攻撃を急ぐ中、パウエルは、国際社会の理解を得るべきだとブッシュに訴え、2002年11月、フセイン政権に大量破壊兵器の査察を求める国連安全保障理事会決議を得た。査察で大量破壊兵器は見つからなかったが、ブッシュは2003年3月20日、フセイン打倒を掲げ、イラク戦争の開戦に踏み切った。パウエルもこの年の2月5日に国連安保理で、イラクの大量破壊兵器の脅威を訴えた。本来は国際協調を掲げる穏健派だけに、自身はこの演説について、「人生の汚点、今も心苦しい」と振り返った。

穏健派となったのは、戦争の最前線で戦い、凄惨な現場を熟知しているためだろう。著書では、大隊の副官として派遣されたベトナムで、地雷を踏み、胸に穴が開いた兵士を病院で治療するため、ヘリで介護したが、腕の中で息を引き取ったエピソードを明かしている。その上で、「戦争は政治の最後の手段となるべきなのだ。そして、戦争に行くときは、国民が理解し、支援する目的がなければならない」と書き記した。

イラク戦争開戦後の2003年9月にジョージ・ワシントン大学で行った外交演説では、ブッシュ政権の安全保障戦略は「ユニラテラリズムではなく、パートナーシップを根底に持つ」と強調した。また、2004年3月には、ワシントンで、アジアにおけるアメリカの役割について演説し、「民主的な価値観を伝える」と述べ、中国や北朝鮮を念頭に民主主義の重要性を訴えていく考えを示した。さらに、同盟関係を強化し、域内での経済統合を支援していく方針も見せた。

2004年11月、辞意を表明した。W・ブッシュ大統領が、イラク戦争だけでなく、北朝鮮の核問題への対応で、チェイニーの助言を重用したとの情報が流れた。2005年1月19日に国務省で行ったお別れの演説では、「私は常に家族という考え方に焦点をあててきた。我々は1つの大きな家族であり、アメリカ国民に奉仕するために存在している。大統領の外交政策を支援することでアメリカに奉仕している」と述べた。

退任後は、政治と軍を知るベテランとして、大局的な見地から発言を繰り返した。W・ブッシュの後任、オバマ大統領からも、何度かホワイトハウスのオーバル・オフィスに招かれ、アフガニスタン戦争の行方などについて意見を交わした。また、トランプ政権には批判的で、2021年1月にトランプの演説後に起こった連邦議会議事堂突入事件では、「今こそ、政

パウエルは、人生の教訓として、13のルールを残している。多くの人に様々な影響を与えている。

1 何事も思っているほど悪くない。朝になれば状況はよくなっている。
2 まず怒れ、そしてその怒りを乗り越えよ。
3 自分の地位とエゴを同化させてはいけない。さもないと、立場が悪くなった時、自分も一緒に落ちてしまう。
4 やればできるはずだ。
5 選択には細心の注意を払え。それが現実になるかもしれない。
6 良い決断をしたら、それをくじくような事実にもくじけてはいけない。
7 誰かの代わりに選択することはできない。誰かに自分の選択をさせるべきではない。
8 小さいことをチェックせよ。
9 手柄を独り占めするな。
10 常に冷静に、かつ親切であれ。
11 ビジョンを持ち、自分に対してより多くを求めよ。
12 恐怖心にかられて悲観論者の言うことに耳を傾けてはいけない。
13 常に楽観的であれば、力は何倍にもなる。

（コリン・パウエル『マイ・アメリカン・ジャーニー』から引用）

治家が立ち上がる。議員には本当のアメリカ人になってほしい」と述べ、超党派でこの事件に厳しく対処する必要を訴えた。

私生活では、マサチューセッツ州に赴任していた当時、ボストンで同僚とブラインドデートをして、大学生だったアルマ・ジョンソンと知り合い、南ベトナムへの赴任を前に結婚した。３人の子供に恵まれ、おしどり夫婦で知られた。２０２１年10月、新型コロナウイルス感染に伴う合併症のため、ワシントンの病院で死去した。

66代　コンドリーザ・ライス（1954～、任2005～09年）

先祖は黒人奴隷で、人種隔離が行われていた街で生まれ育った。ピアニスト志望から国際政治学者に転身し、ブッシュ家の知己を得ながら、アフリカ系女性では初めて国家安全保障担当大統領補佐官と国務長官に指名された。
アラバマ州バーミンガムで生まれた。父ジョンはプロテスタントの牧

師、母アンジェリーナは大学でピアノを専攻した教師だった。ジョンは副業として、アンジェリーナが勤務していたバーミンガム郊外の高校で教え、2人は出会い、結婚した。信仰が深く、教育熱心だった点が一致した。コンドリーザの命名は、イタリア語の音楽用語で、ゆっくり優しいテンポで演奏することを指す「コンドルチェーザ」から取った。教育への情熱は、家内奴隷だったライスの高祖母が子供たちの読み書きに熱心だったことに由来すると伝えられている。アンジェリーナは、一人娘の教育に熱心で、教育が差別を克服するという考えの持ち主だった。10歳の時、両親とともに初めてワシントンに旅行し、ホワイトハウスの前に立った時、「お父さん、今は肌の色のせいであそこには行けないけど、いつかあそこに入るわ」と話した。25年後にそれが実現する。

少女時代に熱中したのは、ピアノとロシアだった。白人のいない黒人の高校に通った。ジョンが、デンバー大学から入試部副部長のポストの提示を受けたため、一家はコロラド州に引っ越すことになった。ライスは転校し、1971年にデンバー大学へ入学した。ピアニストになることを目指したが、実力者が多いことに気付き、この世界では生活できないと悟った。3年生の時、オルブライトの父コルベル教授が担当する「国際政治入門」の講義を受け、興味を抱いた。特に、スターリンをテーマにしたソ連研究に関心を持った。

その後、ノートルダム大学で修士号（政治学）を取得した。1977年から国務省に勤務し、モスクワ大学に留学してロシア語を極めると、デンバー大学で政治学の博士号を取得した。

1981年にスタンフォード大学の国際安全保障武器管理センターで助教授職の副センター長のポストを得た。特別研究員は年間3万ドルと研究室を与えられた。国際政治をアメリカン・フットボールにたとえて講義する手法が学生の人気を集めた。1987年には准教授に昇進し、1993年には38歳の若さで正教授となった。ソ連やゴルバチョフの書籍も出版した。この間、国防総省にも出向し、政策立案のプロセスを学んだ。

政権入りのきっかけは、H・W・ブッシュ政権で国家安全保障担当大統領補佐官を務めたスコウクロフトに抜擢され、国家安全保障会議（NSC）のソ連・東欧担当上級部長として、ホワイトハウス入りした時だった。各省の次官または次官補レベルから情報を集め、スコウクロフトに報告した。ソ連については、広範な知識から適切な助言を行い、大統領本人からも信頼を得た。1989年12月にマルタで行われた米ソ首脳会談に同行した際、ブッシュはゴルバチョフに「ソ連について全てを教えてくれた女性」と紹介し、ゴルバチョフはライスに「多くのことを知ってほしい」と返答した。ドイツ統一や湾岸戦争が終わった1991年3月、ライスはホワイトハウスを離れ、スタンフォードに戻った。同時に、旧ソ連のカザフスタンで権益を持つ石油大手シェブロンの取締役にも就任した。その他の大企業や財団の幹部も歴任した。

その後も、H・W・ブッシュの回顧録執筆を手伝うなど、ブッシュ家との付き合いは続いた。H・W・ブッシュは、ライスの「能力と忠誠心」を評価し、家族同然に扱い、息子のW・ブッシュがテキサス州知事となると友人となった。ブッシュ家からは「コンディ」と呼ばれた。この関係が大きく発展するのが、大統領選を目指したW・ブッシュから外交顧問のポストを要請されたことである。「聡明で次元の違うインテリ」が集まる外交政策集団を組織するため、H・W・ブッシュ政権で国防次官を務めたウォルフォウィッツ、元国防次官補のアーミテージやスティーブン・ハドリーらに声をかけた。この外交集団は、ローマ神話の火の神ウルカヌスの英語名で、ライスの生まれ故郷、アラバマ州バーミンガムのシンボルだったバルカンから「バルカンズ」と名付けられた。

W・ブッシュが2000年の大統領選に当選すると、国家安全保障担当大統領補佐官に指名された。午前6時半にホワイトハウスに出勤し、午後9時に帰宅する毎日だった。同時テロが発生した2001年9月11日には、西棟の地下にあるシチュエーション・ルームに行き、ワシントンを離れていた大統領や閣僚との電話対応にあたった。国防総省にも旅客機が突入し、ホワイトハウスにも避難命令が出る中、W・ブッシュに電話し、「危険なのでワシントンに戻らないように」と伝えた。

国益重視の外交を主張してきたが、自説を強く主張するタイプではなく、同時テロから、アフガニスタン戦争、イラク戦争に至る過程では、大統領と閣僚間の意見調整にあたった。特に、イラク戦争では、開戦を巡る国務省と国防総省の対立を収拾する役割を担った。

W・ブッシュ政権の2期目では、2人目となる女性国務長官に起用された。2005年1月、国務省への初登庁の際、「自由で豊かな世界のために重要な役割を果たす」と述べ、アメリカが世界の自由と民主化に貢献する考えを示した。懸案は、イラク戦争の大規模戦闘が終わり、イラク復興に向けた取り組みだった。このほか、イスラエルとパレスチナの和平交渉を仲介しようと試みた。2006年10月の北朝鮮の核実験を受け、金融制裁のため主要国の結束にも奔走した。2009年1月の退任の演説では、「私の事務所の壁には、トマス・ジェファーソンの肖像画が飾られている。彼はこの建物で至る所にある。私はこの椅子に座る外相の重荷をずっと感じてきた。そして、奴隷の子孫であり、小作人の孫娘が第66代国務長官の椅子に座るとは、初代長官のジェファーソンは想像しただろうか」と語った。

後任のクリントンとは、良好な関係を保った。ワシントンのウォーターゲートにある自宅マンションでの夕食に招待した。国務省8階でも公式な夕食会を催した。ヒラリーは著書で「彼女のアドバイスは非常に有意義だった」と記している。

私生活では、くつ好きで知られる。学生時代の趣味はくつを買うことで、フェラガモを8足買ったというエピソードもある。また、アメリカン・フットボールが好きで、選手と付き合ったこともある。

67代 ヒラリー・ロダム・クリントン（1947〜、任2009〜13年）

東部の名門大学を卒業して、弁護士となり、ファースト・レディー、上院議員、国務長官と絵に描いたような出世街道を歩いた。ただ、大統領選では、メール問題と女性からの不人気から敗北を余儀なくされた。

1947年10月、3人きょうだいの長女として生まれた。父ヒュー・ロダムはカーテンの生地を扱う商店を経営し、母ドロシーは主婦だった。

ヒューはペンシルバニア州立大学を卒業後シカゴで職を求めた。ドロシーは両親から育児放棄され、親戚の家で育てられた。2人はシカゴで出会い、結婚した。ヒューは保守的な共和党員だったが、ドロシーは、子供の虐待や人種差別に反対する民主党支持者だった。ヒラリーの10歳の時の夢は、教師または、ソ連に対抗するため核物理学者になることだった。少女時代から政治に興味を持った。大学は、東部ボストンの名門女子大学ウェルズリー・カレッジに進学した。オルブライトはこの大学の10年先輩で、後年、同窓として親交を深めた。大学時代は、反戦運動の旗手で、大統領選の民主党予備選に出馬した上院議員ユージン・マッカーシーを応援した。卒業式では、総代のスピーチを行った。ロー・スクールへの進学を決め、ハーバードとイェールの2大学

に合格し、イェールに進学した。

運命を変えたのは、このロー・スクールの図書館だった。1971年、アーカンソー州出身で、イギリスのオックスフォード大学に2年間留学していた学生ビル・クリントンに出会い、優れた弁舌能力としなやかな手に魅了されたという。卒業後、ビルはアーカンソーに戻り、ロー・スクールで教職に就いた。ヒラリーはマサチューセッツ州ケンブリッジにある児童保護基金（Children's Defense Fund : CDF）で働きながら、司法試験に合格し、遠距離恋愛を続けた。給料の多くは電話代に消えた。その後、ビルは民主党候補として下院選に出馬したが敗北した。ヒラリーはアーカンソーのロー・スクールでの教職に就き、1975年10月に結婚した。その後、ビルはアーカンソー州司法長官選に勝利して長官となり、1978年11月のアーカンソー州知事選（任期2年）に当選した。ヒラリーは法律事務所の共同経営者に昇格するとともに、ビルからの依頼で、農業地域で優良な保険制度を採り入れるための委員会や、教育改革のための委員会を取りまとめた。ビルは1980年の知事選には落選したが、その理由として、キューバ難民を州内に受け入れたことと、ヒラリーが夫婦別姓で旧姓のロダムを名乗っていたことが指摘された。このため、ヒラリーは以後、「ヒラリー・ロダム・クリントン」と名乗るようにした。ビルは1982年の知事選で返り咲き、以後、1990年まで5選を果たした。

1991年10月にビルが大統領選への出馬を表明した。この選挙戦で、ビルが知事として、ヒラリーの弁護士事務所に州の業務を回していたという疑惑が浮上した。1992年3月、ヒラリーは記者団を前にこの疑惑を説明する際、「家にいてクッキーを焼いたりお茶をいれたりしても良かったけれど、私は自分の職業を全うすると決めたんです。それは夫が公職に就く前のことです」と発言した。しかし、この「クッキーとお茶」発言が、疑惑とは別に独り歩きし、専業主婦を見下しているという印象を与え、ヒラリーを後年まで苦しめることになる。

ビルが大統領選に当選すると、ヒラリーはビルから医療保険改革特別部会の座長に任命され、スタッフが常駐する西館2階に部屋を割り当てられた。アメリカでは当時、割高な保険料などを理由に、人口の15％が無保険状態だった。ヒラリーは、側近のスタッフを集め、「ヒラリーランド」と呼ばれる政策集団を作ったが、1年8か月にわたる審議の後、医療保険法案は廃案となった。以後、政策の前線から離れ、ファースト・レディー役に徹した。ビルの演説の草稿には必ず目を通した。1994年のノルウェー・リレハンメルで行われた冬季五輪では、アメリカ代表を務めた。尊敬する女性は、フランクリン・ルーズベルト大統領の夫人で、女性や人種的少数派の地位向上に務めたエレノアだった。

2期目のクリントン政権で、最大の試練は、ビルがホワイトハウスの元実習生、モニカ・ルインスキーと不適切な関係を認めた時だろう。書籍では、「わたしは息ができなくなった。思い切り空気を吸った後、泣き叫んだ。（中略）わたしは怒り、怒り狂い、とめどない怒りにわれを忘れた」と書き残した。しかし、ビルが謝罪しただけでなく、ビルを弾劾しようとする政敵への対抗心から夫婦関係を解消しなかった。結婚生活の継続は、「人生で最も困難な決断」となった。

2000年11月には、大統領退任後の居住地と考えていたニューヨーク州の上院選で初当選した。在任中は、青少年に対する有害図書の一掃といった課題に取り組んだ。また、2005年1月には、フロリダ州で行われたトランプとメラニア夫人の結婚式に350人の招待客の1人として、夫のビルとともに出席した。トランプとは11年後に大統領選の激戦を演じることになる。

2007年1月、大統領選への出馬を表明した。民主党予備選でオバマに敗れたが、本選で当選したオバマから国務長官の打診を受けた。当初は断ったが、「大統領から助力を求められれば、それを受け入れるべきだ」と思い、受諾した。2009年1月に長官に就任し、「スマート・パワー」を外交政策の柱に掲げた。文化や価値観の浸透力を示す「ソフト・パワー」と、軍事力主体の「ハード・パワー」の双方を適宜活用する考えで、硬軟両様でアメリカの対外影響力を高める戦略だった。外交力におけるソフト・パワーの重要性は、ハーバード大学ケネディ行政大学院長のジョセフ・ナイらが主張していたものだった。

長官としての初外遊として、日本、韓国、中国のアジア歴訪を選んだ。クリストファーが中東、パウエルがメキシコという前任者の初外遊と重ならず、独自色を出すために、副長官のスタインバーグからアジアの提案を受けた。出発前の2009年2月、ニューヨークでアジア外交の基本政策に関する演説を行い、「アメリカは長期間、積極的にアジアに関与していく」と述べ、多国間の枠組みで課題を解決していく考えを示した。これは、W・ブッシュ時代の「一国主義」が国際社会で強い反発を招いたことから、「多国間主義」を打ち出したオバマ政権の外交方針を強調したものだった。

さらに、外交課題の解決のため、多くの特使を起用した。就任当初から、中東和平担当特使として、ミッチェル元上院議員、アフガニスタン・パキスタン担当特使として、ホルブルック元国連大使、北朝鮮政策担当特別代表として、ボズワース元駐韓大使を選んだ。長官級の「大物」を特使として相手国との交渉にあたらせ、迅速に課題対処にあたる狙いである。このうち、ミッチェルは上院院内総務として、クリントン政権を支えた議会の重鎮であり、イスラエルのオルメルト首相とパレスチナ自治政府のアッバス議長と直接会談し、ヒラリーの意向を伝えながら、和平実現を目指した。また、ボズワースは、駐韓大使を務めた後、タフツ大学大学院のフレッチャー・スクールで学長を務めていた時、ヒラリーから特別代表の打診を受けた。当初は、学長職と兼務し、ワシントンとボストンとの間を往復していた。

長官自身、在任中は112か国を訪問し、合計の移動距離は地球385回分の約154万キロに及んだ。「アメリカだけで解決できる問題は少なくなっているが、アメリカ抜きで解決できる問題もさらに少なくなっている」として国際協調に奔走した。例えば、2014年には、イスラム過激派組織「イスラム国」を撃退するため、外遊を重ねて68か国からなる連携を築いた。

大統領のオバマとは良好な関係を保った。一対一で話す機会を確保し、大統領との関係を悪化させた過去の長官と同じ轍を踏まないように気を配った。オバマは2009年1月、就任後初の外交演説を国務省で行い、「アメリカの指導力を回復するためには外交が大切だ」と述べたうえで、「クリントン国務長官を完全に信頼している」と持ち上げた。ただ、ワシントン政界では、ヒラリーの起用について、オバマが再選を目指す選挙戦で、党内から有力候補の出馬を阻む狙いが指摘された。

長官時代の汚点は、私的メール問題だろう。業務に関わるメールで私的アカウントを使用していたもので、議会の要請に応じ、国務省が調べたところ、3万を超えるメールのうち、18は機密扱いであり、1564は低レベルの機密だった。法的な違法性は問えないものの、2016年の大統領選で、対抗馬のトランプがこの問題を繰り返し追及し、ヒラリーの支持率低迷につながった点は否めない。

長官としての最終日は2013年2月1日となった。1階ロビーに集まった数百人もの職員を前に演説し、「愛する国家に仕えるにあたり、外交と開発を引き上げることができたことを誇りに思う」と述べた。在任中の長官の支持率は常時6割を超えたが、ボストン・グローブ紙は「世界を大きく変えたとは言えない」とし、その役割の限界を指摘した。

ヒラリーが民主党公認候補を目指し、2016年大統領選への出馬を表明すると、立候補を検討していた共和党のトランプは「ヒラリー・クリントンが夫を満足させられないのに、どうやってアメリカを満足させることができると考えるのだろうか」とソーシャル・メディアに投稿した。予備選を勝ち抜いた2人の本選での戦いは熾烈《しれつ》を極めた。1992年の「クッキーとお茶」の発言は、大統領選でトランプ陣営によって繰り返し持ち出された。

私生活では、結婚から5年後の1980年2月、一人娘チェルシーを出産した。夫婦が2年前の休暇旅行でロンドンの繁華街チェルシーを歩いていた時、ジョニー・ミッチェルの歌「チェルシーの朝」が流れ、ビルが「娘が生まれたら、名前はチェルシーにしよう」と言ったことにちなんだ。

68代　ジョン・ケリー　（1943〜、任2013〜17年）

ベトナム戦争の反戦運動でメディアの注目を集めた。上院議員を長く務め、外交分野で頭角を現した。大統領選に挑み、あと一歩及ばなかったが、長官として、イラン核合意をまとめた。

1943年12月、コロラド州オーロラで生まれた。父リチャードは海軍省や国務省に勤めた官僚で、母ローズマリーは看護師だった。

少年時代はマサチューセッツ州で育った。父の転勤に伴い、ワシントンやスイスで過ごしたこともある。高校までは、マサチューセッツ州やニューハンプシャー州の全寮制学校に通った。

1962年にイェール大学に進学し、政治学を専攻した。ケネディ大統領の妻ジャクリーンの異父の妹と付き合い、その縁で、ケネディ一家が所有するヨットに招待されたこともある。

1966年に大学卒業後、ロードアイランド州の海軍士官学校で少尉となり、ベトナム戦争に従軍した。哨戒艇で航行中、敵の手りゅう弾に被弾し、負傷した。帰国後は、アメリカの参戦を「戦争犯罪」と呼び、反戦派の代表格となった。1971年には、ワシントンで勲章を投げつけ、戦争遂行に抗議の意を示し、知名度を高めた。この頃、ボストン大学のロー・スクールに入り、修了後は司法試験に合格し、検察官となった。

マサチューセッツ州副知事を経て、1984年には上院議員選に当選し、イラン・コントラ事件の追及など外交問題で手腕を発揮した。2004年の大統領選では、民主党公認候補となり、本選でW・ブッシュ大統領と戦ったが、敗れた。2008年の大統領選では、いち早くオバマへの支持を表明した。副大統領や国務長官候補として名前が挙がったが、実際に国務長官に指名されたのは、ヒラリー・クリントンが退任する2012年12月のことだった。オバマはこの時、ホワイトハウスでケリーを紹介し、「彼の人生は、この仕事のためにある」と述べた。

2013年2月、国務省に初登庁した際、「多くの殺害が起こる世界に平和をもたらす」と述べ、外交で紛争を解決する考えを示した。業績として目立つのは、2015年7月にイランと米英仏独露中の6か国が締結したイラン核合意だ。イランが濃縮ウランや遠心分離機を削減する見返りに、対イラン経済制裁を段階的に解除するという内容で、ケリーは当事国の調整に動いた。

また、２０１６年４月、先進７か国（Ｇ７）の外相とともに、広島を訪れた。アメリカの現職閣僚の訪問は初めてだった。ローズ・ゴットメラー国務次官（軍備管理・国際安全保障担当）が２０１４年に広島を訪問し、先鞭をつけていた。原爆死没者慰霊碑に献花し、原爆ドームまで歩いた。この訪問が、翌５月、「核なき世界」を訴えたオバマ大統領の広島訪問につながる。

トランプ政権の発足に伴い退任したが、２０２１年１月にバイデン政権が発足すると、気候変動問題担当の大統領特使となり、国連気候変動枠組み条約締約国会議（ＣＯＰ）で、アメリカ代表を務めた。

69代　レックス・ティラーソン（1952〜、任2017〜18年）

石油大手エクソン・モービル社に長く勤務し、行政経験や軍歴がないまま長官に就任した。(注)経験不足が響いたせいか、大統領との関係や国務省内の運営でトラブルを抱えることになり、就任から１年余で更迭された。

１９５２年３月にテキサス州ウィチタフォールズで生まれた。父親はパンの運搬業を営み、母親は専業主婦だった。両親がボーイスカウトで知り合ったことから、ティラーソンも幼少時からボーイスカウトの活動に明け暮れた。テキサス大学土木工学科を卒業後、1975年にエクソン社（現エクソン・モービル社）に入った。2006年に最高経営責任者（CEO）となった。ロシアとのエネルギー開発を進め、2011年には、5000億ドルのエネルギー協定を締結し、プーチン大統領の知己も得た。キッシンジャー、ゲーツ、ライスの元閣僚が、トランプにティラーソンを紹介したとされる。トランプが関係改善を目指すロシアとパイプがあり、人格的にも優れていると判断したようだ。企業時代に、3億ドル以上を稼ぎ、CEOの退職金として、

（注）ティラーソンは、政界や軍の経験がなく、41年間、エクソン・モービル社に勤め、その最高経営責任者から国務長官に就任した。調査会社ピュー・リサーチによると、ティラーソン以前には、少なくとも4人の国務長官が大手民間企業のトップだったが、同時に政府高官や軍のポストを務めていた。このうち、シュルツは8年間、技術建設会社、ベチェル（Bechtel）の社長を務め、アラブ諸国で核技術供与への関与が取りざたされたが、議会は全会一致でシュルツを承認した。シュルツは長官就任前、労務長官、行政管理予算局長、財務長官を務めた。フランクリン・ルーズベルト、トルーマン時代に長官を務めたステティニアスは、自動車大手GM（General Motors）の副社長や米製鉄会社（US Steel Corporation）の議長を務めたが、ルーズベルトに指名された時は、国務次官だった。レーガン政権で長官だったヘイグは、航空機製造会社、ユナイテッド・テクノロジー社（United Technologies Corporation）の社長だった。ヘイグは、軍歴が長く、大統領の首席補佐官を務めた。39代長官のロバート・ベイコンは9年間、金融業、JPモルガンの共同出資者であり、セオドア・ルーズベルト大統領時代の1909年、国務次官補を務めていた。

1億8000万ドルを得たと言われる。

2017年2月に上院本会議で行われた指名承認の投票では、承認されたものの、ロシアとの関係が嫌気され、史上最多の43票の反対が出た。この後、国務省に登庁した際、「一人一人は自分の政治的信条を表明する権利を持つが、その個人的な信念を、1つのチームで働く能力よりも優先させてはならない」と述べた。この時期、中東やアフリカの7か国からの入国を禁じたトランプ政権の大統領令への反発が省内で高まっており、この発言はこれにくぎを刺したとみられる。

在任日数を重ねるにつれ、職員やメディアとのあつれきは深まっていった。一部側近を重用し、国務次官補など幹部人事の任命が遅れ、指揮系統が混乱した。これはトランプ大統領が国務省予算を削減したことと関連する。2017年3月に訪日した際には、メディアの同行取材がほとんど認められなかった。長官は通常、専用機に主要メディアの記者を同乗させ、外遊を取材させるが、ティラーソンの訪日では、保守系記者が1人だけ同乗を認められた。このため、大手メディアからは「外交トップは政策を発信せず」と批判された。オバマ政権で副長官を務め、後に長官となるブリンケンも、ティラーソンを非難した。

また、ティラーソンの首席補佐官は、トランプに近いマーガレット・ピーターリンだった。ピーターリンは、ティラーソンとのやり取りは全て自分を通すように命じ、会議でティラーソンの質問に直接答えた人が叱責されることもあったという。また、ティラーソンへの説明には、紙が少ないほど良いという方針だったため、多くの情報がティラーソンに入らなかった。

致命的だったのは、トランプやホワイトハウスとの意見の食い違いと、それによる不信感の増幅だった。例えば、ティラーソンは副長官にエリオット・エイブラムスを指名しようとした。しかし、エイブラムスはトランプを批判したことがあることから、ホワイトハウスがこの人事を拒否した。また、オバマ前政権が締結した２０１５年のイラン核合意について、トランプは「不平等だ」と一蹴したが、ティラーソンは一定の理解を示した。さらに、北朝鮮の核・ミサイル問題では、交渉を行っていると明かしたティラーソンに対し、トランプは「時間の無駄」とツイートした。この問題で政府特別代表を務めたジョセフ・ユンは辞任に追い込まれた。トランプは、焦点となっていた北朝鮮の金正恩・朝鮮労働党委員長との首脳会談について、ティラーソンに「意見を聞く必要はない」と溝が深まっていた。ティラーソンはトランプを「間抜け」と呼んだと伝えられた。

結局、トランプは２０１８年3月13日未明、ティラーソンの解任を決め、ツイッターに「レックス・ティラーソン、貢献に感謝する」と書き込み、後任にポンペオＣＩＡ長官を充てる考えを示し、「素晴らしい仕事をするだろう」と持ち上げた。トランプはその後、ティラーソンに電話し、正式に解任を伝えた。トランプは解任の理由について、記者団に「我々は考えが同じではなかった」と語った。実際、重要な外交決定からティラーソンは外されていた。スティーブ・ゴールドスタイン国務次官（パブリック・ディプロマシー・広報担当）が13日午前、ティラーソンは「留任する意思があった」との声明を出したところ、ホワイトハウスから解任された。ティラーソンは3月末の辞任を前に声明を出し、「同盟国や友好国がいなければ、可能なことはない。(中略)国務省の同僚に伝えたいことは、アメリカ市民のため、同盟国や友好国とともに我々の使命を実現するためには多くのことが残されているということだ」と述べ、「アメリカ第一主義」のトランプの外交方針にくぎを刺した。(注)

70代 マイケル・ポンペオ (1963〜、任2018〜21年)

陸軍士官学校をトップで卒業し、下院議員を務めた秀才は、トランプに見い出され、更迭されたティラーソン長官の後任となった。厳しい対中外交を進めるとともに、自ら北朝鮮を訪問し、史上初の米朝首脳会談を実現させた。

1963年8月、カリフォルニア州オレンジで生まれた。1986年に、軍のエリートを養成する陸軍士官学校を首席で卒業した。ハーバード大学の法科大学院(ロー・スクール)で学び、博士号(法務)を取得し、修了後は法律事務所に勤務した。30歳代になり、中西部カンザス州ウィチタで、航空機の製造会社を設立した。

２０１０年11月の下院選（ウィチタ選出）に当選し、２０１６年まで連続4回の当選を果たした。保守勢力の草の根運動・ティーパーティー（茶会）運動を応援し、ウィチタに拠点を置くエネルギー大手、コーク・インダストリーズ（Koch Industries）の支援を受けた。

議会で存在感を発揮したのは、リビア東部ベンガジのアメリカ領事館に対する２０１２年の襲撃事件について、当時国務長官だったクリントンを議会公聴会で激しく追及したことだった。それがトランプの印象に残ったと言われる。２０１７年にトランプ政権が発足すると、ＣＩＡ長官に抜擢された。ポンペオは、トランプとの連絡を怠らず、こまめに情報を提供することで信頼を得たようだ。ティラーソンの解任後、後任の国務長官に指名され、２０１８年4月に上院で承認された。イランや北朝鮮に強硬姿勢で臨み、トランプに近い立場だった。

長官在任中の実績としては、就任直後に訪れた。２０１８年5月、北朝鮮を訪問し、米朝首脳会談のお膳立てを行うとともに、北朝鮮で拘束されていたアメリカ市民３人を解放させ、一緒に帰国した。この訪問は、２０１８年6月、シンガポールでの初の米朝首脳会談につながった。中東和平では、トランプと同様、親イスラエルの姿勢をとり、直近のアメリカ・イスラエル関係を「最強」と表現した。また、中国に対して厳しい姿勢で臨み、２０２０年7月の演説では、中国の習近平・国家主席を「全体主義思想に完全に染まっている」と批判した。

在任中、トランプの信頼を得ていたと言われるのは、ホワイトハウスで頻繁に懸案の説明を行っていたためと言われている。２０１９年9月に更迭されたボルトン国家安全保障担当大統領補佐官の後任人事では、国務省のオブライエン人権問題担当特使を推薦し、採用され、トランプに対する影響力を示した。

退任後は、ワシントンの保守系シンクタンク、ハドソン研究所に所属している。私生活では、再婚した妻の子供を養子にした。厚い信仰心で知られ、福音主義の長老派教会に所属し、中絶に反対している。

71代　アントニー・ブリンケン（1962～、任2021～）

ウクライナ系移民の息子は、弁護士を経て、国務省に入り、キャリアを積んだ。バイデンとの出会いにより、政権中枢で働くことになり、バイデン政権では側近中の側近として国務長官に就任した。

１９６２年4月、ウクライナ系の銀行家ドナルド・ブリンケンとハンガリー系のジュディスの間に、ニューヨーク州ヨンカーズで生まれた。

両親が離婚し、ブリンケンは、ジュディスと再婚相手との暮らしのため、パリに移住した。18歳まで9年間を過ごし、フランス語が流暢《りゅうちょう》になった。ハーバード大学進学のため、帰国し、社会学を専攻したが、卒業後は弁護士になるため、コロンビア大学のロー・スクールに進学した。１９８８年に法務博士号を取得した後は、ニューヨークで法律業務に従事し、１９９３年から国務省に勤務した。

人生を変えたのは、２００２年に上院外交委員会の民主党スタッフとなり、外交委員長を務めていたバイデンと知り合ったことだ。バイデンがオバマ政権下で副大統領になると、引き抜かれ、２００９～13年にバイデンの国家安全保障担当補佐官を務めた。かつて国務・陸軍・海軍ビルと呼ばれ、ホワイトハウスに隣接するアイゼンハワー行政府ビルに事務所を持ち、バイデンの外遊に同行したり、国家安全保障会議に向けた準備を進めたりして、バイデンの信頼を得た。この功績が認められ、２０１３～15年にホワイトハウスの国家安全保障担当大統領副補佐官、２０１５～17年には国務副長官に昇進した。

トランプ政権となり、国務省を辞め、外交と安全保障のコンサルティング会社を設立したが、バイデンが大統領選に当選すると、国務長官に指名された。

おわりに

国務省は200年を超える歴史の中で、常に欠点や限界を指摘され、批判にさらされてきた。例えば、キッシンジャーは著書『*White House Years*（邦題：ホワイトハウスの時代）』で、国務省の官僚を「公務員の中では最も優秀でプロとしての仕事を行う。聡明で能力があり、忠誠心があり、仕事熱心である」と称賛する一方で、「規律よりも派閥が台頭し、自分の担当する国を擁護し、しつこく、官僚的な手法を用いて、偏狭な利益のために戦う」と非難する。「自分の担当する国を擁護」する特徴は、「依存国過信（Clientitis）」と呼ばれる。アメリカ外交よりも、赴任国の利害を優先させる傾向である。ベーカーは著書『*Politics of Diplomacy*（邦題：シャトル外交激動の4年）』の中で、「政治任命の大使も含め、接受国を非常に気に入っているため、アメリカの国益という視点を見失う」と分析した。

調査報道で知られるジャーナリスト、ロナン・ファローは、国務省を「対応が遅く、饒舌で、派閥主義」と両断した。「国務省の官僚は仕事に2倍の時間をかける」、「国務省には事務手続きが多すぎる」といった非効率な運営もよく耳にする批判である。国防総省が創設した「21世紀国家安全保障委員会（Commission on National Security in the 21st Century）」は２００１年の報告書で、国務省は、要員や予算が増加傾向にあるものの、「非効率的な組織体系を抱えており、各地域や組織運営上の政策が全体の目標に合致しておらず、健全な管理、責任体制、指導力が欠如している。こうした理由から、国家安全保障に関する決定力は、ホワイトハウスの国家安全保障会議（ＮＳＣ）にシフトしている」と指摘した。在外公館への権限委譲や専門調査部門への有能人材の配置など様々な改善策を挙げる中で、委員会は「大統領が適切な国務長官を任命する」と提案した。つまり、トップが改革することが必要というのである。

国務省の刷新を掲げて就任した長官もいた。しかし、キッシンジャーによると、周囲の有能で献身的なスタッフに厚遇されるうちに、国務省を称賛するようになる。懐柔されて結局改革は手つかずのままとなる。こうした状況について、ベーカーは長官就任前、国務省嫌いで知られたニクソンからアドバイスを受けた。ニクソンは第2次世界大戦後の有能な長官として、アチソン、ダレス、キッシンジャーを挙げ、「3人とも官僚から疑いの目を向けられた。（中略）彼らにやり込められてはならない」と語った。ベーカーは、省内で「インナー・サークル」を稼働させ、ホワイトハウスの意向を優先させることで、「有能な長官」との評価を得た。だが、政策研究機関、シカゴ世界評議会会長のイボ・ダルダーと、外交問題評議会のジェームズ・リンゼイは、共同で論文を執筆し、ベーカーについて、「国務省を率いるというよりもそれを無視することを選択し、信頼できる少数の側近を重用した」と冷ややかだった。長官は微妙なバランスを取ることを求められる難しいポストである。

近年では、トランプ政権のティラーソン長官が、大手会計事務所デロイトや、コンサルティング企業に依頼し、業務の効率化を目指した組織再編に乗り出した。5つの委員会を設置し、幹部や一般職員からの意見を聴取し、様々な改善策が出された。例えば、パスポートやビザの発行作業が負担だとして、内務省に移管すべきとの意見もあった。しかし、長官の辞任によって、改革は頓挫した。

世界の安全保障に追われる長官が、長期的な外交戦略を策定し、その上で組織を効率化させていくには限界がある。カーター政権で国務次官（政治担当）を務めたデイビッド・ニューサムは「アメリカ外交で何を強化するのかという振り子は、政治的状況と国際的事件によって左右される」としており、省外の事情に影響を受ける。結局、優秀な長官であろうとも、国務省を改革するのは難しく、仮にそれが軌道に乗っても、時代の変化や様々な出来事が新たな課題や批判をもたらし、そのたびに改革を迫られることになる。それが繰り返される。

ただ、対外的に言えることは、国務省が国内で批判や非難を受けながら、国外においては、理想主義と現実主義のバランスの中で、国益を相手国に求めていくことである。時代が変わり、政権が変わっても、その基本線に変化はないだろう。オルブライトは、長官退任後にジョージタウン大学に戻り、学生らに「外交政策の主要な目標は、他国を我々の思うように動かすことだ」と語った。ヒラリー・クリントンは著書『*Hard Choices*（邦題：困難な選択）』で、「アメリカの外交政策は、リレーのようなものだ。指導者からバトンを手渡され、我々に有能に走ることを求め、最良の状態で次のランナーに手渡すのだ」と書いた。国益を守るという哲学が党派を超えて継承される。

一方で、ブレジンスキーは著書『*The Grand Chessboard*（邦題：地政学で世界を読む）』で、アメリカが唯一の超大国であり続けることはないとした上で、「世界的な無秩序を回避し、国際的なライバルの出現を許さないという2つの試練は、アメリカが世界に関与していくことと無関係ではない」と指摘した。ライバルを出現させない形で国際秩序を構築するアメリカの国家戦略を考える上で、国務省の役割は過小評価できないだろう。

最後になるが、本書の出版にあたり、原書房の石毛力哉・編集部本部長には、企画の提案から構成まで貴重なアドバイスを受け、大変お世話になった。また、在京アメリカ大使館に勤務していたタン・キム一等書記官やクリストファー・クウェード報道官には資料提供や人材の紹介で多くの協力をいただいた。いずれもこの場を借りてお礼を言いたい。さらに、子育てに関わるにつれ、自分を育ててくれた父と母には改めて感謝を伝えたい。

奉天会戦から118年となる3月6日

本間圭一

主要参考文献

State Departmentのホームページ、出版物などの公開資料

信田智人編『アメリカの外交政策　歴史・アクター・メカニズム』東京：ミネルヴァ書房、2010年。

本橋正『アメリカ外交史概説』東京：東京大学出版会、1993年。

アーネスト・R・メイ（中屋健一監訳）『アメリカの外交』東京：東京大学出版会、1966年。

デービッド・K・ウィリス（西宮一訳）『アメリカ国務省』東京：日本経済新聞社、1969年。

米国国務省編（有澤知子・小寺初世子・鈴木清美・米田眞澄訳）『世界女性人権白書　なぐられる女たち』東京：東信堂、1998年。

ロバート・D・エルドリッヂ『沖縄問題の起源　戦後日米関係における沖縄1945〜52』名古屋：名古屋大学出版会、2003年。

ヘレン・ミアーズ（伊藤延司訳）『抄訳版　アメリカの鏡・日本』東京：角川書店、2005年。

ケネス・キノネス（山岡邦彦・山口瑞彦訳）『北朝鮮　米国務省担当官の交渉秘録』東京：中央公論新社、2000年。

花井等・木村卓司『アメリカの国家安全保障政策　決定プロセスの政治学』東京：原書房、1993年。

ヘドリック・スミス（蓮見博昭訳）『パワー・ゲーム　変貌するアメリカ政治』（上・下）東京：時事通信社、1990年。

Ronald Reagan, *The Reagan Diaries* , New York : Harper Collins Publishers, 2007.
Richard Reeves, *President Kennedy* , New York : Simon & Schuster, 1993.
Robert Dallek, *An unfinished life John F. Kennedy 1917-1963* , Little, Brown &Company, 2003.
Alexander L. George and Richard Smoke, *Deterrence in American Foreign Policy: Theory and Practice* , New York : Columbia University Press, 1974.
Kathleen Burk, *Old World, New World -- The story of Britain and America* , London : Little, Brown, 2007.
Ronan Farrow, *War on Peace – The end of diplomacy and the decline of American influence* , New York : W. W. Norton & Company, 2018.

【著者】本間圭一（ほんま・けいいち）

東京大学文学部フランス語フランス文学学科卒業、パリ第1大学大学院修士課程（現代史）修了、パリ第5大学大学院ＤＥＡ課程（国際展望学）修了。読売新聞社では、ワシントン支局、ロンドン支局、パリ支局長、国際部次長など歴任。2020年、北見工業大学教授兼国際交流センター長。著書に『南米日系人の光と影』『パリの移民・外国人』『反米大統領　チャベス』『イギリス労働党概史』がある。

アメリカ国務省《こくむしょう》

世界《せかい》を動《うご》かす外交《がいこう》組織《そしき》の歴史《れきし》・現状《げんじょう》・課題《かだい》

●

2023年5月22日　第1刷

著者…………本間圭一《ほんまけいいち》

装幀…………岡孝治

発行者…………成瀬雅人
発行所…………株式会社原書房

〒160-0022 東京都新宿区新宿 1-25-13
電話・代表 03（3354）0685
http://www.harashobo.co.jp
振替・00150-6-151594

印刷…………新灯印刷株式会社
製本…………東京美術紙工協業組合

ISBN978-4-562-07270-5, Printed in Japan